南宁师范大学科研启动经费项目。

本书系作者主持的国家社会科学基金项目“滇桂黔石漠化片区农村新型合作组织多元扶贫效应实证及对策研究”（项目编号：16BGL202，一般项目）的研究成果。

九州文库

中国新型合作帮扶研究

韦克游 著

九州出版社
JIUZHOUPRESS

图书在版编目（CIP）数据

中国新型合作帮扶研究／韦克游著．--北京：九
州出版社，2024.9. -- ISBN 978-7-5225-3386-5

Ⅰ.F126

中国国家版本馆 CIP 数据核字第 2024PR8280 号

中国新型合作帮扶研究

作　　者	韦克游　著	
责任编辑	王丽丽	
出版发行	九州出版社	
地　　址	北京市西城区阜外大街甲 35 号（100037）	
发行电话	（010）68992190/3/5/6	
网　　址	www.jiuzhoupress.com	
印　　刷	唐山才智印刷有限公司	
开　　本	710 毫米×1000 毫米　16 开	
印　　张	15.5	
字　　数	228 千字	
版　　次	2024 年 9 月第 1 版	
印　　次	2024 年 9 月第 1 次印刷	
书　　号	ISBN 978-7-5225-3386-5	
定　　价	95.00 元	

序

多年来，著者一直致力于贫困治理研究，曾主持完成国家社会科学基金一般项目"滇桂黔石漠化片区农村新型合作组织多元扶贫效应实证及对策研究"（16BGL202），在贫困治理方面具有较多研究积淀。我国历史性地摆脱绝对贫困后，著者继续致力于脱贫地区的乡村振兴问题研究，特别是致力于研究重点帮扶地区后续帮扶和乡村振兴问题，对滇桂黔石漠化片区多个重点帮扶县后续帮扶问题进行跟踪调查及深入探索。本专著是著者此前所主持完成的国家社会科学基金项目"滇桂黔石漠化片区农村新型合作组织多元扶贫效应实证及对策研究"的后续研究成果。

在全面建成小康社会背景下，我国已经历史性地消除了绝对贫困。但绝对贫困消除之后，脱贫地区贫困问题将由以物质稀缺为主要特征的生存型绝对贫困转变为发展型的相对滞后。脱贫地区贫困治理将进入一个防止返贫、巩固拓展脱贫攻坚成果、实现脱贫攻坚成果同乡村振兴有效衔接的新阶段。系统深入探讨重点帮扶地区后续合作帮扶问题，对于巩固拓展脱贫攻坚成果，推动脱贫户全面充分发展，实现乡村振兴，具有重要的意义。

乡村振兴战略要求脱贫地区乡村全面发展，这就决定了脱贫地区后续帮扶的复杂性、新特点、新形势和新挑战。因自然条件、经济基础、历史因素、社会文化等原因，脱贫地区的后续帮扶绝不仅仅是收入上的帮扶，而是涵盖产业、金融、科技、信息、生态、旅游、健康、人口、文化、教育等方面的帮扶，是一种多维度帮扶，其特征是多维度、综合性、交织性及复合性，更加迫切需要从多维度多元化审视后脱贫时代的帮扶问题。

脱贫地区乡村振兴的一个重要障碍仍然主要在于社会基础薄弱，社会建设滞后，社会机制缺失，这就导致脱贫户自我发展机能缺失，发展的内生力量生长机制缺乏。农村新型合作组织是推动农村经济发展的重要主体，合作组织比其他机构更接近农户，在参与后续帮扶过程中优势非常明显。农村新型合作组织的特性决定了这种组织具备产业帮扶、金融帮扶、科技帮扶、信息帮扶、生态帮扶、旅游帮扶、健康帮扶、人口帮扶、文化帮扶、教育帮扶等多维帮扶效应，应当成为脱贫地区后续帮扶的依托支点和社会支持机制。

在推进脱贫地区农村新型合作组织后续帮扶脱贫户的过程中，应树立后续帮扶的整体性思维，基于多元帮扶的视角，从产业帮扶、金融帮扶、科技帮扶、信息帮扶、生态帮扶、旅游帮扶、健康帮扶、人口帮扶、文化帮扶、教育帮扶等多方面有针对性地建立起各种形式的合作帮扶模式，把农村新型合作组织作为后续帮扶的重要抓手，把农村新型合作组织打造成新时期脱贫地区乡村振兴的组织载体，构建后续帮扶的经济机制、社会机制和生态机制，形成后续帮扶的社会基础、社会合力和长效机制。

因此，著者基于乡村振兴的视角，以滇桂黔石漠化片区重点帮扶县为例，并结合典型案例，从产业帮扶、金融帮扶、科技帮扶、信息帮扶、生态帮扶、旅游帮扶、健康帮扶、人口帮扶、文化帮扶、教育帮扶10个维度对中国重点帮扶地区以农村新型合作组织为依托的新型合作帮扶问题进行系统的实证研究。

由于各种主客观条件的限制，本研究尚存在一些不足之处，希望对中国后续帮扶议题的相关政策举措及学术研究起到抛砖引玉的作用。

韦克游

2024 年 7 月于南宁

目　录
CONTENTS

第一章

绪 论

第一节 研究背景

一、实施乡村振兴战略

乡村振兴战略是习近平总书记 2017 年 10 月 18 日在党的十九大报告中提出的战略。党的十九大报告指出，农业农村农民问题是关系国计民生的根本性问题，必须始终把解决好"三农"问题作为全党工作重中之重。中共中央、国务院连续发布中央一号文件，对新发展阶段优先发展农业农村、全面推进乡村振兴作出总体部署，为做好当前和今后一个时期"三农"工作指明了方向。

2020 年 7 月 16 日，中共中央、国务院发布了《中共中央 国务院关于实现巩固拓展脱贫攻坚成果同乡村振兴有效衔接的意见》指出，脱贫摘帽不是终点，而是新生活、新奋斗的起点。打赢脱贫攻坚战、全面建成小康社会后，要在巩固拓展脱贫攻坚成果的基础上，做好乡村振兴这篇大文章，接续推进帮扶地区发展和群众生活改善。做好巩固拓展脱贫攻坚成果同乡村振兴有效衔接，关系到构建以国内大循环为主体、国内国际双循环相互促进的新发展格局，关系到全面建设社会主义现代化国家全局和实现第二个百年奋斗目标。全党务必站在践行初心使命、坚守社会主义本质要求的政治高度，充分认识实现巩固拓展脱贫攻坚成果同乡村振兴有效衔接的重要性、紧迫性，举全党全国之力，统筹安排、强力推进，让包括脱贫群众在内的广大人民过上更加美好的生活。《关于实现巩固拓展脱贫攻坚成果同乡村振兴有效衔接的意见》政策出台意味着帮扶地区摆脱绝对贫困后，进入了一个脱贫攻坚成果同乡村振兴有效衔接的战略新阶段，进入乡村振兴战略机遇期。

2021年6月，国家乡村振兴重点帮扶县工作会议在贵州毕节召开。会议强调，要深入贯彻习近平总书记重要指示精神，按照党中央、国务院决策部署，以更加集中的精力、更加有效的举措、更加有力的工作，加快国家乡村振兴重点帮扶县发展，让脱贫基础更加稳固、成效更可持续，确保在全面推进乡村振兴的新征程中不掉队，为加快实现农业农村现代化奠定坚实基础。会议指出，脱贫攻坚战全面胜利后，重点帮扶县经济社会总体发展水平仍然较低，巩固拓展脱贫攻坚成果还面临不少困难，必须明确目标导向，用乡村振兴统揽各项支持工作，全面巩固拓展脱贫攻坚成果，尽快补齐区域性发展短板。要把巩固拓展脱贫攻坚成果作为首要任务，大力促进脱贫人口持续增收，坚决守住不发生规模性返贫的底线。要切实增强自我发展能力，做大做强帮扶产业，发展壮大县域经济，加强与发达地区经济联系。要加快促进社会发展和文明进步，推动教育医疗文化等社会事业发展，探索建立适应县域特点的人才使用机制，推动形成现代文明生活方式。要全面加强对重点帮扶县的支持保障，中央部门要强化政策支持，东西部协作要加大倾斜力度，西部各省份党委和政府要切实担负起总体责任，重点帮扶县要积极主动作为，合力促进发展。2021年8月27日，中央农村工作领导小组办公室和国家乡村振兴局发布《中央农村工作领导小组办公室　国家乡村振兴局关于公布国家乡村振兴重点帮扶县名单的通知》，文件综合考虑西部 10 省区市人均地区生产总值、人均一般公共预算收入、农民人均可支配收入等指标，统筹考虑脱贫摘帽时序、返贫风险等因素，结合各地实际，确定并公布了 160 个国家乡村振兴重点帮扶县，这些重点帮扶县正是刚摘掉绝对脱贫帽子的脱贫县。

二、巩固拓展脱贫攻坚成果同乡村振兴有效衔接的时代要求

脱贫攻坚工作取得决定性的胜利以后，我国进入巩固拓展脱贫攻坚成果同乡村振兴有效衔接的时期，帮扶工作进入了一个新阶段，即后续帮扶阶段。帮扶工作很难由一个单一的主体完成，而是需要多主体之间通力合作，这种合作必须通过一个高效的合作平台来完成。在后续帮扶行动中，各主体要紧密合作，发挥各自优势联合建立一个有效的乡村振兴的合作平台，以推动帮扶人口生产生活全面提升。这个帮扶平台通过大家的良好互动合作取得共同进步，在自身获得发展的同时，还可提升对帮扶户的帮扶水平，提升帮扶户自身发展的能力，追求长久持续的反贫困效果，形成稳定且长效的发展模式，既要维持既有的脱贫攻坚成果，也要不断地巩固扩大脱贫攻坚成果。因此，在后续帮扶工作的实践中，为充分高效地发挥各方优势，需要建立一个能够协调各方的协作平台，通过这个平台促进各种社会力量与帮扶户之间的稳定协作，继而推动帮扶地区乡村振兴进程，最终达成持续脱贫和实现乡村全面振兴。

帮扶地区摆脱绝对贫困后，还需要通过对帮扶户的后续帮扶，防止帮扶户返贫，全面提高生活品质，实现帮扶地区乡村繁荣，实现永久脱贫，而这离不开全面实施乡村振兴战略，即帮扶地区后续帮扶应立足于乡村振兴战略。乡村振兴意味着乡村的全面发展，农民生活品质有了质的飞跃，刚从绝对贫困线上脱贫出来的帮扶户还要实现多维度发展，巩固拓展脱贫攻坚成果，实现平衡充分的发展，并进而过上美好幸福生活。由此看来，脱贫户后续帮扶是帮扶地区乡村振兴战略的重要内容，后续帮扶是帮扶地区乡村振兴战略题中应有之义，需要将帮扶户后续帮扶纳入乡村振兴战略

框架，从乡村振兴战略的高度来实施后续帮扶，巩固拓展脱贫攻坚成果，实现巩固拓展脱贫攻坚成果同乡村振兴有效衔接，通过实施后续帮扶来推动巩固拓展脱贫攻坚成果同乡村振兴有效衔接，从巩固拓展脱贫攻坚成果同乡村振兴有效衔接的视角来落实后续帮扶。

乡村振兴战略要求帮扶地区乡村全面发展，充分发展，这就决定了帮扶地区后续帮扶的复杂性和新特点。帮扶地区因其恶劣的自然条件、经济基础、历史因素、社会文化等原因，导致该区域的后续帮扶绝不仅仅是产业上收入上的帮扶，而是涵盖产业、金融、科技、信息、生态、旅游、健康、人口、文化、教育等方面的帮扶，是一种多维度帮扶，其特征是多维度、综合性、交织性及复合性。2020 年后在全面建成小康社会背景下，我国已经历史性地消除了绝对贫困，但不意味着扶贫问题从此不复存在，不意味着帮扶户不再需要帮扶。绝对贫困消除之后，帮扶地区贫困问题将由以物质稀缺为主要特征的生存型绝对贫困转变为发展型的相对滞后的贫困。脱贫攻坚战略也转变为乡村振兴战略，帮扶地区贫困治理将进入一个以防止返贫和转型性为特点的乡村振兴阶段。与决战绝对贫困的脱贫攻坚阶段相比，帮扶地区后续帮扶将出现诸多新特点、新形势，面临新挑战、新任务，后续帮扶将出现"多类别""多维度"和"多层次"等特点，其帮扶的难度更复杂，更加迫切需要从多维度多元化审视后脱贫时代的帮扶问题，既要做好预防返贫，又要建立后续帮扶的长效机制。

第二节　相关概念的界定

一、"后续帮扶"的界定

本书所说的"后续帮扶"是指我国脱贫攻坚时期的建档立卡贫困户摆

脱绝对贫困后，仍然面临返贫风险和从脱贫走向致富的艰巨任务。相关部门及社会力量需要继续对帮扶户进行帮扶，推动帮扶地区乡村振兴，指导农村新型合作组织发挥帮扶作用和优势，从产业、金融、科技、信息、生态、旅游、健康、人口、文化、教育等方面多维度带动帮扶户全面发展，巩固脱贫成果，提高脱贫防贫的综合实力，使帮扶地区及帮扶户全面提升发展能力，实现乡村全面振兴。

二、"农村新型合作组织"的界定

本书所讲的农村新型合作组织，包含两个方面的含义，一是指各类农民合作社（即农民专业合作社）、各类农村互助社（如农民资金互助社、劳务互助社等）、农村供销合作社、农村股份合作企业、农村合作基地、农村专业协会等等各种基本的正式合作组织机构；二是联结农民合作社和小农户的各类帮扶链或帮扶网络（如"农民合作社+基地+农户+龙头企业+金融机构+科研机构+"帮扶链）（如合作社+公司+基地+农户、合作社+公司+农户）等各种农村新型合作组织；三是从业态上进行的界定，主要包括种植养殖方面的农业生产合作组织（合作社、专业协会、股份合作企业，下同）、农资合作组织、运输类合作社、农产品加工类合作组织、农机合作社、农产品销售合作组织、资金合作社，生态旅游合作组织、大健康产业合作组织、农村文化产业合作组织、文化演艺合作组织、产业信息合作组织，科技合作组织、金融合作组织、旅游合作组织、教育互助合作组织、劳动互助合作组织等。在研究报告中，对于以卜各种类型的合作组织，皆统称"农村新型合作组织"，简称"合作组织"。

三、"新型合作帮扶"的界定

新型合作帮扶是指针对帮扶户后续帮扶问题，以农村新型合作组织作为帮扶主体和依托，通过合作组织内部合作与外部联结，联合各种经济力量和社会力量，通过委托代理关系和治理结构创新，构建相应的农村产业链、供应链、价值链和功能链，形成合作帮扶链，从产业、金融、科技、信息、生态、旅游、健康、人口、文化、教育等方面多维度建立起各种形式的合作帮扶模式，通过纵向延伸帮扶链，横向拓展帮扶面，形成后续帮扶的社会基础、社会合力和长效机制。

四、"合作帮扶链"的界定

合作帮扶链是指以农村新型合作组织作为依托节点，通过治理机制创新，依托农业产业链、农业供应链和农村价值链，在脱贫户与农村新型合作组织、龙头企业、金融机构、各类市场主体、相关公共部门、帮扶干部、社会精英等多元主体之间建立"农民合作社+基地+农户+龙头企业+金融机构+科研机构+""合作社+公司+基地+农户""合作社+公司+农户"等各种帮扶链，从而建立起产业帮扶、金融帮扶、科技帮扶、信息帮扶、生态帮扶、旅游帮扶、健康帮扶、人口帮扶、文化帮扶、教育帮扶等合作帮扶模式。通过这些帮扶链及帮扶网络把经济社会各类帮扶力量传导到脱贫户，促进脱贫地区农村全面发展，高质量发展，实现乡村振兴。

五、"后脱贫时代"的界定

本书所说的"后脱贫时代"，是与绝对贫困时代（即按2020年底我国宣布全面脱贫之前的贫困线所划分的贫困）帮扶攻坚时期相对而言的一个概念，即2020年底我国宣布全面脱贫之后，原先绝对贫困人口所进入的巩固脱贫成果防止返贫的阶段，虽然中国已经宣布历史性地消灭绝对贫困，但返贫的风险将长久存在，且有一定比例的个体将在脱贫和贫困之间反复切换，由此滇桂黔石漠化片区进入后脱贫时代。在后脱贫时代，滇桂黔石漠化片区仍然面临艰巨的乡村振兴任务：一是要巩固消除绝对贫困的帮扶成果，防止出现脱贫后的返贫现象发生，同时也要治理因各种特殊原因所新生成的绝对贫困（虽然是少量）；二是要全面振兴乡村，缩小人们之间的收入差距和地区之间的发展差距，走向共同富裕。

六、"帮扶地区"的界定

"帮扶地区"是与2020年底我国宣布全面脱贫以前的贫困地区相对而言的概念，即2020年底我国宣布全面脱贫之后所进入的巩固脱贫成果，防止返贫，需要进一步实现乡村振兴的地区，这些地区摆脱绝对贫困后，整体发展水平尚比较滞后，需要通过进一步实施全面乡村振兴战略以获得更高水平的发展。

七、"帮扶户""非帮扶户"的界定

帮扶户是指我国脱贫攻坚时期的建档立卡贫困户摆脱绝对贫困后所进入的巩固脱贫成果及防止返贫的家庭，这些家庭整体发展水平尚比较滞后，需要通过进一步实施全面乡村振兴战略以获得更高水平的发展。非帮扶户是指我国帮扶攻坚时期的贫困地区的非贫困户，他们虽然属于贫困地区，但家庭收入和生活水平比都处于贫困线之上，不属于建档立卡贫困户。特别注意，不能将这里说的非帮扶户理解为未帮扶户。

第三节 创新点和调查方法

一、主要创新点

第一，后续帮扶的战略高度创新。本研究从乡村振兴的视角对脱贫地区后续帮扶的机理、困境、机遇和对策等问题进行系统的实证研究，将脱贫后续帮扶的战略高度从脱贫户摆脱及预防绝对贫困上升至脱贫户全面发

展和充分的发展，从摘掉贫困帽子到实现乡村全面振兴的战略高度。

第二，帮扶方式上的创新。本专著的研究对象从过去的以扶贫干部入户帮扶的政府主导自上而下的帮扶模式转向主要依靠社会力量进行的合作帮扶模式，侧重探讨脱贫地区乡村振兴的自主性和内生性，探讨有利于从根本上推动脱贫地区实现乡村振兴。

第三，帮扶内容及视角创新。本研究系统探讨脱贫地区后续帮扶的问题，从产业帮扶、金融帮扶、科技帮扶、信息帮扶、生态帮扶、旅游帮扶、健康帮扶、人口帮扶、文化帮扶、教育帮扶等10个方面系统研究脱贫地区后续帮扶的视角及内容。

第四，脱贫帮扶主体创新。把农村新型合作组织作为脱贫户后续帮扶的重要载体，把农村新型合作组织作为后续帮扶的重要抓手，构建后续帮扶的经济机制、社会机制和生态机制，形成后续帮扶的社会基础、社会合力和长效机制。

第五，研究方法上的创新，本书以滇桂黔石漠化片区为例，佐以典型案例，具体翔实，生动形象地研究脱贫户后续帮扶问题。

二、主要调查方法和数据来源

本书主要调查方法有实地调查法、案例分析法、问卷调查法、文献调查法、电话访谈法等多种调查法。调查地区涵盖了河池市的都安瑶族自治县、大化瑶族自治县，南宁市的马山县、隆安县，崇左市的宁明县、百色市的平果市、柳州市融水苗族自治县、文山州的富宁县、黔南州荔波县等多个县市（文献调查法则涵盖了滇桂黔石漠化片区全域），其中都安瑶族自治县、马山县、大化瑶族自治县是调查的重点，也是我们实地调查走访的区域，是我们现场观察和统计数据采集的主要地点，特别是都安瑶族自治县是我们调查的重中之重。我们在当地帮扶办、发改委、农业农村局、文化和旅游局、科技局、工信局、卫生局、教育局、经管站、供销合作社、当地亲友等的帮助下，深入调查走访了上述重点地区的农村新型合作组织，获取了帮扶的第一手资料。本研究报告的分析论述既基于面上的实地深入现场访谈与观察，也基于对点的深入挖掘剖析，并形成了案例分析，除了实地深入现场访谈与观察。著者还对 300 个农村新型合作组织（都安县 200 个，大化县 60 个，马山县 40 个）和 500 个帮扶户（都安县）进行问卷调查，同时还在一些专项对比数据上对 400 名非贫困户成人及儿童进行了数据采集，对 20 个行政村的生态状态进行了深入调查等，具体情况详见报告各个章节。

第四节　应用价值和学术价值

一、应用价值

1. 本研究对于帮扶地区农村新型合作组织有效介入后续帮扶，发挥农村新型合作组织在带动帮扶户和协调企业方面的纽带聚合作用，形成各种形式的合作帮扶模式，夯实帮扶地区乡村振兴的社会基础，构建持续帮扶的经济机制、社会机制和生态机制，形成帮扶户后续帮扶的社会合力及政策合力等具有重要意义。

2. 本研究是探讨帮扶户帮扶机制创新的又一个视角，充分诊断农村新型合作组织发挥多元合作帮扶效应的障碍因素，给出帮扶地区农村新型合作组织发挥多元帮扶效应的创新方向和对策建议，有助于提升帮扶地区的帮扶绩效，巩固和拓展脱贫攻坚成果、实现脱贫攻坚成果同乡村振兴有效衔接，构建帮扶地区后续帮扶的长效机制具有重要价值。

3. 本研究有助于提升我国重点帮扶地区自我发展机能，培育脱贫人口可持续脱贫的内生力量，实现脱贫人口全面发展，充分的发展，实现帮扶地区乡村振兴等具有重要意义。

4. 本研究成果可为政府机构在帮扶地区开展帮扶户后续帮扶工作提供决策参考。

二、学术价值

1. 本研究基于乡村振兴视角探讨农村新型合作组织后续帮扶脱贫户问题，多维度全面助力乡村振兴，本质上是从社会机制建构的视角探讨农村振兴问题，通过课题研究将形成我国帮扶地区农村新型合作组织后续帮扶脱贫户并助力乡村振兴的分析框架。同时，对帮扶地区农村新型合作组织助力乡村振兴的制约因素及根源进行理论化阐释，为我国帮扶地区后续帮扶及乡村振兴战略实施提供了一个新的理论启迪。

2. 本研究研究将检验、丰富我国扶贫理论、乡村振兴理论和合作组织理论，在一定程度上拓展农村发展管理学、农业经济学、农村社会学、公共管理学等学科的研究视域，弥补学术界囿于经济视角而弱于从社会视角探讨乡村振兴问题之缺憾。

3. 本研究通过对帮扶地区农村新型合作组织后续帮扶问题的调查，收集并整理丰富的第一手调查数据，并通过数理统计等数量分析，将成为我国重点帮扶地区后续帮扶和重点帮扶地区乡村振兴相关研究的重要数据资料来源。

第五节　总体思路及主要观点

我国要实现重点帮扶地区全面脱贫和可持续发展，首先需要正确认识重点帮扶地区贫困的复杂性和新特点。滇桂黔石漠化帮扶地区因其恶劣的自然条件、经济基础、历史因素、社会文化的等原因，使得该区域的贫困绝不仅仅是产业上收入上的贫困，而是涵盖产业因素、金融因素、科技因素、信息因素、生态因素、旅游因素、健康因素、人口因素、文化因素、教育因素等方面的多元贫困，是一种多维度交织性和复合性贫困，其特征是综合性、多维度和顽固性。2020 年后在全面建成小康社会背景下，重点帮扶地区已经消除了绝对贫困，但不意味着重点帮扶地区贫困治理问题从此不复存在，不意味着这一片区以后不再需要帮扶。绝对贫困基本消除之后，重点帮扶地区贫困问题将由以物质稀缺为主要特征的生存型绝对贫困转变为发展型的相对贫困。重点帮扶地区后续帮扶将进入一个以转型性的次生贫困为特点的"新贫困"阶段。与决战绝对贫困的脱贫攻坚阶段相比，重点帮扶地区相对贫困将出现诸多新特点、新形势，面临新挑战、新任务，后续帮扶将出现"多类别""多维度"和"多层次"等特点，其治理的难度更复杂，更加迫切需要从多维度多元化审视帮扶问题，既要做好预防返贫，又要做好相对贫困的长效治理。当然，无论是绝对贫困，还是相对贫困，重点帮扶地区贫困的一个重要根源仍然主要在于脱贫的社会基础薄弱，社会建设滞后，社会机制缺失，导致贫困人口自我发展机能缺失，脱贫的内生力量生长机制缺乏。农村新型合作组织是推动农村经济发展的重要主体，合作组织比其他机构更接近帮扶户，在参与帮扶过程中优势非常明显。农村新型合作组织的特性决定了这种组织具备产业帮扶、金融帮扶、科技帮扶、信息帮扶、生态帮扶、旅游帮扶、健康帮扶、人口帮扶、文化帮扶、教育帮扶等多元帮扶效应，应当成为滇桂黔石漠化帮扶地区帮扶治理的依托支点和社会支持机制。

本研究报告基于滇桂黔石漠化片区的调查实证，从产业帮扶、金融帮扶、科技帮扶、信息帮扶、生态帮扶、旅游帮扶、健康帮扶、人口帮扶、文化帮扶、教育帮扶等 10 个维度对重点帮扶地区农村新型合作组织帮扶的机理、困境和对策进行深入分析。认为在推进重点帮扶地区农村新型合作组织多元帮扶中，应树立多元帮扶的整体性思维，基于多元帮扶的视角，从产业帮扶、金融帮扶、科技帮扶、信息帮扶、生态帮扶、旅游帮扶、健康帮扶、人口帮扶、文化帮扶、教育帮扶等多方面有针对性地建立起各种形式的合作帮扶模式，把农村新型合作组织作为合作帮扶的重要抓手，把农村新型合作组织打造成新时期帮扶的组织载体，构建新型合作帮扶的经济机制、社会机制和生态机制，形成帮扶工作的社会基础和社会合力，构建可持续脱贫的长效机制。

第六节　国内外相关研究的学术史梳理及研究动态

一、国外相关研究的学术史梳理

（一）社会主义学派经典合作社理论

社会主义学派经典合作社理论最早源于 16 世纪的欧洲早期空想社会主义学派的合作思想，空想社会主义学派主张以合作社及公社对资本主义社会进行改造，消除贫困，消除贫富差距，建立平等富足的社会。在此基础上产生的马克思主义经典合作思想将合作社视为改造小农，实现社会化大生产，消除贫富差距，实现社会共富的一种形式。马克思、恩格斯的合作思想注重生产合作，认为合作经济可有多种形式，坚持自愿和示范的原则，主张合作社按照生产要素的投入比例进行分配，而不是简单的按劳分配或按资分配。列宁也认为合作社是改造小农提升小农经济能力维护小农经济利益的形式，强调改造小农过程中的自愿原则，重视农民在生产领域和流通领域的合作，主张在生产领域实行共耕制，在流通领域建立信用合作社、买卖合作社以及消费合作。斯大林是合作化理论的实践者，但却把行政命令式替代马克思列宁合作社的自愿原则。

（二）西方改良派古典合作组织理论

与空想社会主义学派不同，西方早期改良派都注意到个人利益的重要性，强调个人利益与民主原则、公平与效率之间的平衡，提倡互助价值、民主管理、合理分配，对财产公有制有所保留，只是把合作社的性质和目标定位于社会生产的某个环节，通过合作来帮助贫困小农，改善社员的经济状况。20 世纪 20 年代以后，西方改良派合作化理论研究的主流学派有萨皮罗学派、竞争尺度学派和合作部门学派。这些学派较少注重社会目标，转而注重经济方面的合作，强调其实用性，萨皮罗学派者则仅将合作社视为一种经济合作组织形式，而竞争尺度学派则主张从更大范围的社会功能看待合作社，强调其扶持贫困农户抑制贫富差距等。合作社部门学派认为合作社是介于私人部门和公共部门之间的由农场、家庭和工匠等组成的一个复合部门，强调人际关系等社会资本对扶持贫困弱势农民的重要性，并据此提出"社会经济"学说。

（三）新制度经济学视角下的合作组织理论

新制度经济学"交易费用"理论代表人物威廉姆森认为，交易费用理论同样适用于合作组织的交易活动分析（Williamson O E. 1979）。循着威廉姆森的思路，自 20 世纪 80 年代起，一些学者开始自觉运用新制度经济学理论（交易费用理论、产权理论、委托—代理理论，制度变迁理论、企业理论等）研究合作社，诸如为解决贫困户资金短缺的融资等问题，主张通过制度设计特别是机制安排以应对交易的不确定性、资产专用性和各种机会主义，降低合作社融资、生产、销售等各环节的交易费用，提高合作社的信用水平，提升农户资金可获得性（Acs, J. 1985；Staats, 1987；Rpe J, 1992；Cook, 1995；Harris. etal, 1996）。

（四）新古典经济学理论的研究视角

新古典经济学理论从应对市场失灵的角度解释农业合作社的产生。这一研究进路主张通过政府对农业的公共投入、财政税收、农业补贴、信贷贴息、信贷利率、金融管制等宏观的经济政策安排以及合作社自身内在制度安排和组织结构的创新及优化等微观问题的解决，以提高合作社及贫困农户的信用水平和经营能力，降低经营风险（Stutz &Johnson，1985；Rpe J，1992；Bourse，1995）。新古典经济学公共产品理论认为农民专业合作社具备典型的准公共产品属性，存在着良好的外部经济性，不但承担着经济职能，而且还承担着社会职能，如果没有政府的支持，仅仅依靠农民自身的力量来推动合作社制度创新，必然导致制度供给不足问题（Kellees. TSA I，2002；Jkivuo 11e& Peura，2003；Shrotriya and Daman，2008）。

二、国内脱贫攻坚阶段相关研究的学术史梳理

中华人民共和国成立前后，以毛泽东为代表的马克思主义学派，以梁漱溟、晏阳初为代表的乡村建设学派，以费孝通为代表的社会人类学派等就探讨了农民合作组织扶助贫困农民问题，但此时的探讨还未上升至专题性研究的高度，只是作为一个问题被纳入农村社会组织及社会结构思想之中。改革开放后，有关农民合作组织乡村振兴的研究是伴随着我国经济社会发展过程中区域经济发展水平拉开差距，城乡二元结构、农民低收入、农村多维贫困以及其他"三农"问题日益凸显等一系列问题而逐渐引起学界重视的，但总体上看，新时期国内农村新型合作组织乡村振兴的相关研究文献比较缺乏，归结起来主要有以下几个相关专题研究：

（一）组织合作扶贫的专题研究

我国合作扶贫思想可以追溯到20世纪90年代，厉以宁（1999）较早探讨了互助共济在效率增长中的作用。后来逐渐有学者聚焦合作扶贫问题，认为合作型反贫困是解决农村贫困问题的有效途径（林万龙等，2008；刘娟，2012），有助于解决创新扶贫资金使用机制、解决贫困人口权利贫困、扶贫资源整合及农村治理等难题（陆汉文、钟玲，2008），采取农民专业合作社、扶贫互助社或扶贫互助金、农村能人或农村经纪人等与贫困农户

合作是反贫困治理结构的重要组成部分（牟永福、刘娟，2013）。

（二）对扶贫效应、效益、效率、效果等的审视

尹志超和郭沛瑶（2021）分析评估了我国精准扶贫政策效果，蔡昉（2018）总结分析了中国40年来的扶贫理念、实践及其全球贡献，魏后凯（2021）总结分析了中国脱贫攻坚的主要经验，李芳华、张阳阳等（2020）对精准扶贫政策效果评估问题进行了研究。有学者研究了欠发达地区内部经济差异与扶贫效率，认为通过改善基础设施可提高扶贫效率（徐德徽，1997；刘朝明、张衔，1999）。有学者聚焦民族地区扶贫效益，认为当下民族地区扶贫效益评估体系存在着社会效益评估指标项严重缺失等诸多缺陷（郭佩霞，2009）。有学者注意到了农民多维贫困问题，认为伴随专业化发展，农户的多维贫困呈下降趋势，村域经济的专业化发展对不同贫困维度的减贫效应存在差异（丁建军，2014）。

（三）从体制机制创新切入，关注精准扶贫问题

有学者探讨了金融地理可及性与劳动收入份额（李朝前等，2023），有学者探讨援助对象的瞄准机制，认为"瞄而不准"是我国农村地区及少数民族地区扶贫行动的固有弊病，主张对民族地区的反贫困目标瞄准机制进行重构（朱玲，1997；郭佩霞，2007；韩广富、李万荣，2012），有的认为我国扶贫开发瞄准单元经历了以贫困县为主向贫困县与贫困村并举进而向连片特困地区与贫困县、村并举的转变（韩广富、李万荣，2012），有的主张对于集中连片开发扶贫行为，应从管理体制上协同整合，形成全方位的大扶贫格局（郑瑞强，2012），尤其是面对经济新常态，应全面创新精准扶贫机制（刘解龙，2015）。

（四）对我国脱贫攻坚的政策的探讨

林毅夫（2005）较早探讨了我国扶贫政策实施路径问题。罗良清、平卫英等（2022）在对中国贫困治理经验总结中探讨了扶贫政策是否能够实现有效增收问题。黄薇、曹杨（2022）从反福利依赖的视角探讨了常态化

精准扶贫政策的完善问题。黄薇和祝伟（2021）则系统探讨了精准帮扶政策的多维评估问题。有学者从精准扶贫精准脱贫制度体系及其知识贡献角度探讨国家减贫行动如何回应差异化需求问题，认为需要同时解决好联结政策供给与需求的有效机制、高质量信息生产和综合施策和政策协同三方面问题，从而搭建起统筹的多层级治理体系（吕方、黄承伟，2023）。有的聚焦于中国经济增长动力结构变迁问题，从侧面探讨了乡村振兴的内在动力（陈梦根、侯园园，2024）。有的借助中国脱贫攻坚政策对农村居民相对收入产生的外生冲击，利用中国贫困人口微观追踪数据库，探讨相对农民经济地位与生活满意度问题（蔡宇涵等 2024）。

（五）我国脱贫攻坚的实践经验总结及理论阐释研究

钟甫宁（2021）对中国农村脱贫历史性成就进行经济学解释。李稻葵（2022）对消除贫困的中国道路进行梳理总结。罗良清、平卫英等（2022）在对中国贫困治理经验总结中探讨了扶贫政策是否能够实现有效增收问题。杜鹰（2021）探讨了脱贫攻坚实践经验及巩固拓展脱贫攻坚成果问题。平卫英、罗良清等（2021）探讨了我国就业扶贫的现实基础、理论逻辑与实践经验。叶敬忠、贺聪志（2019）以"巢状市场小农扶贫试验"为例对基于小农户生产的扶贫实践与理论探索问题进行研究。

（六）农村产业扶贫方面的专题研究

早在 20 世纪 90 年代，有学者就指出，扶贫开发应以改善农业生产条件为基础（国风，1996）。中国高贫困主要归因于产业资源利用效率的低下，而不是资源禀赋的欠缺（罗楚亮，2012）。有学者将我国政府主推的产业扶贫项目实施效率偏低的根源归因于产业发展的社会基础薄弱，社会建设缺位（王春光等，2013），因此，应将产业扶贫纳入社会建设，以社会建设巩固产业扶贫的基础，实现产业扶贫的可持续性（丁建军，2014）。黄季焜（2022）主张通过农村经济转型及产业结构调整促进农民增收和实现共同富裕。

（七）对滇桂黔石漠化片区扶贫的专题研究

有的学者从新型城镇化（凌经球，2015）贫困农民可持续生计优化（黄启学、凌经球，2015）、地方政府合作（曾晓赢，2014）、生态旅游景区扶贫绩效（罗盛锋、黄燕玲，2015）研究了滇桂黔石漠化片区扶贫开发的问题。一些研究专门关注了集中连片特殊困难地区脱贫攻坚，强调规划指导，实施主体功能区战略（刘牧、韩广富，2014；黄承伟、向家宇，2013；陈绪敖等，2015）。

三、国内后脱贫时代相关研究的学术史梳理

在后脱贫时代后续帮扶问题的相关研究方面，主要体现在以下几个方面。

（一）帮扶政策组合及效果方面的研究

罗良清、平卫英、单青松（2022）对中国贫困治理经验进行了总结，研究发现不同扶贫政策组合所划分的家庭收入分布存在显著差异，对于不需依靠兜底保障类政策的一般贫困家庭，产业扶贫政策的增收效果更为显著，对于兜底保障、就业扶贫和扶贫小额信贷是增收效果最为显著的三项政策，对于家中有劳动力的极端贫困家庭，兜底保障与就业扶贫的政策组合则更能发挥出稳定增收效应；因此有必要对不同贫困群体采用针对性的扶贫政策组合。黄薇、祝伟（2021）从多维贫困的视角对帮扶政策实施效果进行评估，发现现有帮扶政策对贫困户收入和劳动能力具有显著提升作用，但在生活质量及健康等非收入贫困维度的减贫效应尚存在显著异质性；邓大才（2021）：以中国地方政府脱贫攻坚战略为研究对象，探讨反贫困的因素与组合模式问题。张挺、李闽榕等（2018）探讨了乡村振兴评价指标体系构建问题。另外，有的学者探讨了国外反贫困政治学问题（邓大才，2021），并且从工具性治理能力视角研究了乡村建设中的社区组织与精英参与问题（邓大才，2022）。郭咏琳和周延风（2021）少数民族

BoP 实现包容性创新的案例研究了从外部帮扶到内部驱动问题。

（二）帮扶户的可持续生计及风险的相关研究

谢楠、张磊、伏绍宏（2020）对深度贫困地区帮扶户的可持续生计及风险问题进行分析，认为精准扶贫促进了帮扶户居住水平的提升，但帮扶户的人力资本、自然资本、金融资本等因素水平仍较低，部分帮扶户仍面临大病致贫、环境致贫、市场冲击致贫和习俗支出致贫等风险冲击。因此，政府应在人力资本和金融资本方面重点对生计不稳定的帮扶户实施的追踪帮扶，同时不断拓展非农生计策略，加强村级公共服务建设，以提升农户的风险抵御能力。孙晗霖、王志章、刘新智（2020）分析了生计策略对精准帮扶户可持续生计的影响问题，发现把非农经营活动作为帮扶户主要生计来源更有益于家庭生计的可持续性；而非农主导型生计策略对帮扶户家庭物质层面的提升具有显著正向影响，而对于帮扶户非物质层面作用并不明显；非农生计规模与精准帮扶户家庭整体可持续生计之间存在倒 U 形关系。

（三）帮扶户返贫风险评估及帮扶户贫困脆弱性问题进行研究

张琦、薛亚硕、杨铭宇（2021）对帮扶户抗逆力水平测度与差异进行分析，认为原连片特困地区帮扶户抗逆力水平整体较弱，巩固拓展脱贫成果仍然要在精准上下功夫。对弱抗逆力帮扶户，要具体根据无劳动力和弱劳动力户身体条件制定帮扶措施；对较弱抗逆力帮扶户，需要进一步规范兜底保障措施，激发其内生发展动力；对较强抗逆力帮扶户，则要积极引导合作社、企业和生产大户等经营主体参与产业就业帮扶；而对强抗逆力帮扶户，则要通过转变发展方式，提升其文化程度来增强抗逆力水平。黄国庆、刘钇、时朋飞（2021）对民族地区帮扶户返贫风险评估与预警机制进行研究，认为帮扶户的返贫风险主要集中在金融风险和人力风险，是兼有一定程度的自然、物质、社会风险的高度复合形态；针对不同风险等级的帮扶户，持续测度其生计状况，评估帮扶政策有效性，优化改进方案。

政策制定需要因户制宜；应着力于改善区位条件，挖掘资源优势，为帮扶户提供多样化的生计策略。张庆红、李航（2022）对新疆喀什地区帮扶户贫困脆弱性及异质性分析，认为当地脆弱发生率远高于贫困发生率，且帮扶户的脆弱性在户主性别、文化程度等方面呈现出明显的异质性；脆弱性产生的原因存在差异，在减脆政策的制定中，应给予重点人群重点扶持，建立相应的生产机制，同时为高脆弱性帮扶户实施差异化的干预策略。对于贫困脆弱性问题，刘建、江水法（2021）认为应通过加强对日常生产与消费系统、价值观念系统与人际交往系统的干预，使帮扶户重新融入社会系统之中，由此构建一种反思性监控能力。另外，有的学者则对帮扶户返贫的影响因素与防治问题进行研究（杨婵娟，2021）。

（四）就业帮扶问题的相关研究

平卫英、罗良清、张波（2021）等探讨了就业帮扶的现实基础、理论逻辑与实践经验，提出中华人民共和国成立以来就业扶贫实践历程划分为"统包统配""就地转移""东西部劳务协作""精准对接、稳定就业"4个阶段，进而分析就业扶贫政策创新完善所依赖的现实基础及理论逻辑，总结就业扶贫政策体系的形成以及实施过程中的相关经验。朱玲和何伟（2022）对脱贫农户的社会流动与城乡公共服务问题进行研究。第一，认为在新冠肺炎疫情大流行时期，脱贫农户依然支持青壮劳力转向城市就业和落户。第二，留守村庄的人口严重老龄化，然而老年人长期照护、筹资及服务皆不足。第三，迁移劳动者失业期间极少得到城市救助，极少受惠于失业保险，且随迁家庭也很难获得与其收入水平相当的托幼服务。因此，实行普惠制的老年和幼儿照护补贴显得非常必要，以促进城乡社会保障及公共服务体系的融合。

（五）易地扶贫搬迁帮扶户帮扶问题的研究

孙晗霖、刘新智、刘娜（2018）侧重分析易地扶贫搬迁帮扶户生计问题，认为提升已通过易地搬迁实现脱贫的农户生计满意度，是完善易地扶贫搬迁政策及提高脱贫质量的重要抓手。基础设施、产业发展、就业条件对于帮扶户满意度影响较明显。滕海峰、李含琳（2021）对易地扶贫搬迁移民的后续帮扶进行研究，认为"空间迁移"给搬迁移民和迁入城镇带来了诸多根本性变化，亟须在优化市场环境、优化城镇空间结构、科学配置城乡资源、促进产业发展与公共教育资源供给等方面开展更多的政策创新，以推动构筑搬迁移民与迁入城镇在空间、发展、文化社会等领域深度融合的长效发展机制，实现一体化发展。

（六）企业帮扶绩效的探讨

李泽建、韩佳宏（2022）探讨了扶贫项目参与及后续扶贫对企业绩效的影响，并探讨管理层持股比例和内部控制的调节作用，认为扶贫项目参与、后续扶贫计划对企业绩效呈正向促进作用，在管理层持股比例较低、内部控制质量较高的企业中，正向促进作用则更加明显。吕鹏、刘学（2021）基于企业项目制与生产型治理探讨企业扶贫实践问题。

（七）电商帮扶的探讨

王胜、屈阳、王琳（2021）等对重庆秦巴山区、武陵山区国家级贫困区县电商扶贫的做法进行了全面总结，归纳总结出贫困山区主体改造型、产品培育型、利益联结型以及服务改善型四类电商扶贫模式。并分析后2020时代开展电商扶贫面临的机遇及挑战。

（八）帮扶户健康扶贫问题的研究

谢治菊（2022）探讨了健康中国战略下帮扶户健康扶贫质量及其治理问题，认为与非贫困户相比，由于在经济、政治、社会等方面的不利地位，帮扶户在身体、心理上的健康状况明显弱于非贫困户，而精神上的健康状况则没有明显差异。原因在于帮扶户健康素养不足、心理健康被忽视、贫困与不健康恶性循环。因此大力培育乡村医生、开展健康扶贫、提高医疗服务的可得性就显得比较重要。

（九）从社会学及公共等角度探讨了帮扶问题

罗必良、洪炜杰等（2021）从赋权、强能、包容方面探讨了在相对贫困治理中增进农民幸福感问题。朱玲、何伟（2022）探讨了脱贫农户的社会流动与城乡公共服务之间的内在关系问题。

四、国内关于乡村振兴的相关研究

乡村振兴战略一经提出便引起国内学者深度关注。在乡村振兴战略提出之前，中国历史上亦曾有学者对我国乡村建设进行研究与实践。比较著名的是晏阳初推行的"平民教育"，梁漱溟先生指导的山东乡村建设运动，还有费孝通先生的农村工业发展道路。早期的专家学者为当时中国乡村建设做出有益探索，当然，因时代局限性，旧中国的乡村发展显然与新时代的乡村振兴不可同日而语，近年来关于乡村振兴的研究大致包括内涵释析、路径探讨、乡村振兴要素三个方面。

（一）关于乡村振兴内涵的理论释析

学者们围绕乡村振兴总要求"产业兴旺、生态宜居、乡风文明、治理有效、生活富裕"，从不同视角对乡村振兴内涵展开辨析。有学者研究了乡村振兴战略总要求的内在逻辑，认为乡村振兴总要求是相互联系的有机整体，五方面紧密关联，分别构成了乡村振兴的有力支撑、关键环节、坚实基础、基本保证和最终目的（郭晓鸣、张克俊 等，2018）。有的学者认为乡村振兴总要求是一个有机系统，乡村振兴是五方面的全面振兴，乡村振兴必须根据总要求从这五方面整体推进（姜长云，2018）。有学者根据乡村振兴总要求构建了乡村振兴指标体系，将乡村振兴总要求转化为直观的、具体的、可度量的指标（贾晋、李雪峰等 2018；毛锦凰、王林涛，2020）。

有的从乡村价值出发，认为乡村具有生活、生产、生态、社会、文化、教化的六大功能的综合价值，认为乡村振兴本质上是乡村价值从失衡向综合发展，实现乡村六大功能的过程（章爱先、朱启臻，2019）。一些学者将乡村振兴与新农村建设进行系统的对比分析，认为前者是后者的升华（叶兴庆，2018；黄延信（2020）等。有的学者从城市化关系视角出发探究乡村振兴理论内涵，指出乡村振兴和城市化两者间并不是相互矛盾的与相互替代，而是相互交融的相互促进的关系（黄祖辉，2018）；有的将使用价值空间引入乡村振兴中，认为乡村振兴是乡村完全使用价值空间在结构、数量及质量、方面的扩大与优化过程（王朝科、王宝珠，2018）；

有的从乡村振兴的指导思想和战略格局上阐释乡村振兴战略。温铁军（2021）提出应以"三新"思想全面引领乡村振兴战略，林毅夫（2022）从新发展格局视角阐释中国乡村振兴战略。王露璐（2021）阐释了中国式现代化进程中的乡村振兴与伦理重建问题。

（二）关于乡村振兴要素的研究

随着乡村振兴的推进，部分学者试图从人力、土地、技术、资本等微观要素层面对乡村振兴进行分析探讨。

一是人力资源要素与乡村振兴的相关研究。学术界普遍认为，乡村振兴离不开农民和优秀人才的积极参与。有的认为在乡村振兴中要充分发挥中坚农民的主体作用（杨磊、徐双敏，2018）；农民在乡村振兴中参与度的高低直接关系到乡村振兴的成败，乡村振兴的有效推进必须发挥农民的主动性（陈晓莉、吴海燕，2019）；认为乡村振兴要激发农民主体的主观能动性，当前中国农村面临着劳动力尤其是高素质劳动力严重不足的困境（刘晓雯、李琪，2020）。学者们对当前乡村发展中的人才现状、现存问题进行了分析。有的指出农村人才向外流失与农村难以吸引人才回流，导致乡村振兴人才不足（蒲实、孙文营，2018）。认为仅仅依靠留守在农村的老人是难以支撑乡村振兴的，乡村振兴的有效实施需要有高素质人才的支撑（孙立学，2018）。有的认为人力资源不足已经成为制约乡村振兴的主要因素，农村地区的劳动力存在整体素质偏低、结构不合理、教育投入不足等问题（徐珊珊，2020）；有的学者就如何吸引流出的精英人才和农民工返乡创业进行研究。有的分析了返乡精英引领乡村振兴的内在机制（李群峰、侯宏伟，2019）；有的分析了影响农民工回流的因素（蒋海曦、蒋玲，2019）。

二是土地要素与乡村振兴的相关研究。学界从两方面对土地要素与乡村振兴进行研究。一方面是分析了土地要素在城乡间的配置对乡村振兴的影响，有的认为我国乡村衰败与土地制度安排有着紧密的联系，土地使用指标向城市倾斜的城乡不平等土地制度导致乡村发展权利受阻，严重阻碍乡村振兴的实施（刘守英、熊雪锋，2018）。有的认为建设用地指标向城市倾斜的土地配置方式会严重缩减农村建设用地的面积，进而制约基础设施建设及农村产业发展（袁方成、靳永广，2020）。另一方面是对农村土地制度与乡村振兴的关系的探讨。有的认为在乡村振兴中，需要农业、工业和居民分别向农业区、园区和社区集中，相应的，农村土地要素也需要集中，需要通过土地"三权"分置及流转设计对土地资源进行统一规划（洪银兴、王荣，2019）；有的系统研究了农地、农村建设用地和农村宅基地在乡村振兴中的制度安排问题（钱忠好、牟燕，2020）。

三是技术要素与乡村振兴的相关研究。在乡村振兴战略提出之前，学界就已经意识到技术是农业现代化的重要支撑，毋庸置疑，技术要素在乡村振兴中也是重要因素。有的认为当前已经迈入"技术性社会"，乡村振兴的实施不但需要一系列的政策规划，而且还需要一定的技术支持，应以农业技术升值农业资源、以空间技术开发农村空间资源、通过信息技术消除城乡数字鸿沟（刘祖云等，2018）。有的学者提出乡村振兴的"技术赋能"发展模式，即利用技术提高乡村发展整体内在能力（王丹等，2020）。指出通过产业融合发展可以促进农村产业兴旺，在农村产业融合发展中，现代高新科技具有局部融合与整体融合的重要作用（蒋永穆、陈维操，2019）。

　　四是资本与乡村振兴的相关研究。在乡村振兴研究中，学者普遍认为资本是影响乡村振兴的一个关键因素，在乡村振兴过程中，需要发挥不同类型资本的作用。有的学者分析了国家资本与乡村振兴的关系，认为在乡村振兴中需要发挥国家资本的支持作用。社会资本由于农村基础设施建设领域的利润低、风险高、周期长的特点而缺少流入动机，因此需要增加国家资本在这些领域的引领作用（周冲，2019）。有的认为财政资金需要在乡村振兴中起到优先投入的带动作用（候小娜、李建民，2019）。有的认为我国"三农"问题其实是财政体制问题，在乡村振兴实施中，应改变过去"重城轻农"的财政体制，加大对"三农"倾斜力度（许经勇，2020）。而有的学者则研究了工商资本在乡村振兴中的作用。有的从理论上分析工商资本下乡对于乡村振兴的促进作用，认为资本下乡可以解决促进农民加入新业态、延伸农业产业链（王海娟，2020）。然而，在实践中工商资本下乡也会以亏损及跑路收尾，有的学者从资源配置视角对这一现象进行了深入探讨（周振，2020）。还有学者强调金融资本对乡村振兴的支持作用。如有的分析了乡村振兴中金融资源难以流入农村的障碍及构建金融资源回流农村的政策机制（程郁，2019）。一些研究从金融角度间接探讨了乡村振兴问题，如有学者探讨了中国经济进入新发展阶段带来新的金融需求（曹远征，2024），有学者产业转移背景下金融机构的角色和定位（周诚君，2024）等。

　　五是生态要素与乡村振兴的相关研究。部分学者强调生态要素对乡村振兴的重要作用，温铁军（2018）探讨了生态文明与比较视野下的乡村振兴战略问题。另外，有的认为生态和经济一样已经成为农村发展的一个重要维度，乡村振兴不但需要重视经济效益，还需要重视生态效益，保护自然生态已成为农村发展的重要任务，实施乡村振兴需要加强生态环境治理（陈占江，2018；张苏强，2019）。此外，分析当前我国农村资源约束、环境污染、环境监管的现存生态问题，指出乡村振兴应该走绿色的振兴道路

（张宇、朱立志，2019）。

（三）关于乡村振兴路径的分析

学术界对乡村振兴的实践路径进行了探讨，形成了如下观点。

一是强调激活乡村要素。强调乡村振兴要盘活农村各类资源，深化农村土地制度和集体产权制度改革（韩长赋，2017）。有的认为乡村振兴要激活参与乡村振兴各类主体的积极性，特别是激活农民参与性（刘合光，2018）。强调乡村振兴的关键在于通过机制创新及政策支持激活乡村资本、人才及土地（郭晓鸣、张克俊，2018）。应围绕促进城乡人才流动、加强乡村人才培养、支持人才下乡返乡创业、强化乡村人力资本投资、推动人才智力服务乡村等五方面推动乡村振兴（王文强，2019）。有的强调通过构建"三级市场"制度体系推动农村生态资源价值化，激活农村的自然资源及文化资源（温铁军、罗士轩等，2018）。有的认为实现乡村振兴既要挖掘内部资源，同时主张引入和乡村价值体系相融合的外部资源（章爱先、朱启臻，2019）。有的除了强调人才、文化、生态等要素外，还指出农村基层组织的振兴（孔祥智、张效榕，2018）。有的学者强调提高改善农村公共服务供给水平，发挥城市对农村的辐射带动功能（姜长云，2018）。

二是强调城乡融合发展。有的认为乡村要素长期向城市流失从而导致农村发展"失血"，乡村振兴必须破除体制障碍，建立城乡土地平等交换机制，保障财政优先投入、金融重点倾斜，积极引导各路智力人才下乡，应统筹城乡公共服务，推动基础设施均衡配置（韩俊，2018）。有的认为实现乡村振兴需要城乡要素双向流动，应从要素主体利益联结、政府和市场结合引导、相关政策协调配合等方面保障城乡要素双向流动（郭素芳，2018）。有的认为，乡村振兴关键在于改革土地要素配置方式，给予农村与城市平等发展权（刘守英、熊雪锋，2018）。有的认为生产要素、公共服务的城市偏向是中国乡村发展滞后的重要原因，乡村振兴必须破除这一制度障碍，发挥市场的资源配置力量，促进劳动力、技术、资本等要素在城乡间自由流动，发挥政府力量，促进公共服务在城乡间平等提供（王颂吉、魏后凯，2019）。另外，宋洪远（2021）探讨了如何通过乡村建设行动推进乡村振兴问题。

三是主张通过发展集体经济，推动经济转型来振兴乡村。有的学者认为大力发展集体经济有利于化解农民发展能力不足、土地分散等问题（王朝科，2017）。有的认为发展农民合作社有利于促进小农户与市场衔接，进而推进乡村振兴（孔祥智，2018）。有的认为应激活乡村资源，在促进乡村振兴中强调发挥集体经济的作用，认为依托集体经济对农村土地、生态文化资源进行定价（温铁军，2018）。有的认为乡村振兴的主体是农民，但不是缺少组织的分散个体农民，而是有效组织的农民，乡村振兴应该发挥我国土地集体所有制度优势，通过发展集体经济将农民组织起来，使农民能够有效对接国家资源（贺雪峰，2019）。有的主张先将土地流转给村集体，由村集体进行整体规划，再由村集体将土地重新发包给新经营者，实现乡村振兴对土地要素的使用要求（洪银兴、王荣，2019）。黄季焜从（2020）探讨了乡村振兴中农村转型、结构转型和政府职能的关系问题。

四是乡村振兴和脱贫攻坚关系的探讨。尹成杰（2022）探讨了巩固拓展脱贫攻坚成果同乡村振兴有效衔接的长效机制与政策问题。从经济转型角度研究乡村振兴问题。

五是注重借鉴国外乡村振兴经验。有的通过分析日本乡村振兴经验，认为中国乡村振兴应该加强现代农业发展，坚持农民主体，完善顶层设计，构建相配套的综合发展政策（曹斌，2018）。（贾磊、刘增金等，2018）有的主张借鉴日本发展特色农产品、六次产业融合发展、农业技术革新、农村资源灵活应用等方面的经验。有的分析了英美等国的农村发展历程，主张我国乡村振兴要借鉴英美经验，做好立法规划，提高乡村公共服务质量，发挥财政激励扶持作用，提高乡村规模增值效应（龙晓柏、龚建文，2018）。有学者分析总结了不同国家农村发展之共同特征，主张乡村振兴要遵循农村转型与国民经济转型相辅相成规律、充分发挥农村优势、合理规划人口布局、重视"自下而上"的农村发展模式（黄季焜、陈丘，2019）。

五、对现有研究动态的评析

从上述对国内外相关研究的学术史梳理来看，在乡村振兴方面，学术界对乡村振兴战略议题进行了颇多探索并取得丰硕成果，为本专著的后续研究奠定了重要基础，但已有的相关研究尚存在诸多不足，多局限于政策解读、乡村要素激活、城乡融合发展等方面，而对于乡村振兴与合作帮扶、乡村振兴主体、乡村振兴内生动力、乡村振兴的社会赋能、乡村有效治理等问题则鲜有触及。

在合作减贫方面，研究动态可总结为以下几个方面：①农民合作组织作为一种抵御市场风险、保护农民利益的农民组织化形式逐渐上升为学界研究"三农"问题核心议题，尤其是近年来，农村合作组织逐渐进入乡村振兴问题研究视野，并逐渐超越初期的农业经济学研究领域，成为一种综合性研究议题，受到经济学、管理学、社会学、政治学、民族学等其他学科的广泛关注。②合作减贫和多维减贫问题越来越多地受到各国学者的关注，同时，越来越多的学者注意到对贫困治理和农村发展应当跳出政府单方面帮扶思维，代之以一种多方主体参与的合作帮扶思维。③学界逐渐形成对脱贫地区产业帮扶的研究自觉，相关讨论在不断增多，既有专门研究和个案研究，也有关于综合研究和理论研究，精准帮扶已经成为反贫困研究的一个重要分支。

即便如此，有关合作帮扶问题的研究文献仍然非常少，特别是基于农村新型合作组织的新型合作帮扶的专题研究更是薄弱，研究文献处于空白状态。已有的相关研究主要将农民合作组织纳入农村地区农业产业化规模化的相关研究中，主要是作为弥补政府主推的产业帮扶项目实施效率偏低问题的角色而进入在学术视野中。

虽有学者注意到了农民合作组织的扶贫效应问题，但在研究框架、研究内容、研究视角和研究方法、研究观点等方面还缺乏新的开拓，聚焦帮扶地区，选择新型合作帮扶问题作为研究对象，采取扎实的实证研究，不失为一种可以尝试的研究议题。

第二章

新型合作帮扶特征与优势

第一节　乡村振兴战略及其与后续帮扶关系

一、乡村振兴战略的重大意义

乡村振兴战略是习近平总书记 2017 年 10 月 18 日在党的十九大报告中提出的战略。党的十九大报告指出，农业农村农民问题是关系国计民生的根本性问题，必须始终把解决好"三农"问题作为全党工作重中之重。乡村兴则国家兴，乡村衰则国家衰。我国人民日益增长的美好生活需要和不平衡不充分的发展之间的矛盾在乡村最为突出，我国仍处于并将长期处于社会主义初级阶段，它的特征很大程度上表现在乡村。全面建成小康社会和全面建成社会主义现代化强国，最艰巨最繁重的任务在农村，最广泛最深厚的基础在农村，最大的潜力和后劲也在农村。实施乡村振兴战略，是建设现代化经济体系的重要基础，是建设美丽中国的关键举措，是传承中华优秀传统文化的有效途径，是健全现代社会治理格局的固本之策，是实现全体人民共同富裕的必然选择。因此，实施乡村振兴战略，是解决新时代我国社会主要矛盾、实现"两个一百年"奋斗目标和中华民族伟大复兴的中国梦的必然要求，具有重大现实意义和深远历史意义。

二、实施乡村振兴战略的目标任务和基本原则

2018 年中央一号文件《中共中央国务院关于实施乡村振兴战略的意见》提出了乡村振兴的目标任务，即到 2035 年，乡村振兴取得决定性进展，农业农村现代化基本实现。农业结构得到根本性改善，农民就业质量显著提高，相对贫困进一步缓解，共同富裕迈出坚实步伐；城乡基本公共服务均等化基本实现，城乡融合发展体制机制更加完善；乡风文明达到新高度，乡村治理体系更加完善；农村生态环境根本好转，美丽宜居乡村基本实现；到 2050 年，乡村全面振兴，农业强、农村美、农民富全面实现。

按照《中共中央国务院关于实施乡村振兴战略的意见》，实施乡村振兴战略，要坚持党管农村工作，坚持农业农村优先发展，坚持农民主体地位，坚持乡村全面振兴，坚持城乡融合发展，坚持人与自然和谐共生，坚持因地制宜、循序渐进。这是实施乡村振兴战略的基本原则。坚持党管农村工作，即毫不动摇地坚持和加强党对农村工作的领导，健全党管农村工作领导体制机制和党内法规，确保党在农村工作中始终总揽全局、协调各方，为乡村振兴提供坚强有力的政治保障。坚持农业农村优先发展，即把实现乡村振兴作为全党的共同意志、共同行动，做到认识统一、步调一致，在干部配备上优先考虑，在要素配置上优先满足，在资金投入上优先保障，在公共服务上优先安排，加快补齐农业农村短板。坚持农民主体地位，即充分尊重农民意愿，切实发挥农民在乡村振兴中的主体作用，调动亿万农民的积极性、主动性、创造性，把维护农民群众根本利益、促进农民共同富裕作为出发点和落脚点，促进农民持续增收，不断提升农民的获得感、幸福感、安全感。坚持乡村全面振兴，即准确把握乡村振兴的科学内涵，挖掘乡村多种功能和价值，统筹谋划农村经济建设、政治建设、文

化建设、社会建设、生态文明建设和党的建设，注重协同性、关联性，整体部署，协调推进。坚持城乡融合发展，即坚决破除体制机制弊端，使市场在资源配置中起决定性作用，更好发挥政府作用，推动城乡要素自由流动、平等交换，推动新型工业化、信息化、城镇化、农业现代化同步发展，加快形成工农互促、城乡互补、全面融合、共同繁荣的新型工农城乡关系。坚持人与自然和谐共生，即牢固树立和践行绿水青山就是金山银山的理念，落实节约优先、保护优先、自然恢复为主的方针，统筹山水林田湖草系统治理，严守生态保护红线，以绿色发展引领乡村振兴。坚持因地制宜、循序渐进。即科学把握乡村的差异性和发展走势分化特征，做好顶层设计，注重规划先行、突出重点、分类施策、典型引路。既尽力而为，又量力而行，不搞层层加码，不搞一刀切，不搞形式主义，久久为功，扎实推进。

三、乡村振兴的总体要求

2018 年中央一号文件《中共中央国务院关于实施乡村振兴战略的意见》对乡村振兴战略进行总体规划，提出了实施乡村振兴的总体要求，即"产业兴旺、生态宜居、乡风文明、治理有效、生活富裕"20 字方针。

一是产业兴旺。乡村振兴，产业兴旺是重点，必须坚持质量兴农、绿色兴农，以农业供给侧结构性改革为主线，加快构建现代农业产业体系、生产体系、经营体系，提高农业创新力、竞争力和全要素生产率，加快实现由农业大国向农业强国转变。一是要夯实农业生产能力基础。二是实施质量兴农战略，深入推进农业绿色化、优质化、特色化、标准化、品牌化，调整优化农业生产力布局，推动农业由增产导向转向提质导向。推进特色农产品优势区创建，建设现代农业产业园、农业科技园。三是构建农村一、二、三产业融合发展体系。大力开发农业多种功能，延长产业链、提升价值链、完善利益链，通过保底分红、股份合作、利润返还等多种形式，让农民合理分享全产业链增值收益。）四是促进小农户和现代农业发展有机衔接。统筹兼顾培育新型农业经营主体和扶持小农户，采取有针对性的措施，把小农生产引入现代农业发展轨道。培育各类专业化市场化服务组织，推进农业生产全程社会化服务，帮助小农户节本增效。发展多样化的联合与合作，提升小农户组织化程度。注重发挥新型农业经营主体带动作用，打造区域公用品牌，开展农超对接、农社对接，帮助小农户对接市场。扶持小农户发展生态农业、设施农业、体验农业、定制农业，提高产品档次和附加值，拓展增收空间。改善小农户生产设施条件，提升小农户抗风险能力。

二是生态宜居。乡村振兴，生态宜居是关键。良好生态环境是农村最大优势和宝贵财富。必须尊重自然、顺应自然、保护自然，推动乡村自然资本加快增值，实现百姓富、生态美的统一，统筹山水林田湖草系统治理，加强农村突出环境问题综合治理，建立市场化多元化生态补偿机制，增加农业生态产品和服务供给。

三是乡风文明。乡村振兴，乡风文明是保障。必须坚持物质文明和精神文明一起抓，提升农民精神风貌，培育文明乡风、良好家风、淳朴民风，不断提高乡村社会文明程度。加强农村思想道德建设，传承发展提升农村优秀传统文化，加强农村公共文化建设，开展移风易俗行动。

四是治理有效。乡村振兴，治理有效是基础。必须把夯实基层基础作为固本之策，建立健全党委领导、政府负责、社会协同、公众参与、法治保障的现代乡村社会治理体制，坚持自治、法治、德治相结合，确保乡村社会充满活力、和谐有序，加强农村基层党组织建设，深化村民自治实践。坚持自治为基，加强农村群众性自治组织建设，健全和创新村党组织领导的充满活力的村民自治机制，建设法治乡村，提升乡村德治水平，建设平安乡村。

四、后续帮扶是乡村振兴战略的重要组成部分

2021 年 3 月，中共中央、国务院发布了《关于实现巩固拓展脱贫攻坚成果同乡村振兴有效衔接的意见》，打赢脱贫攻坚战、全面建成小康社会后，要在巩固拓展脱贫攻坚成果的基础上，做好乡村振兴这篇大文章，接续推进脱贫地区发展和群众生活改善。做好巩固拓展脱贫攻坚成果同乡村振兴有效衔接，关系到构建以国内大循环为主体、国内国际双循环相互促进的新发展格局，关系到全面建设社会主义现代化国家全局和实现第二个百年奋斗目标。由此可见，对于脱贫地区而言，乡村振兴战略的关键基础是巩固拓展脱贫攻坚成果，乡村振兴战略实施的重要内容是实现巩固拓展脱贫攻坚成果同乡村振兴有效衔接。而巩固拓展脱贫攻坚成果本质上是脱贫地区后续帮扶的内在要求，是脱贫地区后续帮扶的主要内容，后续帮扶归根到底就是巩固脱贫攻坚成果，从产业、金融、科技、信息、生态、旅游、健康、人口、文化、教育等不同维度巩固拓展脱贫攻坚成果，帮扶脱贫人口永久脱贫并实现全面发展。实现巩固拓展脱贫攻坚成果同乡村振兴有效衔接，本质上要求后续帮扶与同乡村振兴有效衔接，将后续帮扶纳入乡村振兴范畴。因此，脱贫地区乡村振兴战略的关键基础是后续帮扶，后续帮扶是乡村振兴战略内在要求和重要内容，做好乡村振兴这篇大文章，就必须做好后续帮扶这篇硬文章。

第二节 新型合作帮扶特征

新型合作帮扶是针对帮扶户后续帮扶问题，以农村新型合作组织作为帮扶主体和依托，通过合作组织内部合作与外部联结，联合各种经济力量和社会力量，通过委托代理关系和治理结构创新，构建相应的农村产业

链、供应链、价值链和功能链，形成合作帮扶链，从产业、金融、科技、信息、生态、旅游、健康、人口、文化、教育等方面多维度建立起各种形式的合作帮扶模式，通过纵向延伸帮扶链、横向拓展帮扶面，形成后续帮扶的社会基础、社会合力和长效机制。新型合作帮扶具有以下特点。

一、特征一：依托农村新型合作组织

农村新型合作组织无疑是乡村振兴背景下帮扶地区后续帮扶的有效组织载体，主要原因如下。

首先，习近平总书记明确指出，要尊重农民意愿和维护农民权益，把选择权交给农民，由农民选择而不是代替农民选择，可以示范和引导，但不搞强迫命令、不刮风、不一刀切。《中华人民共和国乡村振兴促进法》指出，要坚持农民主体地位，充分尊重农民意愿，保障农民民主权利和其他合法权益，调动农民的积极性、主动性、创造性，维护农民根本利益。这些重要论述启示我们，必须把乡村振兴的主体权还给农民，同时不断对农民赋能，培养农民的乡村振兴能力。农村新型合作组织是农民经济自治组织，是农民行使乡村振兴的主体权的重要机制和载体，是对农民赋能的重要组织机制，是培养农民的乡村振兴能力的重要载体。因此，农村新型合作组织是帮扶地区乡村振兴和后续帮扶有效衔接的重要组织机制。

其次，无论是脱贫攻坚，还是乡村振兴，帮扶地区发展的一个重要障碍仍然主要在于社会基础薄弱，社会建设滞后，社会机制缺失，这就导致自我发展机能缺失，发展的内生力量生长机制缺乏。农村新型合作组织是推动农村经济发展的重要主体，合作组织比其他机构更接近农户，在参与后续帮扶脱贫户方面优势非常明显。农村新型合作组织的特性决定了这种组织具备产业帮扶、金融帮扶、科技帮扶、信息帮扶、生态帮扶、旅游帮扶、健康帮扶、人口帮扶、文化帮扶、教育帮扶等多元帮扶功能，应当成为帮扶户后续帮扶的依托支点和社会支持机制。在推进农村新型合作组织

后续帮扶脱贫户过程中，应树立后续帮扶的整体性思维，基于多元帮扶的视角，从产业帮扶、金融帮扶、科技帮扶、信息帮扶、生态帮扶、旅游帮扶、健康帮扶、人口帮扶、文化帮扶、教育帮扶等多方面有针对性地建立起各种形式的合作帮扶模式，把农村新型合作组织作为帮扶地区乡村振兴的重要抓手，把农村新型合作组织打造成帮扶地区乡村振兴的组织载体，构建脱贫人口后续帮扶的经济机制、社会机制、生态机制、教育机制、健康机制等，形成后续帮扶的社会基础和社会合力，构建帮扶地区乡村振兴的长效机制。

最后，农村新型合作组织是农民互助合作的经济组织，天然具有益贫性，是农村经济发展的重要载体，是农民组织化的重要载体，是农民对接市场的重要代理机制，是各种乡村振兴力量与帮扶户之间的利益联结机制。无论是在绝对贫困时期还是进入相对贫困时期，农村新型合作组织都是我国乡村振兴工作的重要抓手，农村新型合作组织在多个维度上具有缓解贫困的功能效应，对于解决帮扶地区贫困问题具有不可替代的重要作用，滇桂黔石漠化片区农村新型合作组织乡村振兴机理主要体现在产业帮扶、金融帮扶、科技帮扶、信息帮扶、生态帮扶、旅游帮扶、健康帮扶、人口帮扶、文化帮扶、教育帮扶等十个维度。

二、特征二：多边参与双向合作帮扶

新型合作帮扶模式要求多方力量共同参与，帮扶干部和帮扶对象之间并非简单的主客体关系，帮扶对象不再被动接受帮扶，新型合作帮扶并不是灌输扶贫资源及扶贫项目来开展帮扶工作，而是要求整合帮扶资源和脱贫力量，通过相应的组织机制和运行机制，形成合作帮扶载体及机制，整合各方资源，联合行动，协调一致，互助合作，抱团发展，提升帮扶对象的主体意识，使其真正成为自我发展的主体。新型合作帮扶可以实现资源共享，帮扶资源得到最大限度的充分利用，提升资源利用率；通过合作帮

扶提升帮扶对象参与乡村振兴的积极性，最终推动形成共建共治共享的乡村合作治理格局。新型合作帮扶可实现利益共享，保障帮扶对象共享帮扶项目建设成果，共享经济社会发展的红利。

三、特征三：多维度帮扶

农村贫困人口在摆脱绝对贫困，追求幸福的基本要求得到满足，实现"两不愁三保障"后，其需求也从急迫的生存底线转向全面发展和自我实现，因此，新型合作帮扶的任务重心也相应出现转变。乡村振兴的总体要求是"产业兴旺、生态宜居、乡风文明、治理有效、生活富裕"，这表明，乡村振兴战略是一项涵盖经济建设、生态建设、文化建设、社会建设、政治建设、民生建设等方面的系统性工程，需要通过产业帮扶、金融帮扶、科技帮扶、信息帮扶、生态帮扶、旅游帮扶、健康帮扶、人口帮扶、文化帮扶、教育帮扶等不同维度的全方位帮扶，促进脱贫地区农业全面升级、农村全面进步、农民全面发展，解决脱贫地区乡村发展不充分、城乡发展不平衡的矛盾，真正实现脱贫地区乡村振兴。

因此，新型合作帮扶的任务重心相应出现转变，即从民生兜底转向以农村脱贫人口全面发展为目标的多维帮扶，涉及产业帮扶、金融帮扶、科技帮扶、信息帮扶、生态帮扶、旅游帮扶、健康帮扶、人口帮扶、文化帮扶、教育帮扶等不同维度的全方位帮扶，帮助农民从急迫的生存底线转向全面发展和自我实现。

四、特征四：内生性帮扶

不同于传统输血式扶贫模式，新型合作帮扶不仅要保证农村贫困人口的基本生活需求，更要使脱贫人口手中的资源成为可增值资产，实现贫困人口持久脱贫、持续发展和全面提升。乡村振兴战略坚持农民主体地位，坚持乡村全面振兴，持久振兴，农民获得持续发展，全面提升。因此，新型合作帮扶的重心从聚焦民生底线的输血式扶贫转向让脱贫人口获得自主发展能力造血式的内生性帮扶，新型合作帮扶通过提高觉悟、学知识、学技能、学本领、学经营、学管理、学合作等方面给脱贫人口的赋能，提升脱贫人口自主创业和就业及再就业的筹码，使其能够应对竞争及驾驭资源，通过有效激发脱贫户自我发展的积极性，从内在的动力和能力铸造让脱贫人口获得自主发展能力，成为乡村振兴的主体，获得自主发展、持续发展、全面提升的能力。

五、特征五：发展性帮扶

不同于传统帮扶模式，新型合作帮扶将目标不再是解决紧迫的民生兜底问题，而是转向帮扶对象全面发展和自我实现。致力于培育脱贫人口主体性、创新性和能动性，培育脱贫人口自主发展能力，提升脱贫人口的自信心和自我认同，推动脱贫人口全面发展和实现乡村全面振兴。因此，新型合作帮扶基于优势驱动式帮扶视角，充分利用帮扶地区资源优势和帮扶农户自身优势，帮助其认识及利用自身的优势和能力，扬长避短，充分发挥脱贫人口的主体性、创新性和能动性，真正形成自主发展能力，因此，新型合作帮扶是一种基于优势驱动的发展性帮扶。

第三节　新型合作帮扶：乡村振兴战略下的帮扶转型

后续帮扶是乡村振兴战略的内在要求和重要内容，在实施乡村振兴战略的历史新阶段。与绝对贫困时期的脱贫攻坚战相比，后续帮扶面临新的形势和任务，后续帮扶的帮扶重心也出现了新的变化，需要根据新的形势和任务，探索更有效的帮扶机制，服务乡村振兴。总体而言，在实施乡村振兴战略的历史新阶段，后续帮扶需要以新型合作帮扶为实现形态，具体体现为后续帮扶需要完成几个转向，主要体现为合作式帮扶、全面发展型帮扶、内生性帮扶、优势驱动型帮扶等四个方面。而合作式帮扶、全面发展型帮扶、内生性帮扶、优势驱动型帮扶等正是新型合作帮扶的本质特征，即后续帮扶需要转向新型合作帮扶。

一、从单边帮扶模式转向合作帮扶模式

脱贫攻坚阶段的民生兜底式精准扶贫主要是一种"单向"的帮扶模式，帮扶干部和农民之间只是简单的主客体关系，扶贫干部是帮扶主体，负责主动施策，而贫困人口则是帮扶客体，被动接受帮扶。贫困人口缺乏相应的相互协调能力及互助合作能力，脱贫成效主要由扶贫干部施策能力决定，扶贫干部简单地灌输扶贫资源及扶贫项目来开展帮扶工作，有的项目因为缺少社会力量的积极参与而导致效果不佳甚至失败，造成不必要的资源的浪费。在脱贫攻坚阶段，精准扶贫模式强调精准施策，针对性施策，帮扶方式因户而异，贫困人口在帮扶干部单向施策下各自为战，帮扶资源和脱贫力量未能得到很好整合。

而合作帮扶模式要求脱贫人口及社会力量积极参与，通过建立合作帮扶的组织机制和运行机制，形成相应的合作载体及机制，整合各方资源，联合行动，协调一致，互助合作，抱团发展，全面振兴，提升脱贫人口的主体意识，使其真正成为乡村振兴的主体。通过合作帮扶实现资源共享，最大限度地充分利用帮扶资源，提升资源利用率；通过合作帮扶实现利益共享，保障脱贫人口共享帮扶项目建设成果，共享乡村振兴发展的红利；通过合作帮扶提升脱贫人口参与乡村振兴的积极性，最终推动形成"共建共治共享"的乡村治理格局。

二、从民生兜底型帮扶模式转向全面发展型帮扶模式

在消除绝对贫困的脱贫攻坚阶段，扶贫工作的重心是消除绝对贫困及

区域性整体贫困，聚焦民生底线，基本的任务目标是实现农村贫困人口"两不愁三保障"（即不愁吃、不愁穿，基本医疗、义务教育、住房安全有保障），稳定实现农村贫困人口的最低生活需求。按照马斯洛的需求层次理论，人们最低级别的需求是生理需求，而最高级别的需要是自我实现。

农村贫困人口在摆脱绝对贫困，追求幸福的基本要求得到满足，实现"两不愁三保障"后，其需求也从急迫的生存底线转向全面发展和自我实现，因此，后续帮扶的任务重心也相应出现转变，从民生兜底转向以农村脱贫人口全面发展为目标的多维帮扶，涉及产业帮扶、金融帮扶、科技帮扶、信息帮扶、生态帮扶、旅游帮扶、健康帮扶、人口帮扶、文化帮扶、教育帮扶等不同维度的全方位帮扶。乡村振兴的总体要求是"产业兴旺、生态宜居、乡风文明、治理有效、生活富裕"，这表明，乡村振兴战略是一项涵盖经济建设、生态建设、文化建设、社会建设、政治建设、民生建设等方面的系统性工程，需要通过产业帮扶、金融帮扶、科技帮扶、信息帮扶、生态帮扶、旅游帮扶、健康帮扶、人口帮扶、文化帮扶、教育帮扶等不同维度的全方位帮扶，促进脱贫地区农业全面升级、农村全面进步、农民全面发展，解决脱贫地区乡村发展不充分、城乡发展不平衡的矛盾，真正实现脱贫地区乡村振兴。

三、从外源性帮扶转向内生性帮扶

在脱贫攻坚阶段，对于贫困人口而言，缺钱缺物缺资源是其最大困难，摆脱缺钱缺物缺资源的现状是贫困人口最现实及最急迫的需求，要解决这一问题，给钱给物给资源的输血式扶贫是见效最快的方法，在短时间内便可收到立竿见影的效果，符合扶贫工作重点聚焦民生底线的要求。输血式扶贫保证实现农村贫困人口的最低生活需求，但却难以使脱贫人口手中的资源成为可增值资产，难以实现贫困人口持久脱贫、持续发展和全面提升，难以适应乡村振兴战略要求。

　　乡村振兴战略坚持农民主体地位，坚持乡村全面振兴，持久振兴，农民获得持续发展，全面提升。因此，后续帮扶的重心聚焦民生底线的输血式扶贫转向让脱贫人口获得自主发展能力造血式帮扶，造血式帮扶是一种内生性帮扶，通过有效激发脱贫户自我发展的积极性，从内在的动力和能力铸造让脱贫人口获得自主发展能力，成为乡村振兴的主体，通过提高觉悟、学知识、学技能、学本领、学经营、学管理、学合作等方面给脱贫人口的赋能，提升脱贫人口自主创业和就业及再就业的筹码，使其能够应对竞争及驾驭资源，获得自主发展、持续发展、全面提升的能力。

四、从短板瞄准式帮扶转向优势驱动式帮扶

　　在脱贫攻坚阶段，扶贫干部扶贫的基本方法是以问题为导向，扶贫工作通过精准瞄准贫困人口存在的短板，头痛医头，脚痛医脚，对症下药，因人而异，因户而异，精准施策，补足短板，解决问题，这是一种短板瞄准式帮扶。短板瞄准式帮扶对于解决紧迫的民生兜底问题和扶贫工作中常见的扶贫资源精力俘获及关系户俘获等问题作用明显。但在全面振兴乡村阶段，短板瞄准式帮扶显然不利于培育脱贫人口主体性、创新性和能动性，不利于培育脱贫人口自主发展能力，也不利于脱贫人口的自信心和自我认同，不利于推动脱贫人口全面发展和实现乡村全面振兴。

　　与短板瞄准式帮扶视角不同，优势驱动式帮扶视角有利于认识及利用自身的优势和能力，这些优势包括诸如吃苦耐劳、生态资源、自然资源、传统文化等，这些无疑有利于脱贫人口的自信心和自我认同的形成，有利于培育脱贫人口主体性、创新性和能动性，真正形成自主发展能力，从而推动脱贫人口全面发展和实现乡村全面振兴。如果说短板瞄准式帮扶是一种避短性帮扶或补短性帮扶，那么优势驱动性帮扶则是一种扬长性帮扶，换言之，帮扶模式从避短走向扬长，既要补短，更要扬长。

第四节　乡村振兴战略下新型合作帮扶的优势

在乡村振兴战略阶段，乡村振兴战略内在要求后续帮扶重心转向，即从单边帮扶模式转向合作帮扶模式，从民生兜底型帮扶模式转向全面发展型帮扶模式，从外源性扶贫转向内生性帮扶、从短板瞄准式帮扶转向优势驱动式帮扶。后续帮扶要完成这些转向，需要相应的机制创新，构建适合的帮扶形式，这种帮扶形式就是新型合作帮扶。

新型合作帮扶是针对帮扶人口后续帮扶问题，以农村新型合作组织作为帮扶主体和依托，通过合作组织内部合作与外部合作，联合各种经济力量和社会力量，通过委托代理关系和治理结构创新，构建合作帮扶链，从产业、金融、科技、信息、生态、旅游、健康、人口、文化、教育等方面多维度建立起各种形式的合作帮扶和抱团振兴模式，形成后续帮扶的社会基础、社会合力和长效机制。在新型合作帮扶中，农村新型合作组织是合作帮扶链的中心环节，通过治理机制创新，将农业产业链、供应链、价值链和社会功能链引入合作帮扶网络，形成合作帮扶链，在脱贫户与农村新型合作组织、农业龙头企业、金融机构、市场、公共部门、帮扶干部、社会精英等多元主体之间建立起产业帮扶、金融帮扶、科技帮扶、信息帮扶、生态帮扶、旅游帮扶、健康帮扶、人口帮扶、文化帮扶、教育帮扶，全方位给脱贫人口赋能，使农民持续发展，全面发展，使乡村全面振兴。

一、新型合作帮扶促使农民成为乡村振兴主体

乡村振兴战略内在要求后续帮扶重心转向，即从单边帮扶模式转向合作帮扶模式。合作帮扶本身包括多种实现形式，如传统的帮扶干部与贫困户之间的双向合作，或政府、帮扶干部、村委、贫困户之间的多方合作，

在这种传统的合作帮扶模式下，帮扶施策方仍然是帮扶的主体，各种经济组织、企业、社会精英不能充分发挥帮扶的作用，无法保证脱贫人口真正成为自身全面发展的主体。传统合作帮扶模式也难以避免单一帮扶模式的种种弊端，如帮扶目标定位偏移（如不自觉地落入脱贫人口低层次的需求层面，头痛医头，脚痛医脚），难以调动脱贫人口积极性自主性能动性创造性，难以盘活脱贫户的存量资源，使其变为可增量资产，不利于培育脱贫人口自主发展能力，也不利于脱贫人口的自信心和自我认同，输血式扶贫的种种弊端也难根除。

而新型合作帮扶不同于传统合作模式，新型合作帮扶以农村新型合作组织作为合作帮扶主体，归根到底是以农民为主体，农村新型合作组织将脱贫户与农村新型合作组织、龙头企业、金融机构、市场、公共部门、帮扶干部、社会精英等多元主体联结起来，形成乡村振兴合作帮扶链，农村新型合作组织是合作帮扶链的中心环节。通过吸收脱贫户加入农村新型合作组织或使脱贫户成为农村新型合作组织的联系户，使包括脱贫户在内的农民成为乡村振兴的主体。这充分体现了"坚持农民主体地位，充分尊重农民意愿，切实发挥农民在乡村振兴中的主体作用"（《中共中央国务院关于实施乡村振兴战略的意见》2018 年 1 月 2 日）的国家政策指向。

二、新型合作帮扶有利于打造脱贫人口持续发展内生动力

农村新型合作组织在经营管理机制上实行民主选举、民主决策和民主管理，实行劳动和资本的联合，维护脱贫户的利益，实现脱贫户持续增收，提升脱贫人口的获得感、幸福感、安全感。同时，农村新型合作组织对内部成员不以营利为目的，将利润返还给成员，从而形成了新的收益分配制度，新型合作帮扶通过农村新型合作组织使脱贫户实现利益共享，保障脱贫人口共享帮扶项目建设成果，这有利于保护脱贫人口的利益，共享乡村振兴发展的红利，推动乡村共同富裕。同时，整合各方资源，联合行

动，协调一致，互助合作，抱团发展，全面振兴。新型合作帮扶通过农村新型合作组织将脱贫人口有序组织起来，培育有文化、懂技术、善经营的新型职业农民，提高脱贫户的生产管理能力，有利于激发脱贫人口的自主性、积极性、主动性、创造性，培育农民参与振兴乡村的自主意识，认识及利用自身的优势和能力，充分挖掘其自身潜能，增强脱贫人口的自信心和自我认同的形成，有利于培育脱贫人口主体性、创新性和能动性，真正形成自主发展能力，进而形成乡村振兴的内生动力。

三、新型合作帮扶有助于加快推进脱贫地区农业现代化

与其他帮扶模式相比，新型合作帮扶更有利于加快推进脱贫地区农业现代化。因为在新型合作帮扶模式下，农村新型合作组织通过引导脱贫户发展多样化的联合与合作，构建"农村新型合作组织+农户+龙头企业+金融机构+科研机构+""农村新型合作组织+基地+农户+龙头企业+金融机构+科研机构+"等合作帮扶链，有利于将农民组织化，推动农业规模化、标准化、产业化生产经营，而农业的组织化、规模化、标准化、产业化，正是农业现代化的重要内容。农村新型合作组织通过合作帮扶链，可加快构建脱贫地区现代农业产业体系、生产体系、经营体系，提高当地农业创新力、竞争力和全要素生产率，从而推动脱贫地区农业现代化。

第一，新型合作帮扶模式通过农村新型合作组织构建合作帮扶链，有利于促进脱贫户和现代农业发展有机衔接，推动产业化龙头企业与脱贫户建立紧密型利益联结机制，让脱贫人口共享全产业链增值收益。农村新型合作组织具有要素聚合的作用，能提高对脱贫地区要素聚合及控制力。新型合作帮扶机制更易于采取有针对性的措施扶持小农户，把小农生产引入现代农业发展轨道，推动脱贫地区农业生产全程社会化服务，帮助脱贫人口节本增效。在以农村新型合作组织为基础的合作帮扶链下，新型合作帮扶更有利于提升小农户组织化程度，帮助小农户对接市场，更易于发挥新

型农业经营主体带动作用，打造脱贫地区区域特色品牌。同时，新型合作帮扶更有利于扶持脱贫户发展设施农业、生态农业、体验农业、定制农业，提高产品的品质和附加值，拓展脱贫户增收空间，提升抗风险能力。

第二，新型合作帮扶模式更有利于推进脱贫地区现代农业经营体系建设。新型合作帮扶模式通过引导脱贫户加入农民合作社等各类农村新型合作组织，实现农业生产组织化、规模化、标准化，从而构建多种形式适度规模经营。新型合作帮扶链更利于帮助脱贫户发展农业规模经营，帮助脱贫户成长成有活力的家庭农场。新型合作帮扶通过农民合作社促进脱贫地区农业专业化社会化服务组织发展壮大，将先进适用的品种及技术装备引入脱贫户。农村新型合作帮扶有助于脱贫地区建设区域性农业全产业链综合服务中心，做大做强农业产业化龙头企业，有助于脱贫地区实现生产、供销、信用"三位一体"的综合合作帮扶，健全服务农民生产生活综合平台。

第三，新型合作帮扶模式更有利于脱贫地区构建现代乡村产业体系，实现产业兴旺。农业龙头企业被引入帮扶链使新型合作帮扶更有利于挖掘脱贫地区乡村特色优势资源，打造农业全产业链，通过保底分红、股份合作、利润返还等多种形式，让脱贫家庭更多分享产业增值收益。"农村新型合作组织+基地+农户+龙头企业+科研机构"所推行的农业生产组织化、规模化、标准化，有助于加快健全脱贫地区现代农业全产业链标准体系，推动小农户按标生产，实施质量兴农战略，实现农业绿色化、优质化、特色化、标准化、品牌化，有利于优化农业生产力布局，促进脱贫地区农村一、二、三产业融合发展体系建设，推动脱贫地区农业由增产导向转向提质导向。通过新型合作帮扶，建设现代农业，实现质量兴农、绿色兴农，大力开发农业多种功能，延长产业链、提升价值链、完善利益链，从而让脱贫人口合理分享全产业链增值收益。

第四，新型合作帮扶通过推进农业农村生产体系现代化推动脱贫地区农业现代化。生产体系的现代化就是现代农业农村生产的组织化、标准化、信息化、数字化，较高的物质技术装备的建设水平，以及农业生产中的设施化、机械化、数字化及绿色化。新型合作帮扶模式通过农村新型合作组织（农民合作社、股份合作企业等）提高农业生产组织化、标准化、规模化、信息化，从而推动脱贫地区农业农村生产体系现代化。同时通过"农村新型合作组织+基地+农户+龙头企业+金融机构+科研机构+"合作帮扶链，延伸产业链、贯通供应链、提升价值链来发展乡村产业，推进一、二、三产业的融合发展，从而构建现代化的脱贫地区农业农村生产体系。而生产体系是整个产业体系的基础平台，农业农村生产体系的现代化水平在一定程度上决定了农业现代化水平。因此，新型合作帮扶通过推进农业农村生产体系现代化，从而推动脱贫地区农业现代化。

第五，新型合作帮扶通过生产要素的聚集推动脱贫地区现代化。乡村经济的高效发展需要生产要素的聚合，在农业活动中，农民、生产工具、技术、资本等要素是以土地资料为载体进行聚合作用，在新型合作帮扶模式下，通过农村新型合作组织将细碎化土地统一规划和集约经营，发展多样化、立体化产业结构，从而实现要素的高效管理利用，提升土地控制能力，实现土地利用的规模化和集约化。规模化和集约化是实现农业现代化的必由之路，通过土地资源的规模化和集约化推动脱贫地区乡村生产方式的变革，提高农村资源的纵向利用效率。同时，通过对土地要素的统一经营建立现代农业生产体系、经营体系、社会服务体系，发挥规模效应，提升农村资源的横向利用效率。提高农村资源的纵向利用效率和横向利用效率对于提高脱贫户收入及实现乡村振兴至关重要。

四、新型合作帮扶有利于对脱贫人口社会赋能

帮扶及扶贫本身就是一种"情怀活动"，需要有"温度"加持，农村新型合作组织是一种有"温度"的经济组织，其所倡导及推动的合作经济

在本质上就是一种"情怀经济"，这种经济形态并不以利益最大化为目标，转而更关注经济发展的社会效益，即小农户能够获得公平的发展机会，享受公平的市场红利，以及高度的团体认同和社会信任，通过合作组织内部统一的利益诉求和行动步伐，从而实现经济增长与社会发展的平衡。因此，以农民合作社为主体的农村新型合作组织是具有经济功能的资产联合体，同时也是具有社会功能的社会共同体，通过经济互助联动激发农村社区凝聚力及促进社会团结是农民合作社的重要功能。从更长远的国家治理视角看，农村新型合作组织在农村社会的综合性功能可进一步向农村基层社会事务各个方面拓展延伸，使合作组织在农村两委的引导下变成一个旨在促进小农户全面发展的综合性服务网络平台。从中国的国情、社情，特别是从脱贫地区农村社会发展的阶段性特征出发，挖掘农村新型合作组织的社会功能，建立乡风文明和治理有效的社会机制，对新时期脱贫地区农村社会高质量发展与社会有效治理具有重要的理论意义和实践价值。

虽然农民合作社本质上是一种农村经济组织形式，但乡村振兴背景下的农村新型合作组织是置嵌于地方社会中的一种公共领域，合作共生之理念集中体现为营造互助团结的社会氛围，农民合作社模式的团结、民主、互助、共享的价值观、紧密型利益联结机制以及对农村社会问题的聚焦，凝结成了农民合作社和农村社区之间稳定的合作伙伴关系，为社区增加工作岗位，提高社区营收，社会生活的复杂性可以赋予农村新型合作组织各种社会功能，如人口、教育、文化、卫生、健康、治理等。

因为农村新型合作组织的资源互动根本上是一种社会交换过程，社会交换本身不同于纯粹的经济交换方式，只有在社会交换的前提下才可能形成农村新型合作组织的本质规定性，尤其是在新冠疫情的冲击下，新型合作帮扶有助于增进脱贫地区社会福利，多维度为脱贫人口创造生活价值，发挥其亲社会功能，组织小农户应对市场竞争，引导脱贫社区培育团结互助及邻里友爱的社区精神，开拓出富有影响力的变革性社会行动。因此，农村新型合作组织经济性、社会性、文化性的贯通是乡村振兴的必然要求，农村新型合作组织对其成员的社会效应显著，新型合作帮扶有利于对脱贫人口多维赋能，推动农村新型合作组织从产业、金融、科技、信息、生态、旅游、健康、人口、文化、教育等维度全面带动脱贫人口高质量发展，有助于全面推动乡村振兴。

五、新型合作帮扶有助于实现脱贫地区治理有效

乡村振兴，治理有效是基础。必须把夯实基层基础作为固本之策。乡村振兴赋予了农村新型合作组织前所未有的制度优势，作为新型农业经营主体，农村新型合作组织是农业现代化进程中的重要主体，作为一种融合政治、经济、社会、文化、生产、生活、生态等因素于一体的组织载体，农村新型合作组织是经济与社会功能合一的实体性组织，具有显著的社会资本和社会资源优势，通过提升小农户的资产水平及盈利能力，农村新型合作组织可成为构建乡村治理共同体的基础和基层社会治理的综合平台，成为乡村振兴阶段实现农村社会善治的重要组织基础。农村新型合作组织本身具有乡村社会再组织功能，内含各种规约，体现契约精神及民主管理精神，形成紧密型利益联结机制，这是现代化乡村产生治理创新的基础要素，新型合作组织嵌入乡村治理结构中，充分利用其内含的社会文化规制（如村规民约与文化风俗）及利益联结机制，将其整合成为合作组织发展和乡村社会治理的公约及制度。同时，合作组织的治理属性并不局限于其内在的正式规约，还在于其内含的非正式文化机理，包括认同、团结、互助、信服、自律等，这非常有利于脱贫地区实现经济共享、文化共生、治理协同的社会共同体。在农村治理现代化的背景下，农村新型合作组织有着其他组织和机构所不具备的经济与社会二元属性，具有产业推动、农民增收、乡村善治、文化促进、民生改善、社会发展、生态改善的综合功能，通过引导农村新型合作组织综合帮扶，可多维度有效提升脱贫地区的

社会组织化，提升社会发展水平。2021 年 4 月 29 日，第十三届全国人民代表大会常务委员会第二十八次会议通过的《中华人民共和国乡村振兴促进法》，强调并在法律意义上确立了农村新型合作组织在乡村振兴中的重要地位，强化合作组织为农服务功能，发挥"为农服务综合性合作经济组织的作用"。因此，新型合作帮扶是乡村振兴的有机组成部分，从乡村振兴战略实施的中长期目标看，农村新型合作组织不但在经济功能上组织小农户对接市场，而且能发挥创造公共空间及社会资本的社会功能，通过农村新型合作组织组建农村社会整合平台和公共性议题平台，从而推动脱贫地区实质性基层治理变革，推动实现乡村振兴治理有效，这是脱贫地区农村基层社会治理的现实议题。

六、新型合作帮扶在制度上具备可行性

2018 年中央一号文件《中共中央国务院关于实施乡村振兴战略的意见》提出"到 2035 年，乡村振兴取得决定性进展，农业农村现代化基本实现。农业结构得到根本性改善，农民就业质量显著提高，相对贫困进一步缓解，共同富裕迈出坚实步伐；城乡基本公共服务均等化基本实现，城乡融合发展体制机制更加完善；乡风文明达到新高度，乡村治理体系更加完善；农村生态环境根本好转，美丽宜居乡村基本实现。到 2050 年，乡村全面振兴，农业强、农村美、农民富全面实现。"

2021 年中央一号文件《中共中央国务院关于全面推进乡村振兴加快农业农村现代化的意见》提出了"推进现代农业经营体系建设。突出抓好家庭农场和农民合作社两类经营主体，鼓励发展多种形式适度规模经营。实施家庭农场培育计划，把农业规模经营户培育成有活力的家庭农场。推进农民合作社质量提升，加大对运行规范的农民合作社扶持力度。发展壮大农业专业化社会化服务组织，将先进适用的品种、投入品、技术、装备导入小农户。支持市场主体建设区域性农业全产业链综合服务中心。支持农

业产业化龙头企业创新发展、做大做强。深化供销合作社综合改革，开展生产、供销、信用"三位一体"综合合作试点，健全服务农民生产生活综合平台。培育高素质农民，组织参加技能评价、学历教育，设立专门面向农民的技能大赛。吸引城市各方面人才到农村创业创新，参与乡村振兴和现代农业建设。

2021年4月29日第十三届全国人民代表大会常务委员会第二十八次会议通过的《中华人民共和国乡村振兴促进法》明确规定："国家支持农民专业合作社、家庭农场和涉农企业、电子商务企业、农业专业化社会化服务组织等以多种方式与农民建立紧密型利益联结机制，让农民共享全产业链增值收益。"

第三章

新型合作帮扶内在逻辑

第一节　新型合作帮扶交易费用逻辑

一、交易费用理论

交易费用是西方新制度经济学的核心范畴。交易成本的思想最早来自罗纳德·科斯（Ronal H. Coase）。早在 1937 年，科斯就在其论文《企业的性质》中提出了"交易费用"的概念，科斯认为，所谓交易费用是指企业用于寻找交易对象、订立合同、执行交易、洽谈交易、监督交易等方面的费用与支出，交易费用应包括度量、界定和保障产权的费用，发现交易对象和交易价格的费用，讨价还价、订立合同的费用、督促契约条款严格履行的费用等。交易费用理论是一个不同于新古典研究范式的新范式。在新古典经济学看来，市场是完全竞争的，交易活动并不稀缺，其交易费用为零，在这个完全竞争的世界里，制度、产权、法律、规范等无关紧要，可有可无，亚当·斯密的"看不见的手"能够使资源配置达到帕累托最优。但在科斯看来，交易活动是稀缺的，交易需要付出成本，交易费用是可以测量的，因此应纳入经济学分析范畴，企业的存在就是为了节约市场交易费用。

科斯虽然发现了交易费用，但他并未就此深入下去。交易费用概念提出以后，威廉姆森、诺斯、张五常等新制度经济学家循着科斯交易费用思想，从不同方面对交易费用进行了深入研究，赋予交易费用不同的内涵，对交易费用产生的根本原因作了不同的解读。

威廉姆森是交易费用经济学理论的集大成者，《资本主义经济制度：论企业签约与市场签约》一书是他在该领域的代表作。概言之，威廉姆森比较静态经济学交易费用理论分析范式如下。

首先是在更现实的条件下对微观行为人的描述。威廉姆森对微观行为人的描述和基本假定包括有限理性假定和机会主义假定。他认为交易中的行为人常常受制于有限的信息处理能力、计算能力和语言的交流能力，因此只是有限理性，而不是新古典经济学所认为的理性人。同时，威廉姆森认为，行为人具有机会主义倾向，机会主义是指人们随机应变，投机取巧，为自己谋取更大利益的行为倾向。

其次，威廉姆森在探讨契约（交易）的性质及分析契约关系的规制（治理）时认为，资产专用性、不确定性、交易频率是交易所具有的三个性质，是区分各种交易的主要标志，是影响交易费用大小和种类的三个维度。资产专用性是指一个给定交易中资产的可转让性或移作他用的可能性，其度量方法是当脱离特定的用途或交易关系时，该资产投资价值丧失的百分比，威廉姆森把资产专用性分为非专用性、半专用性和高度专用性三种类型。不确定性方面主要是指交易偿付的分布特征，威廉姆森把交易的不确定性分为低不确定性、中不确定性和高不确定性三种类型。交易频率是指同类交易重复的机会的多少和交易的规模，威廉姆森把交易频率分为单次、数次和经常三种类型。

再次，在治理结构方面，威廉姆森认为，市场治理、三方治理和关系治理（也称为双方治理、统一治理或科层治理）这三种治理结构，交易中究竟采用何种治理结构，应根据交易属性的不同而定，通过治理结构与不同交易属性的匹配以降低交易费用，交易与治理结构的对应形式各不相同，但主要都是以交易费用最小化为目标。

最后，威廉姆森还提出交易费用经济学发挥作用的三级模式：个体层面、治理机制（制度结构）和制度环境。

威廉姆森交易费用理论同样适用于金融交易活动分析（威廉姆森，1996）。在信用货币制度下，农民专业合作社与银行金融机构的资金融通是一种金融交易活动。信贷融资具有一般交易活动的基本属性。金融交易的基本属性具有其稳定性，不同的贷款交易模式可被看成这些基本属性的不同组合。

尼夫（2005）则更进一步从实用的角度把金融交易的基本属性分成资产流动性、金融交易的风险性或不确定性、交易频率和制度特性四个方面。而交易的制度特性是指交易在制度特征方面可能有所差异，由此会影响金融交易的营利性。

农村新型合作组织是农民互助合作的经济组织，天然具有益贫性，是农村经济发展的重要载体，是农民组织化的重要载体，是农民对接市场的重要代理机制，是各种乡村振兴力量与帮扶户之间的利益联结机制。无论是在绝对贫困时期还是进入后脱贫时期，农村新型合作组织都是我国乡村振兴工作的重要抓手，农村新型合作组织合作帮扶的机制主要是指以农村新型合作组织作为支撑，通过治理机制创新，依托农业供应链和农村价值链，在帮扶户、农村新型合作组织、龙头企业、金融机构、各类市场主体、相关公共部门之间建立起合作帮扶链，降低帮扶户发展成本，拓展帮扶户发展空间，提升帮扶户发展能力。

二、新型合作帮扶交易治理结构创新

即通过交易治理结构创新，建立供应链网络治理，提高帮扶户的发展能力。即主要是通过利益关联、横向监督降低项目投资信息搜寻与甄别费用，从而提高帮扶户的资源获取和利用能力。如在供应链模式下，银行的授信模式已从传统的孤立授信、单一授信模式转变为基于核心企业的关联授信、整体授信，供应链网络治理同样需要通过对农村新型合作组织的信息搜寻与甄别以进行贷前审查和贷后监控。由于供应链网络治理强调通过网络治理机制，在产业生态圈内建立一种共生机制，通过相互协作以实现共同利益最大化。在这种共生机制下，彼此之间利益关联，相互依赖，息息相关，银行及供应链上下游各方之间通过建立起稳定的交易关系，并通过银行和龙头企业的综合信息和供应链成员的交互信息，可以掌握各方的经营状况及资信状况，降低交易的不确定性，从而提高相互间的信息公开度，解决信息甄别难题，降低信息不对称性，防止农村新型合作组织可能的机会主义与逆向选择，从而降低了信息收集、选择、整理、传递的成本，降低金融机构对农村新型合作组织的贷前甄别成本，通过降低信息成本实现交易费用的降低。

供应链网络治理强调银行金融机构、龙头企业、合作组织等进行契约组合，着重分析产业链内农村新型合作组织和农户执行合同的履约能力，围绕产业链原材料采购、加工、生产、销售的产业链条，全过程分析农资供应商、合作组织和农户等生产主体、农产品加工制造商、农产品经销商、零售商等不同主体融资需求，提供量体裁衣式一揽子综合金融服务方案。在供应链网络治理模式中，每一交易方相对于合作方都是利益相关者，都需要通过一定的契约安排和治理机制来参与网络治理，利益相关者相互之间通过双向或多向协调互动，形成一个可以共享的信息资源集合。

供应链网络治理利用利益关联与多向协调互动提高信息公开度，解决因合作组织在信息披露上存在制度障碍及技术障碍造成的信息搜寻与甄别难题，降低信息不对称性，掌握合作组织自身财务、营利、管理、技术、资产等方面的信息，通过龙头企业掌握对合作组织合作项目及市场情势以及未来农产品市场的变动情况，能确切地识别项目合同的契约结构，防止农村新型合作组织和农户可能的机会主义与逆向选择。由于合作组织与龙头企业、农资供应商、农产品收购商及销售商之间的利益关联性，彼此相互依赖，关系紧密，相互间信息较公开，加上供应链网络治理机制下的协调互动，相关信息很难被隐瞒，从而降低供应链内部信息不对称性。金融机构通过来自农业龙头企业的综合信息和供应链成员的交互信息，可以掌握合作组织的经营状况及资信状况，从而避免信息不对称性问题，降低金融机构对农村新型合作组织的贷前甄别成本，防止各种机会主义和逆向选择，从而无需为防范道德风险花费成本。信息获取便利也使得贷后实现对农村新型合作组织动产的合作治理与横向监督，避免个体孤立授信模式下流动资产的不可监控性，利用横向监督降低信息收集处理成本。横向监督是与委托人和代理人间的纵向监督相对的一种监督机制，其目的在于激励团队成员。在横向监督中，各个合作组织与银行金融机构、银行金融机构与龙头企业之间可以利用相互间的非正式交往所产生信息实施监督，刻意隐瞒信息的动机和可能性较低，在实施监督过程中信息收集处理的成本也较低得多（章元，2004）。

除了银行金融机构需要搜寻信息，合作组织在立项前也需要进行有关投资的市场调查，需要进行市场信息的搜索、筛选、甄别、分析与加工，供应链网络治理机制使农村新型合作组织得以突破传统授信模式下有限理性的限制，通过供应链网络伙伴便可低成本获取市场信息，为农业项目的市场评估提供信息依据。

三、联合治理及动态契约

即通过联合治理及动态契约降低履约费用和信用风险，从而提高帮扶户的资源获取与利用能力。

一是供应链网络治理通过联合治理，降低不确定性，建立负债履约机制,提高对交易的控制水平。供应链治理强调节点成员协调一致和利益共赢。通过建立供应链内部秩序来持续调整供应链成员的集体行动过程,这不但可以节约交易费用,而且能有效减轻各种形式的契约风险和履约成本。在供应链网络治理中,金融机构和农业产业化龙头企业借助于合作组织,通过供应链横向监督、合作治理与协调互动,对帮扶户行为进行监督、约束、管理与指导,从而建立起贷后监控、资源控制、指导扶助、违约惩罚等负债履约机制,降低合作帮扶中的交易中的机会主义行为和非理性行为,防止道德风险,控制信用风险,确保帮扶户生产经营流程和资金使用情况的可预见性、操控性和稳定性。龙头企业和金融机构就可利用订单融资、预付账款、保兑仓融资、仓单融资、动产融资及应收账款等融资业务作为农村新型合作组织及所联合的帮扶户进行的信用、订单、农资、科技、信息等的帮扶。供应链生产本质上要求帮扶户成员一种团队生产,这种团队生产模式通过供应链成员间的联合治理横向监督解决"搭便车"问题,从而解决集体行动的困境,提高负债履约能力。同时,供应链联合治理及动态监督可以激励农村新型合作组织从内部提升自身的发展能力,从而提高其信用能力和负债履约能力。

二是通过动态契约建立负债履约机制,降低信用风险。供应链网络治理是基于新古典契约的产品创新,新古典契约是一种非完全契约关系,供应链网络治理只能是一个动态治理过程,授信管理具有动态性,其实质是一种动态契约,动态契约的特点在于其动态性和开放性,契约中的条款内容需要在未来根据实际情况灵活调整或修改,契约履行的弹性较大,因此履约成本较低。同时,龙头企业和银行金融机构通过动态授信管理,对贷款资金流动过程和资本形态转化进行实时动态监督与控制,通过动态监测与分析农村新型合作组织真实贸易背景,从而降低信息不对称与机会主义所导致的信用风险。

四、责任捆绑与隐含契约

即通过责任捆绑与隐含契约降低道德风险及提高履约能力，从而提高帮扶户的发展能力。

一是通过农村新型合作组织和责任捆绑降低道德风险，提高帮扶户的履约能力。供应链网络治理的一大特色是对核心企业和其他供应链成员的信用捆绑技术或通过合作方式引入其他风险承担者。在新型合作帮扶中，农业供应链网络治理强调对新型合作组织的责任捆绑，农村新型合作组织对帮扶户负有连带责任。农村新型合作组织和龙头企业清楚，只有在供应链合作伙伴价值增值和供应链成员利益共赢的基础上，才能实现自身利益最大化，因此具有责任连带意识，愿意作为关联第三方通过信用介入或技术指导的方式参与到合作帮扶链中，通过农村新型合作组织改善帮扶户与龙头企业、金融机构、科研机构之间的治理机制，帮助帮扶户分担其所面临的风险，提高帮扶户的发展能力。通过责任捆绑和风险分担，龙头企业、银行、科研机构等得以依托农村新型合作组织，以农村新型合作组织真实履约为保障，控制产业链关联风险，实际上是将帮扶户的部分交易成本转嫁到农村新型合作组织身上，提高合作组织和农户的履约能力，降低道德风险，防止出现可能的机会主义，提高监督与控制水平，保证了农资购买、农机购置、农产品生产、加工、包装、运输和销售等全部环节的顺利完成。通过这条合作帮扶链，帮扶户、合作组织、龙头企业、上游的农资供应商和下游的农产品销售商得以紧密联结起来，实现共同的市场利益。帮扶链上各节点成员之间你中有我，我中有你，利益关联，凭借供应链交易伙伴之间较低的信息成本优势进行相互监督，从而大大降低合作帮扶链的监督成本，也降低合作帮扶链的道德风险，提高农村新型合作组织履约能力。

二是通过隐含契约防范道德风险，提高农村新型合作组织和帮扶户履约能力。供应链网络治理存在隐含契约，这些隐含契约主要包含着四个因素：限制性进入、声誉、信任和共同文化。首先，利用声誉防止道德风险。声誉机制对防范机会主义的道德风险尤为重要。供应链网络治理通过操守、品德、声望、名声等各种声誉机制制约贷款主体的机会主义行径。农村新型合作组织和种养大户因担心声誉受损，因此对机会主义、损人利己等各种不耻行径有所顾虑。其次，通过信任机制防范道德风险，提高履约能力。供应链网络治理中的通过信任机制减少供应链成员之间的各种防范成本，避免市场治理模式下的相互猜忌和相互防范所导致的"囚徒困境"和集体行动的困境，提高供应链整体运行的能力，提高合作履约能力。再次，通过共同文化制度防范道德风险，提高履约能力。在供应链网络治理模式中，龙头企业、银行、科研机构、农村新型合作组织和帮扶户形成一些共享的价值观、行动理念、交易原则和共同的思想及行为特征，这些共享的价值观、行动理念、交易原则和共同的思想及行为特征对于防范道德风险起到十分重要的作用，并能提高供应链成员集体行动能力，形成一股不可小视的文化力，推动农村新型合作组织履约能力提高。最后，通过限制性进入防范道德风险，提高履约能力。合作帮扶链通过减少交易各方互动的频率，从而达到减少协调互动成本，提高帮扶合作各方之间互动质量的目的。

第二节　新型合作帮扶的"委托—代理"逻辑

一、"委托—代理"理论

委托代理理论是一种制度经济学契约理论，对该理论的研究发端于科斯（1937）的《企业的性质》这部著作，历经 20 世纪六七十年代发展，委托代理理论逐渐成熟。委托代理理论主要代表人物有科斯（RH Coase，1937）、威尔逊（Wilson，1969）、斯宾塞和泽克豪森（Spence and Zeck-hauser，1971）、罗斯（Rose，1973）、莫里斯（Mirrless，1974、1976）、汉米尔顿（Holmstrom，1979、1982）、格罗斯曼和哈特（Grossman and Hart，1983）等。

关于委托代理关系的起源，委托代理理论认为，这种关系是随着生产力大发展和专业化分工的出现而产生的。一方面，生产力大发展使得分工进一步细化，权利的所有者由于知识、能力和精力的原因不能行使所有的权利了；另一方面，专业化分工产生了一大批具有专业知识的代理人，他们有精力、有能力代理行使好被委托的权利。委托代理关系普遍存在于现实经济社会生活领域。

委托代理理论遵循的是以"经济人"假设为核心的新古典经济学研究范式，并以委托人和代理人之间存在利益不一致和信息不对称等两个基本假设作为前提。

一是委托人和代理人之间利益不一致的假设。委托代理理论中，委托人和代理人都是"经济人"，其行为目标都是为了实现自身效用最大化。委托人追求的是自己的财富最大化，而代理人追求自己的工资津贴收入、奢侈消费和闲暇时间的最大化。在委托代理的关系当中，由于委托人与代理人的效用函数不一致，而当委托人与代理人的利益相互冲突，且信息不对称时，代理人就会从自身利益最大化出发，利用信息优势损害委托人的利益，即产生代理问题。因而，委托人与代理人之间需要建立某种机制（契约）以协调两者之间相互冲突的利益（刘有贵、蒋年云，2006）。

二是委托人和代理人之间信息不对称的假设。从经济学角度分析，凡是市场参与双方所掌握的信息不对称，这种经济关系就可认为是委托代理关系。委托人和代理人之间不对称信息主要有两类：一类是外生的不对称信息，另一类是内生的不对称信息。（阿罗，1989）。

委托代理关系中存在的两种代理问题：一种是信息不对称带来的逆向选择问题，即能力不可观测问题，逆向选择是指在建立委托代理关系之前，代理人利用这些有可能对委托人不利的信息（委托人不了解的信息）签订对自己有利的合同，而委托人则由于信息劣势而处于对己不利的选择位置上（储雪俭，2006）。另一种是道德风险问题，即努力程度不可观测问题，道德风险是在建立委托代理关系之后，代理人利用信息优势，使其自身效用最大化的同时损害委托人或其他代理人的利益，自己却不用因此承担后果。委托人因无法观察到有关代理人努力程度方面的信息而利益受损。

农村新型合作组织多元帮扶效应中，农村新型合作组织和帮扶户也因合作关系形成了委托代理关系。

二、帮扶户与农民合作社之间的"委托—代理"关系

新型合作帮扶"委托-代理"包括两个层次，一是帮扶户与农民合作社之间的委托代理关系，二是合作组织与农业龙头企业的委托代理关系。合作组织供应链网络治理通过这两层委托代理关系来降低谈判、签约和操作成本，通过两层委托-代理降低操作费用和资金流动监控费用，从而提高帮扶户的资源获取、使用能力和监控水平。

在帮扶户与农民合作社之间的委托代理关系中，每一笔订单（或贷款）无论大小，都要经历相同的程序、手续、步骤，都要花费一定费用和时间精力，从银行金融机构和龙头企业角度看，交易成本主要有信息搜寻成本与信息甄别成本、审查成本、谈判与签约成本、交易执行成本、监督成本、控制成本；从社员农户的角度看，信贷交易成本主要是指手续费、所花费的时间和精力、交通费用、谈判与签约成本、人情打点费等贷款利率之外的其他费用；甚至还有违约的执行成本。无论订单大小和贷款额度多少，每一笔交易都不可避免地耗费这些费用。显然，龙头企业和银行金

融机构等单独给帮扶户签订单或提供贷款比统一通过合作组织给农户签订单或提供贷款的业务操作成本要高得多。另一方面，从占比来看，帮扶户单独贷款比合作组织统一办理贷款的成本更高，而且一旦贷款人违约，银行与核心企业对单个帮扶户违约的执行成本也更高，这正是帮扶户信贷配给的重要原因。如果由合作组织统一代理帮扶户签约农产品收购合同、办理贷款业务、统一采购农资和农机，统一加工和运输农产品，统一销售，统一组织还贷，银行通过合作组织给帮扶户进行团体授信和批发贷款，通过合作组织统一协调指导社员贷款项目运行和贷款资金使用情况，统一回收贷款，则贷款业务的操作成本将大为降低，贷款效率大为提高，达到事半功倍的效果，减轻社员农户贷款负担，无论是农户还是农业龙头企业或银行金融机构，都可以获取贷款业务的规模效益。同样的道理，通过供应链上的多个农村新型合作组织与龙头企业的委托代理关系，也可以减少或免除银行金融机构的信息搜寻成本与信息甄别成本、审查成本、谈判与签约成本、交易执行成本、监督成本、控制成本；同时减少或免除单个农村新型合作组织签约农业订单和贷款的手续费、时间和精力、交通费用、谈判与签约成本、人情打点费等贷款利率之外的其他费用，减少合作组织业务成本，提高申贷与放款效率，获取业务办理的规模效益。

三、基于供应链的"委托—代理"关系

由帮扶户、农民合作社、龙头企业、金融机构等所构成的供应链所蕴含的"委托—代理"关系同样是一种重要的帮扶逻辑，可提高动态监督与控制水平。

首先是以龙头企业为节点的委托代理关系有效克服农村新型合作组织自身缺陷，降低交易费用。供应链网络治理强调实时监控和贸易流程的操作管理。实施动态管理与过程风险控制，通过农村新型合作组织-龙头企业-银行金融机构之间的委托代理关系，龙头企业和银行金融机构得以超

越合作组织内在缺陷，对供应链网络治理进行有效监督与控制。第一，通过供应链的委托代理关系，龙头企业及金融机构得以借助于农村新型合作组织对帮扶户进行监督控制，克服了传统贷款模式下帮扶户的小、散、弱的特点所带来的监控成本高的问题。同时，通过委托龙头企业帮助合作组织作好投资项目的长期规划，降低农业生产风险，使合作组织的长期贷款成为可能。第二，借助于供应链治理中银行对龙头企业的委托代理关系，防止农村新型合作组织资产不稳定、承贷主体不明确、产权不清晰等内在制度缺陷可能诱发的机会主义行为，防止因契约不完全性所导致的合作组织逆向选择和道德风险，提高监督水平。第三，农村新型合作组织决策机制监督不健全，要么日常运作主要由少数人控制，缺乏有效的科学决策、民主管理与内部监督机制；要么各自为政，一盘散沙，造成集体行动的困境（孙中华，2008；苑鹏，2010），这容易造成很大经营风险。供应链网络治理成功通过龙头企业的委托代理从而有效控制农村新型合作组织因组织、管理、决策机制不完善所带来的经营风险。第四，农村新型合作组织同时面临着自然风险和市场风险双重环境，这些环境复杂多变，具有不可预见性。同时，因受到自然条件的限制，农村新型合作组织的农业生产周期较长，因此农村新型合作组织的生产过程可控性程度较低，不确定性和风险性程度较高。在供应链网络治理模式下，通过农业龙头企业的稳定的市场销路和对市场形势与前景的了解掌握，克服合作组织搜索信息、考量形势、分析环境能力较弱所造成的投资经营的盲目性，从而降低控制成本和市场风险；同时，通过龙头企业雄厚的技术和人力资本实力的介入，通过技术扶持与农艺指导，大大提升农村新型合作组织对自然风险的控制能力，降低自然风险和控制成本。第五，通过委托代理减少交易频率，从而减少交易成本。供应链是一个长期、稳定的产业生态群，供应链网络治理是一种整体系统的解决方案，商业银行与供应链上的龙头企业建立的是一种长期、稳定与反复的交易关系，长期性的协议合作使交易频率大为降低。显然，以龙头企业为节点的委托代理大大减少了银行与合作组织的交易频率，随着交易频率的减少，交易成本也随之降低，借贷双方容易实现规模经济效益。

其次是以农村新型合作组织为节点的委托代理关系有效提升监督与控制水平，降低交易费用。在农户供应链网络治理模式下，银行与龙头企业不得不对成千上万个农户的资金使用、农产品生产的技术质量标准等进行实时动态监督与过程风险控制，频繁的交易行为意味着反复地签约，交易频率越多，交易费用越高。在农村新型合作组织供应链网络治理模式下，农户、合作组织、银行与龙头企业之间是一种委托代理关系，其中合作组织既是农户的代理人，又是银行与金融机构的代理人；一方面，农村新型合作组织以自身名义统一代理多个农户申请贷款、与龙头企业和银行商谈、办理手续、签订合同等，另一方面，又代理银行与金融机构对农户的资金流程、生产技术指标和质量指标进行监督控制。如果银行和龙头企业将贷后监督与控制的节点放在农村新型合作组织上，即以农村新型合作组织供应链网络治理取代农户供应链网络治理，利用农村新型合作组织对社员农户的了解与紧密联系来实现对贷后的监督与控制，则会收到事半功倍的效果。一来可以减少监控对象，从而减少监督控制成本，二来可以提高监控质量，使银行更容易对用款农户的交易真实性进行识别和预测，能更加有效地控制资金的去向和使用效率，提高资金使用与回流的安全性。

最后是以供应商和销售商为节点的委托代理关系有效提升监督与控制水平，降低交易费用。我国农村支付基础设施落后，支付结算效率较低，如农村支付结算基础设施落后，缺少同城票据交换系统，结算形式和工具单一，票据化程度低，缺乏网上银行、手机银行等新型支付工具，以现金支付为主，农村信用社支付结算系统独立且覆盖面较窄，缺乏全国统一的资金汇兑清算系统，各自独立支付结算系统也只开通到部分中心乡镇，等等。而供应链网络治理则通过对上游供应商的委托与代理，使信贷资金定向流向上游供应链，实现资金形态转化，从农村新型合作组织的贷款转化为贷物，从不动产授信到动产授信，在销售农产品后，则通过对下游农产品收购商和销售商的委托与代理，使农产品收购和销售商直接将资金存入农村新型合作组织在当事银行开立的指定账户，以此贷款项作为还款来源。如此一来，一则可以防止农村新型合作组织将资金挪作他用的机会主义行为，实现授信自偿性，降低监督与控制成本。二来可以克服我国农村结算成本过高、渠道不畅通、结算级次过多、结算资金在途时间长的问题，减缓农村地区资金流转和使用效率低的弊病，降低资金风险与控制成本。

第四章

滇桂黔石漠化片区新型合作帮扶维度及实证检验

第一节 滇桂黔石漠化片区总体概况及重点调查地区概况

滇桂黔石漠化片区跨广西、贵州、云南三省区，涉及广西、贵州、云南三省（区）的 15 个地（市、州）、91 个县（区、市），区域内有民族自治地方县（市、区）83 个、老区县（市、区）34 个、边境县 8 个。该区域国土总面积为 22.8 万平方公里，大部地处云贵高原东南部及其与广西盆地过渡地带，南与越南接壤，属典型的高原山地构造地形，是世界上喀斯特地貌发育最典型的地区之一，这里碳酸盐类岩石分布广，石漠化面积大，自然景观独特，旅游开发潜力大。气候类型主要为亚热带湿润季风气候，年均降水量 880～1991 毫米。区域内河流纵横，地跨珠江、长江两大流域和红河流域，矿产资源富集，生物资源丰富，森林覆盖率 47.7%，是珠江、长江流域重要生态功能区。截至 2023 年 5 月，滇桂黔石漠化片区91 个县（区、市）户籍人口 3534.4 万人，常住人口 2803 万人，户籍人口城镇化率总体达到 35.28%，常住人口城镇化率总体达到 43.67，人口自然增长率为 6.72‰，男女性别比（以女性为 100%）达到 111.49%，滇桂黔石漠化片区各县（区、市）之间城镇化率和人口自然增长率相差较大，县（区、市）之间男女性别比之间相差不大（以上具体详见表4-1），2022年地区生产总值（亿）为10024.2亿元，在三次产业结构中，滇桂黔石漠化片区各地第一产业占比大致在20%～30%左右，二产占比在20%～30%上下，三产占比最重，大致在40%～50%上下（以上数据由各地发布的国民经济和社会发展统计公报等数据及个别地方的电话和委托调查数据整理而成）。滇桂黔石漠化片区人均地区生产总值为2.84万，各县（区、市）之间人均地区生产总值内部存在一定差异，但总体水平偏低，多数县（区、市）人均地区生产总值低于3万元，滇桂黔石漠化片区居民人均可支配收入也相对偏低，多数县（区、市）居民人均可支配收入不超过2万元，特别是多数地方农村居民人均可支配收入才刚站上1万元大关（数据详细见表4-3）。截至2023年5月，该地区帮扶县最集中的河池市、百色市、崇左市、安顺市、黔西南布依族苗族自治州、黔东南苗族侗族自治州、黔南布依族苗族自治州、六盘水市、文山壮族苗族自治州等9个市（州）常住人口为2513.73万人，地区生产总值（GDP）10702.24亿元，常住人口人均地区生产总值为4.25万元（以上数据详见表4-1、表4-2、表4-3）。

经过几年来的脱贫攻坚战，滇桂黔石漠化片区经济社会获得长足发展，并于2020年12月实现了绝对贫困人口全面脱贫，绝对贫困县全部摘帽，解决了区域性整体贫困问题，历史性消除了绝对贫困。

贫困是相对而言的，党的十九届四中全会则明确指出"坚决打赢脱贫攻坚战，建立解决相对贫困的长效机制"。由于发展不平衡、不充分，社会保障体系不完善等，在全面消除了绝对贫困之后，并不意味着滇桂黔石漠化片区贫困治理问题就从此消除了。相反，发展相对滞后的滇桂黔石漠化片区将长期面临相对贫困问题，该片区贫困治理的重点和难点将从显性的绝对贫困转向更加隐蔽的相对贫困。

相对贫困的表现具有多形态化，这就决定了滇桂黔石漠化帮扶地区的脱贫目标具有多元化的特点。

表 4-1　滇桂黔石漠化片区人口统计表（2022 年）

行政区	户籍人口（万人）	常住人口（万人）	户籍人口城镇化率（%）	常住人口城镇化率（%）	人口自然增长率（‰）	男女性别比（以女性为100）（%）
河池市	366.78	297.36	20.98	38.75	6.72	115.49
百色市	422.68	368.74	32.73	37.52	4.13	113.8
安顺市	300	236.36	42.50	51.25	6.56	114.95
黔西南州	368.81	288.6	39.1	42.87	10.5	108.30
黔东南州	484.73	355.2	33.90	40.90	5.91	114.54
黔南州	426.65	323.92	47.33	53.50	7.17	112.76
六盘水市	371.89	295.05	40.29	56.10	6.12	110.7
文山州	479.75	367.2	30.16	43.14	7.15	115.77
隆安县	42.45	32.02	20.94	32.29	3.62	109.46
马山县	57.44	46.8	18.58	27.34	5.81	111.56
上林县	50.26	36.83	20.65	34.18	5.26	108.34
忻城县	43.06	33.32	33.31	42.86	1.68	110.44
融安县	32.81	32.7	30.47	39.80	5.2	112.65
融水县	52.27	43.7	26.54	35.57	9.46	111.24
三江县	40.6	32.3	23.82	28.01	3.93	110.33
龙胜县	17.37	14.6	28.44	35.44	0.48	113.33
资源县	18.1	16.28	17.40	24.38	-0.041	114.24
宁明县	44.48	35.76	21.94	25.29	4.27	108.76
龙州县	27.5	21.89	38.20	44.54	0.5	104.77
大新县	38.55	31	29.35	30.45	2.39	107.15
天等县	45.95	38.52	29.73	33.7	0.46	113.13
师宗县	42.9	40.71	43.2	37.39	6.89	110.9
罗平县	65.3	56.2	32.05	31.27	11.48	113.26
屏边县	16.09	15.55	15.08	29.16	5.21	111.43

续表

行政区	户籍人口（万人）	常住人口（万人）	户籍人口城镇化率（%）	常住人口城镇化率（%）	人口自然增长率（‰）	男女性别比（以女性为100）（%）
泸西县	44.76	39.75	40.32	40.32	5.45	112.19
合计	3534.4	2803	35.28	43.67	6.72	111.49

注：河池市统计不包括宜州区，因为宜州区不属于帮扶地区。

资料来源：根据2023年5~6月各地发布的国民经济和社会发展统计公报数据整理而成。

表4-2　滇桂黔石漠化片区产业结构统计表（2022年）

地区	地区生产总值（亿元）	一产占地区生产总值的比重（%）	二产占地区生产总值的比重（%）	三产占地区生产总值的比重（%）
河池市	755.32	21.52	28.17	50.31
百色市	1257.78	19.50	40.40	40.10
安顺市	923.94	17.00	31.70	51.30
黔西南州	1272.8	17.80	34.90	47.30
黔东南州	1123.04	19.90	22.60	57.50
黔南州	1518.04	15.19	36.55	48.26
六盘水市	1265.97	12.20	46.00	41.80
文山州	1081.6	19.10	34.30	46.60
隆安县	94.27	40.60	23.50	35.90
马山县	85.84	37.40	22.20	40.40
上林县	81.0876	32.30	15.10	52.60
忻城县	68.53	33.00	19.40	47.60
融安县	103.8823	31.52	21.27	47.21
融水县	126.17	31.18	19.12	49.70
三江县	73.92	32.56	22.62	44.82
龙胜县	58.82	21.10	23.60	55.30
资源县	51.4	32.43	24.44	43.13
宁明县	91.48	29.10	25.30	45.70

续表

地区	地区生产总值（亿元）	一产占地区生产总值的比重（%）	二产占地区生产总值的比重（%）	三产占地区生产总值的比重（%）
龙州县	87.054	30.30	21.30	48.30
大新县	98.6743	25.10	31.90	43.00
天等县	73.41	20.70	21.90	57.40
师宗县	109.1051	26.00	31.50	42.50
罗平县	178.63	28.77	35.16	36.07
屏边县	56.5289	15.90	37.00	47.10
泸西县	142.23	23.40	31.29	45.31
合计	10024.2	—	—	—

注：河池市统计不包括宜州区，因为宜州区不属于帮扶地区。

资料来源：根据2023年5~6月各地发布的国民经济和社会发展统计公报数据整理而成。

表4-3　滇桂黔石漠化片区居民人均收入情况（2022年）

地区	人均地区生产总值（亿元）	居民人均可支配收入（元）	城镇居民人均可支配收入（元）	农村居民人均可支配收入（元）	城镇居民家庭恩格尔系数（%）	农村居民家庭恩格尔系数（%）
河池市	24703	17379	29665	10141	32.30	32.90
百色市	34194	19669	32784	12195	32.70	35.40
安顺市	39177	22478	32345	10896	30.37	28.16
黔西南州	44212	30649	33309	10532	24.70	25.70
黔东南州	31678	18547	32752	10233	31.52	28.56
黔南州	46048	31969	33969	11911	27.40	25.17
六盘水市	43003	30183	33048	11043	28.15	25.53
文山州	22545	17942	32630	11133	28.80	26.19
隆安县	29522	17818	29197	12876	29.61	27.74
马山县	14944	12429	29031	11844	35.67	32.42
上林县	22086	17491	28528	12251	29.12	27.51
忻城县	20620	19373	34677	12218	29.54	28.13

续表

地区	人均地区生产总值（亿元）	居民人均可支配收入（元）	城镇居民人均可支配收入（元）	农村居民人均可支配收入（元）	城镇居民家庭恩格尔系数（％）	农村居民家庭恩格尔系数（％）
融安县	31662	19741	31843	14381	35.76	32.31
融水县	24138	17523	31040	13909	35.17	33.26
三江县	18207	14374	31110	13572	37.44	34.21
龙胜县	36273	20106	35315	12816	34.13	31.25
资源县	28398	19454	34892	12227	40.44	38.74
宁明县	25644	19225	29831	12988	40.55	39.51
龙州县	38007	23946	31030	11889	38.79	35.57
大新县	31892	19871	34918	14042	40.79	39.17
天等县	21857	16518	29058	11588	41.30	39.60
师宗县	25432	17381	23595	12437	37.16	35.58
罗平县	27355	18154	24613	13021	40.35	39.21
屏边县	36376	21402	33350	9627	41.11	38.14
泸西县	31776	18253	34725	13727	39.9	37.28
合计	28362	—	—	—	—	—

资料来源：根据 2023 年 5~6 月各地发布的国民经济和社会发展统计公报数据整理而成。

一、都安瑶族自治县概况

都安瑶族自治县（下文简称都安县）隶属于广西河池市，位于广西中部偏西区域，处在云贵高原向广西盆地过渡的斜坡地带上，位于都阳山脉东段，地势北西高、南东低，都安县是全国乃至世界岩溶地貌（喀斯特地貌）发育最为典型的地区之一，该县境内地貌景观奇特，石山连绵，洼地密布、峰丛、峰林等地貌单元万态千姿，蔚为壮观，分布着许多地下河天窗，山岩大多为石灰岩，石漠化比较严重素有"石山王国"之称。都安县属亚热带季风性气候，年平均降雨量达 1726mm，无霜期一般可长达 340

天以上，植物生长周期比较长，农作物一年可两至三熟，主要作物有玉米、水稻、甘蔗、火麻、花生等。

都安县总面积达 4095 平方公里，概况为：山、少、老、特。"山"是指都安地处大石山区，也是石山面积最多的瑶族自治县，石山面积占比达 89%，这里人均耕地不足 0.7 亩，号称"九分石头一分土"之称。"老"是指都安属于革命老区，都安县是邓小平等领导的右江革命根据地的重要组成部分，也是早期河池地区农民运动的重要策源地之一，全县 19 个乡镇全部被列为革命老区。"少"是指都安县是少数民族聚集区，是全国成立最早、人口最多的少数民族自治县之一，民族主要有壮、瑶、苗、仫佬、毛南、汉族等 12 个民族，少数民族人口占全县总人口的 96.34%，其中壮族占全县人口 73.98%，瑶族占比达 21.64%。"特"是指这里资源得天独厚，都安处于广西桂西资源富集区、自然资源、文化资源、旅游资源都很丰富，旅游资源富集，这里有位居中国第一、亚洲第二的地下河水系，全县共计 300 多个地下河天窗，都安县被称为"世界地下河天窗之都"；主要旅游景点有广西都安国际洞穴潜水中心、广西红水河都安三岛湾国际度假区、八仙地质公园、石头开花、地苏瑶台度假山庄、瑶岭河漂流、匹夫关、绿岑仙谷等。都安县是民族文化富集区，文化资源丰富，这里是布努瑶主要聚居地，是密洛陀文化传承地，是壮族传统文化重要传承地；都安县是"中国竹藤草芒编织工艺品之乡""中国都安山羊之乡""中国野生山葡萄红酒基地"，著名特色产品有都安书画纸、都安沙纸、都安野生山葡萄酒、都安黑山羊、都安旱藕粉、都安竹编藤织等。矿产资源主要有五彩石、煤、锰、锑、白云石等。

都安县下辖 19 个乡镇，共 253 个行政村（或社区），都安县总人口共 72.6 万人，其中农业人口 67 万人，常住人口为 538061 人（根据第七次人口普查数据）。2021 年 8 月 27 日，都安县被中央农村工作领导小组办公室和国家乡村振兴局确定为国家乡村振兴重点帮扶县。2023 年全县地区生产总值 89.2 亿元,财政收入 7.19 亿元,城镇居民人均可支配收入 30862 元,农村居民人均可支配收入 12672 元。自从 2020 年 11 月 20 日宣布摆脱绝对贫困县后,都安县各族人民转向预防返贫,治理相对贫困,实现乡村振兴的新征程(以上数据根据 2024 年都安县发布的该县 2023 年国民经济和社会发展统计公报、政府工作报告等数据整理而成)。

二、大化瑶族自治县概况

大化瑶族自治县(下文简称"大化县")位于广西中部偏西北的红水河中游(红水河贯穿大化全境),隶属于河池市,处在云贵高原向广西盆地过渡的斜坡地带上,都阳山脉自北向南跨过全境,地势北西高、南东低,都安县是全国乃至世界喀斯特地貌(岩溶地貌)发育最为典型的地区之一,该县境内地貌景观奇特,石山连绵,洼地密布、峰丛、峰林等地貌单元万态千姿,十分壮观,号称"千山万弄",仅七百弄乡就有大小石山洼地 1300 多个。大化县东北部和西南部多为峰丛洼地,东南部则多为峰丛谷地。大化县属亚热带季风性气候,年降雨量为 1249～1673mm 之间,无霜期一般可长达 340 天以上,植物生长周期比较长,农作物一年可两至三熟,主要作物有玉米、水稻、甘蔗、火麻、花生等。

大化县面积 2716 平方公里,其概况可概括为"三地四区五乡"。

"三地":一是全国生态食材示范基地,大化县建有中国长寿养生电子商务城,打造红水河流域健康生态食材交易中心,2018 年 10 月 19 日被评为"全国生态食材示范基地"。二是中国绿色食材基地,大化县已获得农业部认定的"三品一标"农产品达 26 个,"三品一标"企业共计 8 家,于2017 年 6 月被评为"中国绿色食材基地"。三是全国最佳全域旅游休闲目的地,该县的七百弄国家地质公园、大化红水河百里画廊景区以及大化奇美水城景区被评为国家 4A 级景区;滇桂黔边纵队桂西区指挥部旧址等被评为国家 3A 级景区;大化县建成一批有影响力的旅游景区,其中广西 3

星级以上乡村旅游区4家、广西生态旅游示范区2家、广西3星级以上农家乐6家。该县达吽小镇被评为"中国慢生活休闲体验区",达吽小镇被列为广西重点建设特色文化旅游小镇。

"四区":一是国家乡村振兴重点帮扶的大石山区,全县总面积的90.1%是大石山区域,大化县是原国家帮扶开发工作重点县和广西4个极度贫困县之一,2021年8月被纳入国家乡村振兴重点帮扶县。二是少数民族聚集区,该县瑶、壮等少数民族人口占全县总人口的94.38%。三是革命老区,大化县是邓小平等老一辈革命家曾经战斗过的地区,是邓小平等领导的右江革命根据地的重要组成部分,也是早期河池地区农民运动的重要策源地之一,是河池地区最早的党校即中共右江地方委员会党校创办地。四是水电站库区,大化是岩滩、百龙滩、大化三大电站的库区。

"六乡":一是世界瑶族文化之乡,是瑶族创世史诗《密洛陀》的诞生地,全世界仅存铜鼓2400多面中,有400多面在大化境内。二是中国长寿之乡。2015年6月大化县获评为"中国长寿之乡",生态优势非常明显。三是康养美食之乡。大化大力打造美食文化品牌,打造壮瑶风味系列美食,先后获评为"中国长寿特色美食之乡""中国康养美食之乡""中国最佳康养美食旅游名县""中国最佳美食文化旅游名县",该县的美食夜市被评为"广西十佳美食夜市"。四是中国观赏石之乡。该县于2007年10月获评为"中国观赏石之乡",大化彩玉石可谓远近闻名。五是水电之乡。大化县境内有大化、岩滩两座国家大型水力发电站。六是淡水养殖之乡。大化拥有岩滩、大化、百龙滩三大水电站库区,库区水面面积9733.33公顷,非常适合发展淡水养殖。

大化县现辖12个乡4个镇160个行政村(社区),全县户籍人口49万人,常住人口为365001人(根据第七次人口普查)。2021年8月27日,被中央农村工作领导小组办公室和国家乡村振兴局确定为国家乡村振兴重点帮扶县。大化县各族人民由绝对贫困脱贫攻坚转向预防返贫,治理相对贫困，实现乡村振兴的新征程。2023 年，大化县实现地区生产总值 72.18 亿元，一般公共预算收入完成 5.73 亿元，城镇居民人均可支配收入完成 30443 元，农村居民人均可支配收入完成 12803 元。2023 年全县脱贫人口人均纯收入 1.38 万元，守住不发生规模性返贫底线。

大化县坚持落实"四个不摘"要求，充分利用国家乡村振兴重点帮扶县政策，发挥行业部门、驻村工作队、帮扶干部主力军作用，加强防贫监测和政策扶持常态化长效化，举一反三加快 2022 年度国家考核反馈问题整改，扎实推进巩固拓展脱贫攻坚成果同乡村振兴有效衔接。聚焦产业就业促进增收，大力发展庭院经济，做大做强特色产业，2023 年累计发展新型农业经营主体 737 家，带动脱贫户、监测对象 1.03 万户；发放产业奖补 7011.74 万元，受益 1.7 万户，产业帮扶覆盖率达 97.3%。累计发放跨省就业交通补助 1318.08 万元、县内稳定就业补助 465.18 万元，开发公益性岗位 5490 个，脱贫劳动力稳定就业 5.5 万人以上。聚焦"3+1"保障巩固提升。控辍保学保持动态清"零"。全县脱贫人口和监测对象医保参保率达 100%。落实农村住房动态监测机制，完成危房改造 43 户。加强农村饮水安全动态监测，农村供水水质检测合格率 100%；完善应急供水机制，及时解决农村旱季用水紧张问题。聚焦粤桂协作深化拓展。投入粤桂财政资金 5347 万元、社会帮扶资金（含物资）1177 万元，实施项目 98 个，共建粤桂协作工业产业园 2 个、农业产业园 2 个，引进东部企业 16 家投资 3.2 亿元，建设粤桂协作帮扶车间 19 个，创建"我在广西有个园"46 个。粤桂协作消费帮扶累计采购大化农畜产品 1.06 亿元，超过 2022 年近一倍。聚焦定点帮扶提质增效。中国大唐投入帮扶资金 2820 万元，实施项目 29 个，完成消费帮扶 1609.20 万元，成功引进广西唐优防护科技有限公司落户投产；联合北京师范大学开展"组团式"教育帮扶，联合中国农业大学成立科技小院，搭建科技兴农新平台。自治区政府办公厅等中直区直市直各后盾单位发挥部门优势倾心支持，全县各级后盾单位勇于担当，齐心协力持续巩固拓展脱贫攻坚成果、扎实推进乡村振兴（以上数据根据 2024 年大化县发布的该县 2023 年国民经济和社会发展统计公报、政府工作报告等数据整理而成）。

三、马山县概况

马山县地处广西中北部，红水河中段南岸，大明山北麓，隶属于南宁市。马山县地貌以喀斯特峰丛（岩溶）和丘陵为主，这里地形复杂，石山岩石裸露，峰峦叠嶂，洼地遍布，山高谷深，悬崖峭壁，东部、西部、西北部为大石山区，属喀斯特峰丛岩溶地貌，中部和西南部为丘陵地貌。马山县属南亚热带湿润性季风气候，雨量充沛，无霜期长，植物生长周期比较长，农作物一年可两至三熟，主要作物有玉米、水稻、甘蔗、火麻、花生等。

马山县总面积 2340.76 平方千米，下辖 7 个镇和 4 个乡（其中瑶族乡 2 个）134 个行政村及社区 22 个。马山县户籍总人口 57.44 万人，常住人口为 38.2 万人（根据第七次人口普查数据）。马山县是少数民族聚集地区，这里有壮、苗、汉、侗、黎、毛南、水、彝等 11 个民族。少数民族人口共 46.83 万人，占总人口 81.53%，其中以壮族人口最多，壮族人口达 41.90 万人，占总人口 72.95%。

马山县旅游资源丰富，其中有金伦洞、弄拉生态自然风景区、水锦顺庄等国家 AAAA 级景区，有三甲攀岩小镇、古朗瑶乡金银花公园、小都百旅游景区等多家 AAA 级景区，有小都百乡村旅游区 1 家广西四星级乡村旅游区，有思恩园乡村旅游区、古朗瑶乡金银花公园、桃李乡村旅游区、三甲乡村旅游区等 4 家广西三星级乡村旅游区，还有金钗石林城堡、红水河百里画廊、古寨风情小镇中国玄河（永州暗河）等旅游资源。马山县是中国登山协会 2019 年度推荐攀岩目的地、全国攀岩进校园推广示范县、创建广西全民健身和全民健康深度融合示范县。地方特产主要有黑山羊、里当鸡、金银花、黑豆、八角等。矿产资源主要有方解石、重晶石、煤、锰、钨、铁、铜、滑石高岭土等 23 种。

2015 年马山县精准识别建档立卡贫困人口 14.96 万人，贫困村 75 个。2021 年 8 月 27 日，马山县被中央农村工作领导小组办公室和国家乡村振兴局确定为国家乡村振兴重点帮扶县，马山县各族人民由绝对贫困脱贫攻坚转向预防返贫，治理相对贫困，实现乡村振兴的新征程。

2023 年马山县地区生产总值 107.1 亿元，农村居民人均可支配收入 16333 元，城镇居民人均可支配收入 34569 元。

马山县坚持防止返贫基础更牢，持续落实"四个不摘"要求，2023 年累计投入各级财政衔接资金 5.91 亿元，9000 多名帮扶干部下沉一线"防返贫 守底线"，这几年全县累计纳入监测对象 4228 户 15534 人，已消除风险 2634 户 9942 人（2023 年新纳入监测对象 413 户 1658 人，消除风险 282 户 1046 人）。

近年来马山县不断拓宽群众增收渠道。以 2023 年为例，马山县发放产业奖补资金 5229 万元，惠及脱贫户（含监测对象）1.24 万户；扶持就业帮扶车间 48 家，带动就业 3610 人；投入 4100 万元开发安置乡村公益性岗位，带动就业 5158 人；在安置点落户 12 家劳动密集型企业，建设县级物流仓储配送中心、19 个帮扶车间、2 个农贸市场，3989 名搬迁群众实现就近就业。完善土地流转、劳务用工、返租倒包、订单种植等促农增收机制，探索成立 11 家"强村公司"，通过分红方式为村级集体经济创收 300 多万元，带动用工 2.2 万人次，全县脱贫劳动力务工规模达到 6.97 万人，人均纯收入 17727.5 元，增速 11.07%。

马山县还积极提高乡村振兴成效。如 2023 年投入各级衔接资金 3.3 亿元推动产业发展，重点支持县级"5+2"、村级"3+1"及种业、黑山羊等特色产业发展，将"实施种业振兴"及"蓝莓试点种植"设置为特色工作指标。组织 86 名科技特派员深入一线开展科技服务，累计培训农户 3851

人次。投入 1.1 亿元实施农村基础设施项目 209 个，全县 11 个乡镇实现污水处理厂全覆盖且稳定达标运行。健全党组织领导的自治、法治、德治相结合的基层治理体系，推广运用"积分制""清单制"和村级事务管理平台，注册"法律明白人"1088 名，均实现 156 个行政村（社区）全覆盖。民族村获评为"全国乡村治理示范村"。

马山县在粤桂协作和中央定点帮扶措施方面做到精准有力。如 2023 年投入粤桂协作帮扶资金 5247 万元，组织实施帮扶项目 12 个，实现消费帮扶 6744 万元；投入中央单位定点帮扶资金 1062 万元，组织实施帮扶项目 18 个，实现消费帮扶 3414 万元。深圳东风食品加工产业园（一期）、立星村强村公司农业孵化项目、东风特色果蔬种植基地等运行良好。组织开展"万企兴万村"活动，动员社会力量助力"乡村振兴 同心同行"公益行动，福田区 41 家单位与我县建立结对帮扶关系，各单位捐赠社会帮扶资金和物品价值 762 万元（以上数据根据 2024 年马山县发布的该县 2023 年国民经济和社会发展统计公报、政府工作报告等数据整理而成）。

第二节　滇桂黔石漠化片区新型合作帮扶维度分析

农村新型合作组织在多个维度上具有缓解贫困的功能效应，是帮扶地区后续帮扶的重要组织载体，对于解决帮扶地区贫困问题具有不可替代的重要作用，以农村新型合作组织作为依托节点所建立的合作帮扶链，是一种内在的机制逻辑，但新型合作帮扶要落地生根，发挥实效，则需要从乡村振兴高度出发，从产业、金融、科技、信息、生态、旅游、健康、人口、文化、教育等不同维度探讨合作帮扶机制。

一、产业合作帮扶维度

一是通过农村新型合作组织推动农业供给侧结构性改革。在销售和价格方面，滇桂黔石漠化片区地形地势属于大石山区，农户的生产生活比较分散，农业产业化程度比较低，在空间分散的连片特困地区，要提高农业产业化，就必须大力依托农民专业合作组织，通过合作组织形成集聚效应，帮助农民对接市场，发展订单农业，降低市场风险，产业结构优化升级，节约由不完全和非对称信息以及资产，实现规模经济，减少生产流动和流通中的交易成本，节约由信息不完全和非对称以及资产专用性而导致的交易成本，并获得增值利润，专用性的存在而产生的交易费用，从而获得增值利润，克服帮扶户社会资本缺乏的困境。增强市场竞争力，通过农村新型合作组织可以大大提高农产品市场竞争力。农户通过合作组织抱团起来应对市场，在价格的谈判中获得更多的主动权，避免帮扶户在与市场的对接中处于弱势地位，提高农民的话语权，实现小农户与大市场的有效对接。同时，通过农村新型合作组织，可以大大提高优势特色农业和支柱产业的品牌化经营和标准化生产，提高农产品品质，卖出好价格，提高帮扶户收入，因此，通过降低生产成本和提高农产品市场价格，农村新型合作组织在生产端和销售端同时实现振兴效应。另外，农村新型合作组织对农户的盈余返还包括按出资比例返还与交易额返还，虽然由于帮扶户出资能力有限，但通过按交易额返还，农户仍然可以获得增收，这对于帮扶户脱贫非常重要。

二是提高农产品产量和品质，实现质量兴农。在生产方面，合作组织通过给帮扶户提供统一化、标准化、精细化的生产管理和技术指导，降低生产成本，提高农业生产标准化程度，大大提高农产品质量，从而提高市场竞争力，同时利用科技、设备等硬软件上的优势增强农户抵抗自然风险的能力，依托引进新品种及新技术，延伸产业链条，增加产品附加值；以先供应后扣除的方式（即先给农户提供种苗、肥料供其进行生产，农户把农产品交由农村合作组织进行统一销售，合作组织把销售收入扣除种苗及化肥成本费后返还给农户，特别是对于帮扶户，合作组织少量扣除甚至不扣除这些生产资料费用，从而帮助降低帮扶户成本、提高帮扶户收入）低价甚至无偿提供种苗、化肥等生产资料，通过给农户提供农资和农机服务大大降低帮扶户农资成本和农机成本。农村新型合作组织通过邀请种养大户、农技站、科研院所、农业院校等的科技人员定期为帮扶户开展技能培训、经营管理指导，针对种植栽培的特点及优质高效栽培及养殖的关键技术进行传授，对病虫害防治技术和动物疫病防治等进行传授，从而降低农户生产成本，提高农产品产量和品质，促进农民增收，实现质量兴农。

三是帮扶户分红和各种正向的外部溢出。可获得帮扶户以土地入股合作组织，每年都可获得分红，再加上财政扶持资金给予合作组织适当补助，此外，农村新型合作组织在发展中给帮扶户创造各种就业机会，甚至直接吸纳帮扶户就业，给帮扶户带来工资收入，这是农村新型合作组织给农户带来的正向溢出效应。即使是非入社的当地帮扶户，也同样可以从合作组织的发展中获得各种正向的外部溢出，这些外部溢出同样非常利于帮扶户的经济状况改善，这无疑对于永久脱贫非常重要。所有这些，对帮扶户脱贫起到非常重要的作用。

四是农村新型合作组织是农户与各种政府、龙头企业、高等院校、科研院所等各种乡村振兴力量对接帮扶户的重要纽带，是各种力量实施精准后续帮扶的重要依托，政府通过合作组织将各种乡村振兴资源和后续帮扶政策精准真实到帮扶户，实现后续帮扶资源优化配置，而龙头企业通过合作组织对帮扶户进行产业带动，高等院校、科研院所则通过合作组织实施科技成果转化和技术振兴，社区则通过合作组织实施文化振兴等。另外，农村新型合作组织利用其丰富的社会资源，通过与农产品销售公司建立的合作关系，能够让合作组织动态了解一手市场信息，及时掌握市场动态，有效化解单个农户生产的市场风险。

二、金融合作帮扶维度

无论是绝对贫困还是相对贫困，滇桂黔石漠化片区要摆脱贫困，离不开金融的大力支持，金融资源的可得性对农户和农村新型合作组织来说都非常重要，农户和农村新型合作组织对资金需求量较大，存在严重的资金短缺问题。

由于缺乏资金，农民专业合作社、农村股份合作企业等各种农村新型合作组织，大都只能提供那些投资少、风险小的服务项目，随着农业产业化程度的提高和农村经济环境的优化。农村新型合作组织在初级阶段所提供的那些投资少、风险小的服务项目已经无法满足广大农户的需要。现阶段，滇桂黔石漠化片区农村新型合作组织服务项目需要逐渐向产前产中产后等增值服务环节拓展，服务内容也需要由单一服务转为综合性服务，服务领域将拓展到产前的市场信息深度挖掘、农户资金扶持、生产资料统一购买，产中的技术服务、生产服务、管理服务，产后的包装、精深加工、储存、物流、销售等环节，甚至还会拓展到经营信贷、委托代理、保险业务等领域，经营范围相当广泛。经营和服务功能朝着多元化、深度化、系列化方向发展，服务层次将由过去的简单的被动式服务向科学化、规范化、精致化层面提升，服务宗旨也将由过去的非营利性向对外营利性发展。显而易见，由于服务内容的拓展，服务功能的强化，服务层次的提升，农村新型合作组织需要不断扩大经营规模，对资金的需求量将大幅提高，资金需求规模普遍较大。面对资金短缺问题，大多数农村新型合作组织都试图通过各种融资方式解决，但农村新型合作组织贷款融资能力较弱，资金可得性不高，银行金融机构对农村新型合作组织的贷款远未能满足农村新型合作组织的融资需求。可见，农村新型合作组织面临资金约束问题，资金需求呈现集中性、多方位、急迫性的特点，季节性周转资金和固定资产投资资金的缺口都很大。具体而言，滇桂黔石漠化片区金融振兴的重要性可以体现在以下几个方面。

（一）通过农村新型合作组织金融帮扶延伸农业产业链及提升农产品的加工深度

凯恩斯（1936）的边际消费倾向递减规律认为，人们的消费虽然随收入的增加而增加，但在所增加的收入中用于增加消费的部分越来越少。这一消费理论说明：随着人们富裕程度的提高，其收入用于积累的份额趋于增大，用于消费的份额则下降，即人们的边际消费倾向呈递减趋势。而恩格尔定律揭示出随着一个家庭收入的增长，在消费支出总量中，用于食物的支出比例越来越小。农业是消费资料生产部门，农村新型合作组织及社员主要从事农产品的生产或初加工，提供的产品属于人们消费的必需品，即食物。因此，农村新型合作组织受到凯恩斯定律和恩格尔定律的双重限制，随着经济快速发展，人们收入水平和消费能力的日益提升，当家庭收入增长到一定的程度时，在边际消费倾向递减和恩格尔定律的双重影响下，农产品消费就会自动跌入凯恩斯陷阱和恩格尔陷阱，初级农产品的销售量和销售额的增长幅度将会大幅度下降。而人们的食物等消费需求的相对缩小限制了农业的增长，进而压缩了农村新型合作组织的业务增长空间，且恩格尔定律通过对农业增长的强约束进一步放大农村新型合作组织的财务风险。滇桂黔石漠化片区农村新型合作组织大部分都是从事初级农副产品生产及初级加工或粗加工，根据对都安县样本的调查，从事初级农副产品生产及初级加工或粗加工的农村新型合作组织占比高达 76.15%，只有 23.85% 的合作组织在种植养殖等初级农产品生产基础上进一步进行农副产品的深加工。而绝大多数农村新型合作组织无力进行农产品精深加工，向农产品加工、储藏、包装、销售等产后领域延伸产业链，提高产品附加值，大多数合作组织农副产品的经济附加值非常有限，合作组织组织缺乏市场竞争力，在市场竞争中处于弱势，面临着生存威胁。随着人们收入水平和生活质量的提升，农村新型合作组织只有不断地延伸农业产业链及提升农产品的加工深度，才能避免陷入凯恩斯陷阱和恩格尔陷阱，拓展业务增长空间。而农村新型合作组织在资源积累、技术、规模、市场等多方面因素的限制下，延伸农业产业链及提升农产品的加工深度必然需要大量资金。

（二）通过农村新型合作组织金融帮扶提升面向农户生产环节的服务功能

一是农村新型合作组织通过金融资源为农户提供技术培训和组织标准化生产。由于农户专业化生产知识缺乏，生产技能参差不齐，农村新型合作组织需要为农户提供技能培训，组织标准化生产。举办培训班和聘请技术顾问等都需要一笔数额较大的培训费用。要组织标准化生产，则培训费用必然成为农村新型合作组织起步阶段一项重要的费用支出，大多合作组织面临培训资金投入问题。从调查统计结果来看（表4-4），农村新型合作组织把技能培训或技术咨询作为主要贷款投向的合作组织并不多，占比为55.33%，说明这小农式的农业生产从劳动密集型向技术密集型及资金密集型转变是一个缓慢的过程，同时也说明这一方面有很大的发展空间，也是亟待加强和提高的用资领域。

二是在产前阶段，农村新型合作组织通过金融为入社农户统一提供生产资料。调查中发现，为降低成本，提高利润，农村新型合作组织往往统一为农户提供生产资料，并多以低于市场价格或者赊购的方式提供，所提供的生产资料种类主要是良种、肥料、饲料、农药和兽药，有的则统一为农户提供农机设备、工棚等基本生产设备，这些都是农户生产所必需的基本条件。在为农户统一采购农资和设备时，大部分资金都需要农村新型合作组织垫付。对都安县、马山县、大化县200个农村新型合作组织的调查统计结果表明（表4-4），46.33%的农村新型合作组织表示拟将贷款资金投向购买农资（如购买种子、农药、肥料、饲料、禽畜幼苗等），这一比例虽不算高，但随着农村新型合作组织组织标准化生产功能的增强，产前服务功能的提升，这一领域资金需求将大幅提高。

三是合作组织统一组织销售社员产品需要大量资金。多数农村新型合作组织对社员的农产品进行保价收购，提供销售服务，有很多合作组织还对农产品进行统一加工、统一包装、统一商标出售，由此需要大量的流动资金。特别是在农业丰收的年份，合作组织对农产品流转性资金需求很大，如果得不到资金支持，则很容易导致增产不增收的后果。表4-4表明，收购和销售社员的农产品是农村新型合作组织贷款最主要的投向之一，占比达31.67%。

四是合作组织需要为农户提供资金支持。为了统一生产标准，统一生产进度，农村新型合作组织往往还为农户提供资金支持，保证其生产进度和质量，使合作组织生产加工销售实现规模化、标准化，这直接给合作组织带来资金压力。

（三）通过农村新型合作组织金融帮扶提升自身的经营管理和扩大经营规模

多数农村新型合作组织一旦成立，就存在一个自身运营管理和发展壮大的问题，包括办公场所置办与扩大、办公设备的采购与更新、工作人员薪酬的发放、兴办实体经济、统一经营管理等，所有这些都需要投入大量资金，尤其是很多农村新型合作组织不断扩大自身的经营规模，不再局限于信息服务、技术服务、生产资料供应、农产品收购和销售等领域，而是积极将服务内容向产业链上下游延伸，将服务质量向精深优质层面提升，如建设自己的生产基地，大量引进新品种新技术，打造自身品牌，开拓市场，对农产品进行精深加工、储藏、物流、营销服务等，这离不开大量资金的投入。这可从实地调查统计数据得到印证，表4-4显示，农村新型合作组织信贷融资是以修建厂房（作坊、仓库、冷藏室、架设大棚，等）及建造办公场所、生产基地及项目基础设施建设、购买机器及办公设备（生产、加工、存储、运输等硬件机器及办公设备）、购买农资和收购销售农产品、扶植农户生产需要、培训、技术咨询及信息费用为最主要的贷款投向，而用于支付工资比较少。这表明农村新型合作组织不再局限于信息服务、技术服务、生产资料供应、农产品收购和销售等领域，很多农村新型合作组织面临自身运营管理和发展壮大的问题，需要不断扩大自身的经营规模，因此需要大量贷款资金来修建厂房及建造办公场所，需要资金建设生产基地、置办项目基础设施，同时也需要大批资金购买设备和收购农产品作为原材料等，这些投入无疑需要大量资金的支持。

表 4-4　农村新型合作组织信贷融资使用意向

融资投向	修建厂房及建造办公场所	生产基地、项目基础设施建设	购买精深加工的机械设备	收购和销售社员农产品	购买农资	支付工人工资	培训、技术咨询及信息费用	扶植农户生产需要
数量（个）	168	162	155	95	139	61	166	186
占比（%）	56.00	54.00	51.67	31.67	46.33	20.33	55.33	62.00

注：可选多项，样本总数 300 个。

资料来源：根据实地调查数据统计整理而成。

（四）通过农村新型合作组织金融帮扶实现风险分散与补偿

农业生产受到自然影响较大，生产季节性强，瓜果、肉蛋等各种鲜活产品具有易腐烂，不适合长途运输等特点，因此，农业生产面临较高自然风险。同时，由于农业生产具有周期性特点，难以灵活应对变化多端的市场行情，加之农产品市场价格容易波动，导致农业生产面临较高的市场风险，风险一旦发生，农户便血本无归。因此，农村新型合作组织需要投入大量资金以防灾抗险和分散风险，尤其是我国政策性农业保险制度并不完善（如政策性农业保险品种范围过于窄小，巨灾风险分散机制尚未建立，资金补贴方式落后，监管力度不够），农村新型合作组织更加需要依靠自身投入大量资金以防灾抗险和分散风险。另外，农村新型合作组织对资金不仅需求量大，而且时效性强。由于农业生产具有季节性和周期性特点，尤其是种植业对自然的依赖程度较高，农村新型合作组织对于资金的需求也具有季节性的变化规律，时效性很强，尤其在播种时节对农资需要按时到位，在收获季节对产品进行及时统一收获、收购及统一出售时，在资金到位上刻不容缓，以便规避自然风险及市场风险，因此对资金的获取要求方便、及时、快捷和灵活。对都安县、马山县、大化县 300 个农村新型合作组织实地调查结果表明，有很多合作组织把抗击自然风险和市场风险作为其最主要困难，分别高达 52.67% 和 64.00%，这意味着农村新型合作组织在抗击和化解风险方面需要大量投入资金（表 4-5）。

表 4-5　农村新型合作组织最主要困难的调查结果

最主要困难	抗击自然风险能力弱	抗击市场风险能力弱	内部组织制度及管理	缺乏资金投入	信息缺乏	经营人才缺乏	带动帮扶户发展能力较弱	其他
数量（个）	158	192	66	226	105	97	278	22
占比（%）	52.67	64.00	22.00	75.33	35.00	32.33	92.67	7.33

注：可选多项，样本数 300 个。

资料来源：根据实地调查数据统计整理而成。

　　面对如此大的资金需求量，农村新型合作组织自身积累不足，由此造成的资金缺口很大，资金来源问题已成为现阶段农村新型合作组织发展的瓶颈因素。调查中发现，约 75.33% 的农村新型合作组织将"资金缺乏"列为制约其发展的最重要的因素。因此，农村新型合作组织自身资金积累已不能满足经营规模扩大所需的大量投入，需要通过外部融资以解决资金短缺问题。

　　三、科技合作帮扶维度

　　第一，农村新型合作组织是政府科技帮扶工程的有效实施载体和平台。政府及科研机构的科技成果转化需要以农民组织化和经营规模化为基础，把农业产业基地作为科研成果转化基地，合作组织是科研机构和科研项目对接帮扶户的重要平台，科研机构通过合作组织为贫困农户进行相关技术和管理方面的培训，精准对接帮扶户进行科技帮扶，农户在培训中掌握了相关生产和管理方面的技能，大幅提升农产品的产量和品质，提高市场竞争力，从而增加收益。同时，农村新型合作组织通过搭建科技传播平台，为现代农业科学技术提供了强有力的传播渠道，大大降低农业科技对接帮扶户的交易费用，传统依托行政体系的农业科技推广机制存在诸多弊端，缺乏调动科技推广人员积极性的激励机制，农技推广人员队伍稳定性比较差，无论是服务质量还是效率都较低。相比之下，农村新型合作组织可通过搭建科技传播平台、推进农业机械化电气化、引进设施农业，引进农业科技创新成果和引进先进的农业工具，加快科技成果转化与推广、高质量推进农业产业化，开展新型职业农民相关知识教育及技能培训，培养大批技术型农民，加快农业科技成果应用；有效化解农业科技信息在滇桂黔石漠化片区大石山区传播的现实性难题，大大缩短农业科技信息在大石山区的传播时间，使农业科技成果尽快进村入户，转化为现实生产力，降低农业科技成果转化的交易费用。

第二，农村新型合作组织凭借自身实力克服小农生产科技投入不足的局限性，实现规模效应，提高帮扶户收入。帮扶户由于资金受限和实力较弱，无法在生产中投入先进生产力和生产工具，无法采用先进技术，因此无法实现农业现代化。相比之下，农村新型合作组织具有较强的经济实力或利用资金互助，通过规模投入，对接科研机构，申请和承接科技成果转化项目，强化科技在帮扶中的重要作用。同时通过购置先进的现代农机具进行土地整理、农业播种、节水灌溉、田间管理、土肥植保、收获、运输、加工、保鲜等，有效提升专业化水平，通过规模投入引进设施农业，推动农业机械化、智能化，提升农业生产力，推进农业规模化。农村新型合作组织把分散的土地资源集中起来进行集约化经营，集聚各类农业生产要素，推进农业规模化集约化经营，相比农户，农村新型合作组织更有利于推动农田水利等农业基础设施建设，并带动农村各项基础设施建设，改善农业生产环境，推动农业规模化、机械化、智能化、信息化，进而实现农业产业化，实现传统农业向现代农业的转变，形成了规模经济效应，提高帮扶户收入。

第三，农村新型合作组织为帮扶户提供科技示范推广效应。滇桂黔石漠化片区地处大石山区，交通不便，信息传播不畅，帮扶户比较闭塞，这就增加了帮扶户利用科技成果的风险，进而造成帮扶户对于先进农业科技反应冷淡。而农村新型合作组织具有科技示范推广效应，若帮扶户能够亲眼看见农业新科技成果的成功应用，在耳濡目染的切身感受中切实了解农业科技帮扶效应，这非常有利于帮扶户竞相采用、相互借鉴、互相推广新科技成果。农村新型合作组织的主要组成部分包括各种类型的农村新型合作组织，而农村新型合作组织的前身是专业技术协会，而且很多农村新型合作组织是以给农户提供技术服务为主要宗旨的合作组织，这些合作组织通过为帮扶户提供技术指导，利用技术上优势帮助帮扶户防范各种病虫害和疫病，防范自然风险和市场风险，提高农产品品质和产量，促进帮扶户增收。

第四，农村新型合作组织通过科技帮扶工程延长农业产业链，提高农产品附加值，促进农户增收。滇桂黔石漠化片区地理环境恶劣，农业产业链条都比较短，农产品附加值比较低，而农村新型合作组织通过对外经营及对内服务，将贫困农户嵌入农业产业化链条，通过科技帮扶工程延长农业产业链；推进农业纵向一体化和横向一体化，推动农业产业集群，提高农产品市场竞争力，农村新型合作组织通过在机械设备、种子、化肥、农药等科技产品上实行统一采购、统一提供，并在管理上推行一体化生产及技术服务，通过规模化组织化生产服务，减少帮扶户生产的盲目性，有效改变帮扶户的农业科技使用状况，提高帮扶户科技使用效率，进而改善农户生产技能和生活福利。

第五，农村新型合作组织通过电商平台创新科技帮扶运行方式，引领的帮扶地区农村电商发展，滇桂黔石漠化片区农村新型合作组织开展电子商务科技帮扶，可有效发挥电子商务在打破石漠化山区的时空局限、直达终端需求、聚合远端订单、发掘潜在农产品价值，优化资源配置，突破长期以来滇桂黔石漠化片区相对封闭、本地市场狭小、需求不足、价值低估、资源浪费等瓶颈，帮扶户依托农村新型合作组织与现代电子商务平台的成功对接市场，促进帮扶地区农产品对外销售，开拓新市场，节约销售成本。总之，农村新型合作组织通过电商平台创新科技帮扶运行方式，为加快偏远的帮扶地区农村经济发展，推动产业结构优化升级，促进农民增收注入了新活力。

四、信息合作帮扶维度

在信息化快速发展的时代，信息资源作为一种全新的生产要素，能给人们带来丰厚的经济收益。可以说，信息贫困是帮扶地区和帮扶户发展滞后的重要原因，帮扶户无法运用信息化手段及时获取充分的经济资源，也无法有效运用有限的信息资源，跟不上信息技术升级换代的步伐，无法利用信息化渠道更加便捷有效地发布自己的信息，表达自己的阶层诉求。信息不对称必然导致处于信息弱势状态的帮扶户无法平等参与各种市场经济活动，无法与信息富有者公平享有获取财富的机会。从获取和利用信息的方面看，农户由于信息匮乏，无法及时掌握市场动向，无法有效对接大市场，生产具有盲目性，因此市场风险较大，资源无法得到优化配置，产业也无法优化升级。不但信息的获取能力会影响帮扶户的生产销售，信息的甄别和利用能力同样影响帮扶户的脱贫，虽然很多帮扶地区已进入互联网时代，由于文化素养及个人心智、能力等的制约，农户对眼花缭乱的信息大多停留于猎奇、消遣、娱乐等层面，而较少主动搜寻、筛选、甄别并加以利用。虽有部分农户渴望获取有用信息来实现增收，但由于受能力的限制，农户无法对重要信息进行搜寻、筛选、甄别并加以利用，从而抑制农民增收。

　　帮扶地区由于地理等自然条件和经济社会发展条件的限制，导致这一地区帮扶户信息比较闭塞，特别是对于市场供求、农产品价格、技术变迁等生产经营方面的信息，这里的帮扶户更是难以掌握。农户仅仅凭借自身对信息获取、筛选和甄别能力，根本无法提早对生产经营进行布局和风险预警。农业生产对自然的依赖性、时间上的季节性、周期性，农产品市场价格的波动性，特别是滇桂黔石漠化片区地理空间上的分散性、农产品物流特别是冷链物流等基础设施落后导致农产品的不易保质性，加上帮扶户市场上话语权的缺失，这导致了这一地区的农业产业是弱质的风险产业，这种弱质的风险产业对信息的掌握有较高的要求。而很多有益信息是通过"圈子"来传播的，即通过非正式渠道传播，帮扶户加入农村新型合作组织，即可提高各种信息的获取市场信息的获取能力，依托农村新型合作组织，通过搜寻、筛选、甄别并加以有效利用信息来实现农民增收。

　　与农户相比，农村新型合作组织凭借着自身资金、技术、渠道、人才等方面的优势，对市场信息、科技信息等的搜寻、筛选、甄别及利用的能力较强，从而更能规避市场风险和自然风险，并有效利用相关信息推动农业产业化发展，从而实现农户增收。可以说，帮扶地区要实现农业向现代农业转变，就必须推进农业信息化，落实产业帮扶，而农村新型合作组织是实现农业产业化、信息化的重要组织载体，特别是滇桂黔石漠化片区，由于地理的分散性，要实现农业产业化，对农业生产的组织化要求更高，更具挑战性，而要实现农业生产产业化组织化，就必须推动农业信息化。农村新型合作组织是农业生产组织化的重要载体，因此需要承担起农业信息化的使命，发挥信息帮扶功能，及时为相关帮扶户提供各类市场信息。农村新型合作组织中的专业合作社、劳务合作社等本身是一种互助性质的经济组织，为帮扶户提供信息服务是农村新型合作组织的一个重要功能。

五、生态合作帮扶维度

　　生态贫困是造成贫困形成的重要因素，是帮扶地区和帮扶户发展滞后的重要原因。生态资源作为一种全新的生产要素，对帮扶地区全面脱贫产生重要影响。在我国，帮扶地区往往是生态资源富集区，同时也是生态贫困区，由于帮扶地区缺乏可持续发展的绿色帮扶机制，农业生态服务能力较低，无法依托生态优势发展生态产业，环境破坏制约绿色农业和有机农业生产，农产品缺乏竞争力，生活环境质量变低，环境与经济不协调导致难以充分调整经济结构，无法推进产业结构优化升级，循环经济、绿色经济发展较滞后，经济生产方式落后。因此，生态帮扶是滇桂黔石漠化片区脱贫的重要议题，农村新型合作组织是生态帮扶的重要抓手和组织载体。而帮扶户由于综合能力等较低，需要依托旅游合作组织等农村新型合作组织才能更好介入当地旅游产业链条并从中获益。

第一，农村新型合作组织标准化生产有利于推进减少农业生产对环境的污染和破坏，从而提高农业产量和品质，促进农民增收。农户分散生产，由于缺乏科学规范的生产及管理标准，造成过量使用农药、化肥等，造成水源和土壤受到污染，同时，不当的生产操作造成水土流失，植被遭破坏，进而导致滇桂黔石漠化片区山洪暴发，山间洼地洪水内涝，农作物遭水淹没，造成农业减少甚至颗粒无收，同时还会破坏土壤，造成土地盐碱化。而农村新型合作组织致力于发展现代化大农业，通过标准化规范化科学化生产，合理控制农药、化肥等的使用量，有利于保护生态环境，保护植被完好，保持良好土质，避免山洪水灾。与单个农户相比，农村新型合作组织通过农业生产组织化来实现农业稳定增产增收。

第二，农村新型合作组织通过发展生态农业直接为帮扶户构建起绿色帮扶机制，如帮扶地区要发展有机制农业，由于监督成本和控制成本的限制，农户分散经营的情况下很难保证其规范科学施用农药、化肥、兽药、激素，不利于生产无公害农产品、绿色农产品和有机农产品，并且由于销售渠道不畅和市场话语权缺失，很难保证农户所生产的农产品价格的合理性，容易损害农民利益。而依托农村新型合作组织发展生态农业，由于其致力于规模化标准化生产，对于农药、化肥、兽药、激素等的使用会更合理，能保证农产品的安全及品质，通过公司+基地+合作组织+农户等方式，规模化生产无公害农产品、绿色农产品和有机农产品，并利用农村新型合作组织的销售渠道和议价能力，提升农产品市场竞争力，促进农民增收。

对都安县 15 个贫困村的生态质量和农村新型合作组织数量的统计结果显示，村庄的生态质量与农村新型合作组织数量成正向关系。农村新型合作组织数量越多的村，生态环境越好。农村新型合作组织数量越少的村，生态环境越差（表4-6）。都安县这些贫困村都位于山区，这里没有工业，也并非旅游景区，受到工业污染或旅游等服务业的污染的可能性不大。比较合理的解释是，在没有合作组织的标准化生产情况下，农户在没有生产规范约束的情况下，为了自身的眼前利益，涸泽而渔，随意排污，乱丢生产生活垃圾，违规生产，超标使用化肥农药兽药，过量放牧等，导致生态环境质量下降。而农村新型合作组织较多的村，农村新型合作组织市场化程度高，为了提高农产品竞争力，致力于发展生态农业，通过标准化规范化科学化生产，合理控制农药、化肥等的使用量，对于农药、化肥、兽药、激素等等的使用会更合理，更注重植被保护，减少水土流失，保持良好土质，规范处理生产垃圾等，这有利于保护生态环境。

表4-6 都安县 15 个脱贫村的生态质量和农村新型合作组织数量

村屯名称	仁业	安仁	安福	安泰	福民	宜江	加茶	五峒	金竹	加全	加庭	复兴	安业	安居	合旺
生态状况	较差	较好	一般	差	较差	较好	一般	较差	一般	好	较好	一般	差	差	好
合作组织数量（个）	1	5	2	2	1	5	3	1	2	5	3	2	0	0	6

注：生态状况分为五个层次，依次为：好、较好、一般、较差、差个等级，主要考虑当地植被、水资源、水土流失、空气、垃圾处理等因素，按照当地环保部门相关专家给的评级。

资料来源：根据实地调查数据统计整理而成。

第三，依托于旅游合作组织发展起来的生态旅游产业，是帮扶户脱贫致富的重要渠道。帮扶地区要利用其生态优势发展特色生态旅游产业，需要重点依托农村生态旅游组织，将农户组织起来，建立各种生态观光园，生态农业体验园，生态采摘园、各种各样的农家乐等，推动乡村生态旅游产业标准化组织化规模化产业化发展，提升农产品品质，提升生态旅游服务质量和服务保障，提升当地生态旅游竞争力，这样既可为帮扶户提供就业机会，获得工资收入，还可鼓励帮扶户以房舍、土地和山林承包经营权入股旅游合作组织，以获得合作组织利润分红。帮扶户通过加入旅游合作组织，抱团发展乡村生态旅游，提高市场话语权，提升市场竞争力。

第四，依托于农村新型合作组织发展起来的大健康产业，是帮扶户脱贫致富的重要渠道。由于生态环境、饮食起居文化等因素的影响，滇桂黔石漠化片区分布着很多个"长寿之乡"，是中国"长寿之乡"分布最密集的区域。因此，这里具有发展大健康产业的得天独厚的条件，与单个农户相比，如依托于农村新型合作组织发展大健康产业，通过规模化、标准化、规范化的生产，将更能保证健康农产品及健康服务的品质，维护和提升健康品牌知名度，帮扶户通过合作组织抱团销售养生类产品和服务，更能提高议价能力，保护帮扶户的合法权益。同时，农户加入健康产业合作组织，增加就业机会，获得工资收入，所有这些都将非常有利于促进帮扶户增收。

六、旅游合作帮扶维度

旅游业具有产业链较长、覆盖面较广、带动能力强、参与门槛低、收益较平稳等特点，是促进帮扶地区脱贫致富的重要产业，特别是滇桂黔石漠化片区人均耕地少、生产条件恶劣，第一产业发展滞后。另一方面，滇桂黔石漠化片区是"老、少、边、山、穷"地区，有着丰富的生态、文化旅游资源，生态资源独特，民族风情浓郁，非常适合发展生态旅游、文化旅游、养生旅游、红色旅游、探险旅游（如洞穴探险、地下河探险、天坑探险等。滇桂黔石漠化片区属于喀斯特地貌，洞穴、地下河、天坑、悬崖众多，资源丰富）、攀岩运动、山地运动等多种旅游项目，而这些旅游项目要真正能在当地落地生根，发展壮大，就需要借助于各种旅游类的农村新型合作组织，通过旅游合作组织把帮扶户组织起来，开发当地旅游资源，促进帮扶户增收。而帮扶户由于综合能力等较低，需要依托旅游合作组织等农村新型合作组织才能更好介入当地旅游产业链条并从中获益。

一是旅游合作组织通过发展优势特色生态旅游产业，发展当地旅游服务业，可以为帮扶户提供就业机会，通过建立各种生态观光园、生态农业体验园、生态采摘园、各种各样的农家乐、各种民宿、各种乡村旅行社、乡村旅馆等，发展旅游餐饮，发展旅游纪念品、旅游礼品、旅游手工艺品，发展一批旅游服务业，推动乡村生态旅游产业标准化组织化规模化发展，提升生态旅游服务质量和服务保障，提升滇桂黔石漠化片区生态旅游竞争力，可以为当地帮扶户提供大量就业机会，获取工资收益，实现帮扶户收入快速提升，发挥其造血式帮扶效益。

二是旅游合作组织通过鼓励帮扶户以房舍、土地、山林、资金、技艺等入股旅游合作组织，参与旅游项目开发，以获得合作组织利润分红，获取分红收益。帮扶户通过加入旅游合作组织，抱团发展乡村生态旅游，提高市场话语权，提升市场竞争力，获取生态旅游产品销售收入。

三是依托旅游合作组织发展生态旅游、文化旅游、红色旅游、探险旅游、攀岩运动等，可促进滇桂黔石漠化片区基础设施建设水平，改善这一片区经济发展环境，改善生态环境、发展旅游服务业、优化产业结构，推动地区经济转型升级，特别是旅游合作组织经常举办各类旅游服务技能及管理培训，非常有利于提升脱贫人口素质。

四是滇桂黔石漠化片区旅游合作组织通过旅游帮扶带动关联产业协同发展，促进该地区产业结构优化升级，促进当地第一、二产业完成产业化提升，促进农业产业化经营，拓宽区域特色农产品销路，增加农业效益；通过建立农业产业园区，推动农产品精深加工，延长农产品链条，提高农产品附加值，促进地区第二产业增产增值，有利于帮扶户实现增收。

五是滇桂黔石漠化片区旅游合作组织通过对贫困人口进行开展技能、服务与管理培训，使贫困人口加快知识水平提升和观念更新，通过提升贫困人口教育水平，提升贫困人口综合素质和能力，增加贫困人口可持续发展能力。

七、人口合作帮扶维度

首先，农村新型合作组织发展有利于帮扶地区优生优育，对滇桂黔石漠化片区具有优生优育的帮扶效应。滇桂黔石漠化片区各类农村新型合作组织通过大量吸纳当地劳动力参与，为包括帮扶户在内的广大农户提供大量就业岗位，农民可以在家乡就能获得劳动收入，而不需要外出务工，把非入社农户作为联系对象，收购其农产品。如此一来，大量农村劳动力不需外出远门务工即可以在家乡获得收入，在家门口干活务工，生产生活都比较方便，这样非常有利于当地年轻帮扶户夫妇备孕养胎，提高备孕质量，这非常有利于新生宝宝的健康，且在孩子出生后，也非常方便照顾孩子，父母陪伴在孩子身边，避免孩子成为留守儿童，这对于儿童的健康成长非常重要，这是阻断贫困代际传递的重要环节。而政府则可以依托农村新型合作组织对农户进行优生优育问题进行宣传和教育，提高帮扶户对优生优育问题的认识和把握，通过优生优育阻断贫困代际传递问题，从根本上解决贫困问题。

其次，农村新型合作组织把当地劳动力吸纳在当地就业，有利于适婚年龄青壮年群体在当地找对象结婚。因为滇桂黔石漠化片区外出务工的单身男性青壮年，在外找到配偶的概率很小，而外出务工的婚龄女性青壮年，绝大部分都是外嫁他乡，由此引发帮扶地区单身男女比例结构失调。

大量的男子因为贫困等原因难以找到对象成家，即所谓的"农村剩男"，以帮扶户为主。如果通过农村新型合作组织吸纳单身男女在当地就业的话，这种现象将可能得到有效缓解。另外，农村家政互助合作社还可以利用其信息优势和人缘优势，为帮扶户适婚青年介绍对象，为其婚姻牵线搭桥，促成婚姻。

最后，康养合作组织及农村家政互助合作社非常有利于人口帮扶，有利于农村社区邻里之间相互照应。相互帮助接孩子上学放学，这对于缓解帮扶地区优生优育问题十分重要，特别是滇桂黔石漠化片区地处大石山区，多险山恶水，地形地势复杂险恶。地理环境险恶，人口居住比较分散，居民点距学校一般较远，且道路险恶，由于各种条件比较落后，学校一般没有寄宿条件，小学阶段的低龄儿童自己走路上学或放学回家非常困难和危险，如此，通过家政互助合作社，统一安排接送小孩，这非常有利于缓解孩子上学难的隐患，解除了父母之忧，降低了父母照顾孩子的成本。另外，老龄化问题同样是帮扶地区所面临的社会问题。农村家政互助合作社还有利于相互照顾留守老人，这些留守老人的子女为生计所迫而进城务工，由于生活压力老人独自留守农村，特别是帮扶户更加没有条件将老人带在身边。农村家政互助合作社则帮在城务工的青壮年照应其留守老人，避免了进城务工人员经常在家乡和城市两头跑的问题，安心在城市务工，这样既可增加工资收入，还可节省家庭开支。同时，农村新型合作组织通过大量吸纳当地劳动力就地就业和创业，将非常有利于帮扶户就近照顾老年人，缓解老龄化的压力。

八、文化合作帮扶维度

农村新型合作组织的文化帮扶机理主要体现在通过文化产业帮扶（主要是文化旅游、文化展演、文化商品生产及销售）和文化风气帮扶推动帮扶户脱贫。

　　首先是农村新型合作组织的文化产业帮扶。滇桂黔石漠化片区是多民族聚集区，有多种民族文化并存，同时还存在红色文化、健康文化等，因此，这一区域是名副其实的文化资源富集区。对当地文化资源进行商业开发，推动当地文化产业发展，将十分有利于帮助当地帮扶户摆脱贫困。而滇桂黔石漠化片区民族文化产业最大的生命力在于文化的原生态性，要想把文化产业做得风生水起，就必须依托原生生态文化，保持文化的原生态性，而要保持文化的原生态性，至关重要的是依托原生态的文化组织载体，对于滇桂黔石漠化片区来说，这一文化组织载体就是以当地农民为主体的农村新型合作组织，即通过文化旅游合作社开发原生态民族文化资源和红色文化资源，繁荣当地旅游产业，从而提高农户收入水平；通过文化演出合作组织展示当地深厚的充满活力的原生态民族文化，向世人展示当地非物质文化遗产，挖掘原生态民族文化和非物质文化遗产的经济价值，从而实现农户增收。通过各种文化纪念品合作组织、文化礼品合作组织、民族特色手工艺品合作组织来标准化组织化规模化生产文化产品，提升文化产品的文化价值，拓展文化产品销路，从而实现农民收入增加。在推动文化产业发展过程中，农村新型合作组织以当地农民为主，特别是重点吸收帮扶户参与，使其获得就业机会，获取工资收入，帮扶户以土地、房屋、资金、技艺等入股合作组织，获得利润分红。

　　其次是农村新型合作组织具有社会风气及文化观念帮扶。帮扶地区致贫返贫的一个重要原因是文化观念落后，不良文化习俗和社会风气盛行。一些贫困社区充斥着好吃懒做、习惯于"等、靠、要"思想、抽烟酗酒、赌博盛行等风气，迷信思想流行、重男轻女、亲上加亲的婚姻观等落后文化观念盛行，这是滇桂黔石漠化片区致贫返贫的重要因素，文化风气及文化观念是影响脱贫的重要因素。改善当地文化风气及文化观念，是滇桂黔石漠化片区帮扶的重要任务，说到底这是一个教化和教育的问题，而对于文化水平较低的帮扶户而言，教化的最好方式是寓教于干，在干中教，在教中干，在干中化，在化中干，而由于交易成本的问题，这种教化需要以农民组织化为前提条件。农村新型合作组织正好满足这些要求，因此，滇桂黔石漠化片区文化帮扶离不开农村新型合作组织。政府可通过农村新型合作组织，通过专项培训、日常说教、入社门槛设置、专项奖金、平时宣传等方式对农户进行教育教化，让帮扶户自觉抵制文化风气，革除文化观念，提振精神风貌，尽快脱贫，防止返贫。

九、教育合作帮扶维度

首先，农村新型合作组织对农户进行的技术和管理上的培训教育，本身就是一种教育帮扶效应。农村新型合作组织是科研机构为帮扶户进行相关技术和管理方面培训的平台，帮扶户在农村新型合作组织相关培训中掌握了生产和管理方面的技能和知识。同时，农村新型合作组织通过搭建科技传播平台，为现代农业科学技术提供了强有力的传播渠道，让帮扶户得以掌握许多知识和技能，从而提高生产效率。同时，政府通过农村新型合作组织开展新型职业农民相关知识教育及技能培训，进行政策方面相关知识的宣传和教育，培养大批技术型农民，提高帮扶户生产效率和经营效益，增强帮扶户创造财富的能力，增强脱贫能力。

其次，农村新型合作组织发展有利于帮扶地区儿童教育和健康成长。滇桂黔石漠化片区各类农村新型合作组织通过大量吸纳当地劳动力参与，为包括帮扶户在内的广大农户提供大量就业岗位，大量农村劳动力不需外出远门务工即可以在家乡获得就业，这样非常有利于父母对孩子的陪伴，避免孩子成为留守儿童，这对于儿童的健康成长非常重要，这是阻断贫困代际传递的重要环节。而政府则可以依托农村新型合作组织对农户进行优生优育问题进行宣传和教育，提高帮扶户对优生优育问题的认识和把握，通过优生优育阻断贫困代际传递问题。

第三节 滇桂黔石漠化片区新型合作帮扶维度实证检验

本书通过检验滇桂黔石漠化片区帮扶户发展主要制约因素来检验新型合作帮扶维度。

为了分析检验滇桂黔石漠化片区帮扶户发展最主要的制约因素，著者于 2023 年 12 月至 2024 年 3 月在广西都安县 19 个乡镇抽取 500 个帮扶户（按照 2016 年所定的建档立卡贫困户，截至调查时）作为样本进行问卷调查对象。在当地乡村振兴局、乡镇帮扶办、经管站、村委、亲友的帮助下，我们对这些样本进行入户问卷调查，结果皆为有效问卷，调查统计结果如表 4-7。

表 4-7 表明，帮扶户发展主要的困难集中在农业产业因素、金融因素、科技因素、信息因素、生态因素、旅游因素、健康因素、人口因素、文化因素、教育因素等 10 个主要因素，其中 95% 的帮扶户认为主要困难在于农业产业因素（如生产加工环节的产业化、标准化、规模化等），有 96.4% 的帮扶户表示金融因素（如信贷获取能力）是主要的制约因素，有 93.4% 的帮扶户把科技因素作为主要困难，有 91.2% 的帮扶户把信息因素（如有效信息获取和传递和发布）作为主要困难，有 93.2% 的帮扶户把生态因素（如生态环境恶化）作为主要困难，有 88.6% 的帮扶户把旅游因素（旅游产业开发）作为主要困难，有 87.0% 的帮扶户把健康因素（如身体健康、健康产业开发）作为主要困难，有 86.6% 的帮扶户把人口因素作为主要困难，有 89.2% 的帮扶户把文化因素（如文化产业开发）作为主要困难，有 95.8% 的帮扶户把教育因素作为主要困难，有 5.8% 的帮扶户把其他因素作为主要困难。

表 4-7　帮扶户主要困难的调查结果

当前的最主要困难	农业产业因素	金融因素	科技因素	信息因素	生态因素	旅游因素	健康因素	人口因素	文化因素	教育因素	其他因素
选择户数（户）	475	482	467	456	466	443	435	433	446	479	29
占比（%）	95.0	96.4	93.4	91.2	93.2	88.6	87.0	86.6	89.2	95.8	5.8

注：可选多项。

资料来源：根据实地调查数据统计整理而成。

　　本书所考察的是帮扶户（按照 2016 年所定的建档立卡脱困户）是否在 2019 年底前脱贫，结果只有两种，即"是"和"否"。因变量是一种离散取值，对于因变量是离散变量的情况，应当适用离散因变量模型。由于因变量的取值是二元的，因此，本书采用二元选择模型。二元选择模型是模型中因变量只有"0"和"1"两种取值的离散因变量模型。我们所关注的核心基本是因变量响应（即因变量取"0"和"1"）概率。对于响应概率最简单的假设是线性概率模型，但线性概率模型容易产生两个问题：一是模型的随机扰动项存在异方差，从而使得参数估计变得无效；二是即使使用 WLS 估计也不能保证因变量的拟合值限定在 0 和 1 之间，为了克服线性概率模型的局限性，考虑如下的二元选择模型：

$$P(y_i = 1 \mid X, \ \beta) = 1 - F(-\beta_0 - \beta_1 x_1 - \cdots - \beta_k x_k) = 1 - F(-X_i'\beta)$$

式（4-1）

　　式中 X_i 包含常数项在内的全部解释变量所构成的向量。F 是取范围严格介于 0 和 1 之间的概率分布函数，并且要求是连续的，分布函数类型的选择决定了二元选择模型的类型。二元选择模型一般采用最大似然估计（MLE），其对数的似然为：

$$L = \prod_{i=1}^{n} \left[1 - F(-X_i'\beta) \right]^{1-y_i} \left[F(-X_i'\beta) \right]^{1-y_i} \qquad 式（4-2）$$

　　在此基础上，本文建立起滇桂黔石漠化片区帮扶户脱贫情况的 Logit

模型。

$$Y^* = \beta_0 + \beta_1 * CY + \beta_2 * lnJR + \beta_3 * KJ + \beta_4 * XX + \beta_5 * ST + \beta_6 * LY$$
$$+ \beta_7 * JK + \beta_8 * RK + \beta_9 * WH + \beta_{10} * JY + \varepsilon \qquad 式（4-3）$$

其中，Y∗是 YR 的不可观测的潜变量（即 Logit 估计值）

$$Y^* = \ln\left(\frac{P(Y=1 \mid X, \ \beta)}{1 - P(Y=1 \mid X, \ \beta)}\right)$$

$\dfrac{P(Y=1 \mid X, \ \beta)}{1 - P(Y=1 \mid X, \ \beta)} = e^{Y^*}$ 为机会比率，即获得贷款的概率对不获得贷

款的概率之比。

检验所使用的计量软件为 Eviews12.0 统计软件。其结果如下：

Y∗=−32.51003+1.142429＊CY+2.451838＊LNJR+3.925329＊LNKJ

  +2.098852＊XX+2.529885＊ST+2.940895LY+1.938616JK

  +2.236685RK+1.867508WH+2.287095JY+1.861895＊RY （4-4）

Z 统计量=（−2.5177） （0.7987） （1.1691） （1.3625）

     （−1.1041） （−0.6183） （2.2558） （1.2649）

LR 统计量=73.16386，Prob（LR statistic）= 0.000001，

McFadden R-squared=0.741819

方程 4-4 表明，所有参数估计值的 Z 统计量比较大，相应的概率值较小，说明农业产业因素、金融因素、科技因素、信息因素、生态因素、旅游因素、健康因素、人口因素、文化因素、教育因素等 10 个主要因素对帮扶户是否脱贫具有显著性影响，LR 统计量为 73.16386，相应的概率值 P 为 0.000001，这表明模型在整体上是显著的。

方程 3-4 中每个斜率系数度量了相应的回归元（即解释变量）的值变动一个单位（其他回归元保持不变）所引起的 Logit 估计值的变化。这些系数的符号皆为正，表明所有这些解释变量每增加一个单位，将增加因变量取"1"（即脱贫）的概率，即各个解释变量均对潜变量 Y∗有正效应，这与理论预期相一致。

第五章

新型合作帮扶的挑战与机遇

第一节　新型合作帮扶挑战

一、产业合作帮扶的挑战

滇桂黔石漠化片区的帮扶效应如何，关键在于农村新型合作组织对影响帮扶户持续脱贫的制约因素的把握与瞄准。这些制约因素也是未来滇桂黔石漠化片区乡村振兴的主要障碍。滇桂黔石漠化片区农村发展滞后的原因比较复杂，无论是在绝对贫困的攻坚阶段，还是在巩固脱贫成果的后续帮扶阶段，农村新型合作组织都需要有针对性地深入挖掘原因和障碍。本书从经济因素和社会因素两个方面探讨滇桂黔石漠化片区乡村发展滞后的原因。

（一）碎片化的农业生产单元阻碍农业机械化及规模化

首先是恶劣的地理空间导致碎片化的农业生产单元。滇桂黔石漠化片区产业帮扶的主要障碍在于碎片化的地理空间阻碍农业机械化、规模化和现代化。滇桂黔石漠化片区是典型的连片大石山区，这片区域喀斯特石山连绵不绝。纵横交错的石山把这一大片区域分割成无数个山间洼地或小山沟，俗称山旮旯或山弄。这些山弄空间非常小，一平方公里的范围内有100左右的山弄，这些山旮旯是这片区域的基本的空间单元。这些山间洼地不但空间阻隔，而且地势高低不平，耕地不但在横向上被阻隔分散，而且在纵向上垂直分布于山麓，地势地形很复杂，导致这里的居民的生产生活空间碎片化。碎片化耕地零零星星分散在山旮旯间，地块面积一般较小，面积从不足半平方米到几十平米不等，有些分布在山洼底部，有些在山腰，有些在山坳口，这些构成了滇桂黔石漠化片区细碎化的农业生产单元。

其次是碎片化的农业生产单元阻碍农业机械化、规模化和产业化。在这些地方从事耕作和养殖，只能依靠肩挑手扛，手工劳作，很难实现机械化、电气化等现代化生产，很难实现规模化集约化经营，无论是种植业还是养殖业，农业现代化和产业化水平很低，基本没有规模经济效应。耕地和林地的碎片化，加上地处偏僻，导致耕地和林地的地理专用性较强，可抵押性较低，较难获得金融机构的贷款支持。同时，农业组织化生产难度较大，农民专业合作社往往束手无策，带动农户增收的效应很低。

最后产业基础设施配套落后。在精准帮扶中修建的道路、水网、电网等基础设施主要分布于居住区域，而对于生产区域，则产业基础设施配套比较薄弱，一些特色农业产业因无产业基础配套设施而只能作罢。

可以说，滇桂黔石漠化片区之所以发展滞后，一个主要的原因是，该区域自然条件恶劣，石山遍布，地理阻塞，交通不便，居住空间非常分散，人多地少，资源匮乏，土地贫瘠，可耕地面积非常小，且零星散布于石头山旮旯中，多数地方农业生产只能依靠人力畜力，恶劣的地形地势妨碍了经济发展所必需的基础设施建设，加大实现农业畜牧业林业等规模化、产业化和现代化的难度。

（二）农业产业链过短，农产品附加值过低

成立专业合作社、股份合作社、专业技术协会、村级合作农场、家庭农场、劳务合作社、农机合作社等，一个主要的目标是推进当地农业产业化发展。一些地方正是依托于这些新型合作组织来实现当地农业产业发展的规模化、市场化、标准化。滇桂黔石漠化片区农村新型合作组织在推动当地农业产业化发展也发挥了一定作用。农村新型合作组织活跃的地方，当地的农业产业化程度就比较高。但由于自身的原因，加上滇桂黔石漠化片区恶劣的地形地势和生态环境，农村新型合作组织对当地农业产业化发展的推动作用不显著。

表 5-1 农村新型合作组织农产品加工程度

加工程度	初级加工	精深加工	合计
数量（个）	246	54	300
比重（%）	82.00	18.0	100

资料来源：根据实地调查数据统计整理而成。

表 5-1 显示，滇桂黔石漠化片区农村新型合作组织农产品的加工精深度不足，从而制约农业产业链延伸及优化提升，大多数合作组织只停留于初级农副产品生产及初级加工（粗加工）阶段，没有向上下游延伸产业链条。滇桂黔石漠化片区农户在农业生产中更是只能从事初级农副产品生产。在对都安县 500 个脱贫农户的问卷调查中，几乎所有帮扶户只能停留于未加工或初级加工层面，仅有一个帮扶户在亲戚能人的帮助下对农副产品进行进一步的精深加工。农户仅依靠自己根本无力进行农产品精深加工（见表 5-2）。

表 5-2 帮扶户农产品精深加工能力

加工程度	未加工或初级加工	精深加工	合计
数量（户）	499	1	500
比重（%）	99.80	0.02	100

资料来源：根据实地调查数据统计整理而成。

总体来看，滇桂黔石漠化片区农户和帮扶户完全无力向农产品加工、储藏、包装、销售等产后领域延伸产业链，提高产品附加值。大多数农户农副产品的经济附加值非常有限，农产品缺乏市场竞争力，在市场竞争中处于弱势，导致农户收入难以提升。

理论上讲，农村新型合作组织在自有积累、技术、规模、市场等多方面因素的优势下，在延伸农业产业链及提升农产品的加工深度方面的优势显然远大于农户特别是帮扶户。但是滇桂黔石漠化片区农村新型合作组织产业帮扶效应却并不显著。

首先是推动帮扶户农业标准化生产效应不显著。农村新型合作组织的一个主要功能是推动农业生产标准化，只有标准化生产才能提高农产品品质，提升市场竞争力，实现质量帮扶。滇桂黔石漠化片区由于恶劣的自然条件，特别是地形、地势、水利、交通等条件的限制，农业标准化、规模化、机械化等发展遇到诸多难题，加上农村新型合作组织对标准化生产的认识不足，管理不到位，在推动帮扶户农业标准化生产效应不显著，常常难以保证农产品质量和规格。

其次是农村新型合作组织面向帮扶户生产服务功能有待提升。在产前阶段，有的农村新型合作组织为帮扶户统一提供生产资料。调查中发现，为降低成本，提高利润，有的农村新型合作组织往往统一为农户提供生产资料，并多以低于市场价格或者赊购的方式提供，所提供的生产资料种类主要是良种、肥料、饲料、农药和兽药，有的则统一为农户提供农机设备、工棚等基本生产设备，这些都是农户生产所必需的基本条件，这对于缓解帮扶户的生产困难起到很大帮助。但总体上开展这些服务功能的合作组织毕竟是少数。

最后在销售环节，虽然有的农村新型合作组织统一组织销售联系农户产品。对联系农户的农产品进行保价收购，提供销售服务，有的农村新型合作组织还对农产品进行统一加工、统一包装、统一商标出售，以解决帮扶户就没有了后顾之忧。但多数农村新型合作组织并未为帮扶户来开展这些业务。

二、金融合作帮扶面临的挑战

金融在现代经济中的核心地位，是由其自身的特殊性质和作用所决定的。现代经济是市场经济，市场经济从本质上讲就是一种发达的货币信用经济或金融经济。区域经济的发展离不开金融的推动。金融在帮扶地区脱贫中扮演着非常重要的角色，是影响帮扶户能否持续脱贫的重要因素。乡村发展滞后的一个重要根源在于金融资源的缺乏，滇桂黔石漠化片区致贫的因素中，金融因素是重要的致贫因素。

（一）滇桂黔石漠化片区金融帮扶效应较弱

对于金融约束问题，当地农村新型合作组织在缓解帮扶户资金需求方面发挥了一定作用，比如将农资赊账给农户，这对于资金贫困的帮扶户来说，无疑解决了他们的燃眉之急。有的合作社和龙头企业为了统一生产标准，统一生产进度，往往还为农户提供资金支持，帮帮扶户聘请农业专家为其解决病虫害问题，保证其生产进度和质量，但整体来说，滇桂黔石漠化片区农村新型合作组织金融帮扶效应较弱。

首先是以资金互助为宗旨的资金互助合作组织缺乏。在所调查的100个合作组织中，仅有1家合作内容涵盖到资金互助，但并不以资金互相为主要目标。其他合作组织主要集中在生产互助上，比如农机互助、农资互助，技术交流等。

其次是依托于合作组织的供应链金融缺乏。新型合作组织对农户贷款的担保功能缺失，也没有对农户融资的资金流向起到监督的作用，在与农户的关系中，没有很好发挥委托—代理功能。

最后是新型合作组织本身获贷水平低（见表5-3），从而无法把金融资源转换为当地帮扶户脱贫的跳板，也无法改变当地贷款非农化问题。近几年来，尽管当地农业放款总额逐年增加，但农业放款额在放款总额中的占比却很低，甚至呈下降趋势，当地农村金融机构发放的农业贷款额的增长率远低于各项贷款总量的增长比率。

表5-3　滇桂黔石漠化片区农村新型合作组织近年获贷情况（2014-2023年）

时间段	平均每个信贷需求量（万元）	平均每个获贷总额（万元）	平均每个获贷额占需求量比值（%）
每年	50.0	4.0	8.0
2020年	80.0	8.0	10.0

资料来源：根据实地调查数据统计整理而成。

许多农户之所以贫困，一个重要的原因在于金融服务获取能力缺乏，滇桂黔石漠化片区帮扶户在生产生活中，最大的难题是经常遇到资金短缺，心有余而钱不足，对一些看好的生产项目只能望洋兴叹。调查发现，都安县500个样本帮扶户10年来平均每户年均获贷额度不足500元，大多数帮扶户从未获得过贷款（见表5-4）。

表5-4　样本帮扶户近年获贷情况（2014年-2023年）

时间段	平均每户融资需求量（万元）	平均每户获贷总额（万元）	平均每户获贷额占需求量比值（%）	获贷帮扶户贷款为助学贷款比值（%）	获贷帮扶户贷款为生产经营比值（%）
每年	2.0	0.02	0.01	95.0	5.0

资料来源：根据实地调查数据统计整理而成。

由于没有抵押物和担保人，大多数帮扶户很难通过银行等正规金融机构获得贷款，虽然极个别帮扶户从亲朋好友处借到一定的无息或低息资金，但数额非常小，根本满足不了生产资金短缺问题。很多农户在情急之下通过高息（如年化24%的利率甚至更高）从民间借贷获得一些借款，成本非常高，过高的融资成本使帮扶户使得有些帮扶户因此陷入恶性循环中。

（二）农村资金通过农村金融机构流失

和其他区域一样，滇桂黔石漠化片区农村金融体系是在计划经济条件下和"大一统"银行体系框架中建立起来的。农村金融服务体系主要承担资金动员功能，而不是资金配置的功能。农村金融机构主要是动员农村储蓄以提供城市工业化资金的一个渠道，从农村吸取大量的金融剩余以对城市和工业实行金融支持。农村仍然通过存款为城市贡献金融剩余。农村金融机构通过贷款非农化的方式从农村地区大量吸金，使农村资金源源不断地流向城市和工业，资金流失严重，可以说，农村金融机构已成为农村资金流失的主渠道。

从主观上讲，由于农村信用社等农村金融机构有着强烈的资产扩张内在冲动，在贷款投向上"弃农从商"，贷款非农化倾向较为严重。从客观上讲，由于农村经济结构单一和产业化水平低，农村地区往往无法形成巨大的有效的金融需求。加上农业特有的滇桂黔石漠化片区较高的自然风险性和市场风险性，农户、专业合作社、合作企业、家庭农场只有较低的营利能力、缺乏有效抵押物等因素。在缺乏农村经济营利项目支撑的情况下，农村金融机构只能在信贷资金的安全性、效益性、流动性之间作出理性的选择，贷款倾向越来越"城市化"和"非农化"。特别是自 2003 年农村信用社试点改革实施以来，农信社的信贷投向呈现新的变化，涉农贷款占比低，房地产开发等贷款快速增长。

由于农村金融机构在农村的主要金融业务是吸收存款和发放贷款。因此，我们可以借助于农村金融机构存款和贷款差额展示滇桂黔石漠化片区农村资金要素的外流状况。

表 5-5 显示，过去 16 年来，都安县农村金融机构农户贷款占农户储蓄的比重在 30% 左右徘徊，最高年份为 2022 年，也仅达到 35.78%，最低年份为 2009 年的 25.20%，即农村金融机构向农户发放的贷款仅占其从农户吸收的存款的 1/3，总体上表现为严重的存贷正差，每年农民在金融机

构中的存款都大于从金融机构中获取的贷款。即每年金融机构通过吸收农民储蓄，将农民储蓄的大部分投放到其他领域，对于滇桂黔石漠化片区农村金融机构来说，农户主要是吸金的源泉，而不是贷款扶持的对象。这种现象在2016年以前尤为凸显，2017年以后稍有好转，但农户贷款占农户储蓄的比重总体仍然偏低。一直以来，农村金融机构在与农户的业务关系中，一直保持较高比例的存贷差。农业贷款一直没有与金融机构贷款余额增长实现同步增长。农村金融机构吸收的农户存款余额的增长快于农村金融机构对农户发放的贷款余额的增长，形成农村金融机构"农户存贷款余额增长趋势剪刀差"，并且该剪刀差呈现逐渐扩大之势，即农村金融机构的农户存贷款差额逐年扩大，农户存贷比降低，农户存贷款余额增长形成巨大的"剪刀差"，农村金融机构成为农村资金"非农化"的重要渠道。这一现象同样体现在农户贷款占贷款总额比重、农村新型合作组织贷款占贷款总额比重、农业贷款占各项贷款总额的比重等项目数据来印证。表5-5显示，过去16年来，都安县农村金融机构农户贷款占各项贷款总额比重一直处于较低水平，总体上在20%~30%之间震荡，虽然最近几年有所好转，但总体上仍然偏低，反映出对农户比较严重的惜贷畜贷现象。同时，表5-5还显示，都安县农村新型合作组织贷款占贷款总额比重也比较低。在过去的16年里，农村新型合作组织贷款占贷款总额比重在15%~30%幅度徘徊，鲜有超过30%的情况，仅有2021年和2022年超过30%，最高年份为2022年，仅达到31.94%。由于经济基础薄弱，固定资产抵押较少，产业呈弱势性，抵御风险能力差，

表5-5 都安县农村金融机构涉农贷款结构（%）

年份	农户贷款占农户储蓄比重（%）	农户贷款占贷款总额比重（%）	农村新型合作组织贷款占贷款总额比重（%）	农业贷款占各项贷款总额的比重（%）
2008	26.79	19.52	15.92	35.78
2009	25.20	21.78	18.79	33.46

续表

年份	农户贷款占农户储蓄比重（%）	农户贷款占贷款总额比重（%）	农村新型合作组织贷款占贷款总额比重（%）	农业贷款占各项贷款总额的比重（%）
2010	28.56	20.43	16.52	30.49
2011	27.19	19.89	21.86	31.20
2012	25.28	22.65	19.68	32.46
2013	26.52	20.46	18.95	29.18
2014	28.80	23.85	17.50	30.06
2015	29.76	24.46	20.24	27.19
2016	29.33	25.31	24.39	28.92
2017	31.68	24.67	23.76	25.76
2018	33.65	27.80	26.15	26.05
2019	34.94	25.86	22.67	25.90
2020	32.16	31.18	26.89	29.85
2021	33.83	29.95	30.19	26.23
2022	35.78	27.76	31.94	25.09
2023	31.67	28.15	28.70	23.49

注：这里的"农村金融机构"指都安县农村商业银行（农村信用社）、农业银行。
资料来源：根据实地调查数据统计整理而成。

社会资本较少，经营管理水平不高，内部运作不规范等诸多因素，农村信用社与商业性金融机构对农村新型合作组织放贷比较谨慎。相对于农业龙头企业，农村新型合作组织更难获得金融机构贷款，以至于大批的农村新型合作组织出现融资困难局面。农业贷款占各项贷款总额的比重也比较低，在过去的 16 年里在 30% 左右震荡。近几年来，尽管农业放款总额逐年增加，但农业放款额在放款总额中的占比却很低，甚至呈下降趋势，农村金融机构发放的农业贷款额的增长率远低于各项贷款总量的增长比率。事实上，滇桂黔石漠化片区城乡二元化同样体现在金融资源的配置上，造成金融资源的二元化，城乡居民获得金融服务的水平差距在扩大。农村新型合作组织和农户面临金融机构惜贷慎贷的金融歧视直接反映了农村遭受金融服务的非公正待遇。可以说，滇桂黔石漠化片区农村资金非农化较为严重，原本就短缺的农村资金通过这种非农化外流到城市和其他行业。作为农村金融主渠道的农村信用社偏离支农方向，实行贷款非农业化，甚至触及高风险行业，在农村资金外流严重的情况下，有限的农村资金很难满足农村新型合作组织和农户的发展需求。从而形成滇桂黔石漠化片区贫困的重要因素。

（三）农村金融效率及金融产品创新不足

一是金融资源配置效率较低。农村金融效率，是指农村金融资源的配置效率。亦即农村金融资源配置实现了帕累托最优状态。金融的重要职能就是将储蓄转化为资本存量以推动经济发展繁荣，银行信贷是我国储蓄转化为投资的主要渠道。因此衡量农村金融效率的一个重要指标就是农村金融机构存贷比。从统计结果看，我国农村金融所表现出的金融资源配置效率较低，农村金融资源的帕累托条件无法满足。一方面，由于农村经济的快速发展，农村新型合作组织金融需求旺盛，农村金融资源的总供给小于总需求，供求未能实现均衡。另一方面，由于农村金融制度的缺陷，合作组织和农户金融供给不足主要表现为金融不供给问题。

二是金融产品创新不足，金融服务滞后。一直以来，滇桂黔石漠化片区农村金融产品创新不足，业务品种单一，信贷业务品种供求失衡，金融服务滞后。随着农村经济快速发展，合作组织和农户的金融需求呈现多样化趋势，但目前农村金融机构所提供的信贷业务仍以提供简单的存汇兑、抵押类贷款、成员联保贷款、小额信用贷款为主，而未开发出专门针对农村新型合作组织的创新产品，已经无法满足农村新型合作组织多样化、个性化的金融服务需求，尤其是联保贷款在农村办理难度大、手续繁琐，目前滇桂黔石漠化片区农村金融服务已经无法满足大额农户贷款需求。

（四）受地理资产专用性制约

滇桂黔石漠化片区金融因素需要从新制度经济学交易费用理论进行分析。交易属性分析是交易费用经济学的核心。威廉姆森认为，在交易的属性中，资产专用性是最重要属性。他认为，资产专用性是指一个给定交易中资产的可转让性或移作他用的可能性，转作他用时其价值变为零的资产为完全专用性资产，而转作他用其价值不变的资产为通用性资产，资产专用性较高意味着一旦不能在现有交易关系中进行流动，资产的大部分价值将会转化为沉没成本。威廉姆森将资产专用性划分为地点专用性、自然属性的专用性（或实物资产专用性）、人力资本专用性、商标专用性和特定用途的资产等几种类型。

对于企业和自然人而言，正规信贷可获得性取决于金融机构的信贷供给能力和金融机构对特定借款企业资信状况的主观评价（Banerjee and Duflo，2008），而金融机构的信贷供给能力取决于其融资能力及成本、信贷基础设施状况、相关信息获取能力，甚至还受到金融机构规模、所有制结构、内部管理制度等方面的影响（马九杰、毛曼昕，2005）。在金融机构信贷供给能力一定的情况下，借款方的正规信贷获取能力就取决于自身资信状况及相关特征（郭红东、陈敏、韩树春，2011），这些特征影响金融机构的信贷供给意愿，因为金融机构往往基于借款方的相关特征对其进行信用评价，并进而决定发放贷款与否、发放额度及贷款期限。

农村新型合作组织作为一类特殊类型的经济组织，与企业一样，其正规信贷可获得性取决于金融机构的信贷供给能力和金融机构对其资信状况的评价。在农村金融机构的信贷供给能力一定的情况下，农村新型合作组织能否获得贷款，关键取决于与之相关的交易属性所决定的资信状况。滇桂黔石漠化片区致贫的金融因素主要是资产专用性导致金融帮扶效应较弱，阻碍农业规模化和产业化。

从地点专用性看，滇桂黔石漠化片区复杂崎岖的地形地势和偏远的地理位置，农村新型合作组织无论是从事种植业、养殖业还是加工业，都与地理位置息息相关。土地、农资、农机、工棚、房舍等资产的自然属性或用途均受地理位置限制，农村新型合作组织固定资产因滇桂黔石漠化片区交通不便和远离城市，物流费用及管理费用相对较高，因此可转移性较差，地点专用性较强。

从自然属性的专用性来看，专业合作社的土地、水利及农机等有形资产用途的专用性较强，如更改资源配置，将严重削弱其使用价值甚至毫无价值。农村新型合作组织信贷融资主要用于固定资产方面，信贷交易的投资特征主要表现为专用性投资或混合性投资，这从实地调查统计结果可窥一斑。农民专业合作社信贷融资是以生产基地及项目基础设施建设、修建厂房（作坊、仓库、冷藏室、架设大棚，等）及建造办公场所、购买机器及办公设备（生产、加工、存储、运输等硬件机器及办公设备）为最主要的贷款投向，占比分别达 62.5%、61.0%、58.5%，这些贷款投向主要表现为固定资产，其资产专用性较强，属于典型的专用性投资或混合性投资。

滇桂黔石漠化片区农村新型合作组织资产的自然属性专用性除表现在功用方面，还表现为生长周期性与季节性方面，山地农业生产过程具有时间锁定效应。滇桂黔石漠化片区偏远崎岖的地理条件很难建立起设施农业，无法打破农业生产的季节性，无法降低农业生产对自然的依赖程度。而且设施农业属于高投入产业，对资金和技术要求较高，而滇桂黔石漠化片区农民专业合作社等农村新型合作组织多属于弱势群体，资金密集型和技术密集型合作组织不多，走高投入高产出道路在现阶段下对农村新型合作组织并不现实。

在产权方面，农村土地属于集体所有，承包租赁的合作组织和农户只有土地的承包经营权和使用权，而没有将土地资产作为抵押、入股和转让的权利。产权是实物资产专用性的前提和基础，即使地理和实物资产专用性很低，但如果产权专有，则贷款合约也难以建立，金融帮扶效应亦难以实现。

另外，由于滇桂黔石漠化片区山地农业和农村新型合作组织自身的弱势性，抗风险能力较差，无法独立应对环境不确定性，需要农业保险的支持。而该区域农业保险开发不足，缺乏风险分担机制，难以适应农村新型合作组织及其帮扶户对农业保险品种多方面的需求，金融帮扶效应较弱。

三、科技合作帮扶的挑战

（一）科技帮扶合作组织发展滞后

滇桂黔石漠化片区科技帮扶性质的合作组织较少，以瞄准帮扶户进行科技服务为宗旨的合作组织较少。农村新型合作组织在政府科技帮扶工程中担当不足，未能很好承担科技帮扶实施载体和平台这一重要角色，在科研机构和帮扶户对接中的平台作用还有待挖掘和提升。农村新型合作组织作为农村科技传播平台的效果不显著，合作组织对农户的技术培训体系不完善，缺乏相关的技术培训激励机制，对农户的技术培训非常态化，往往只是作为一种附加功能，特别是缺乏经营管理方面的培训，缺乏专门针对帮扶户定制的培训，缺乏线上培训安排，对培训效果重视不足，对帮扶户科技培训效果缺乏动态跟进检验与强化，对帮扶户的科技赋能不足，很多合作组织缺乏最基本的技术培训场地和设置，缺乏相应的技术培训人才，无论是线上线下培训，缺乏技术培训相关的硬软件和相应的机制及制度。之所以如此，主要是当地农村新型合作组织对自身的科技帮扶效应认识不足，且科技帮扶对合作组织相关培训人才要求较高。滇桂黔石漠化片区农村新型合作组织的管理者和入社成员的文化素质都不高，对培训场地等和通信网络基础设施有较高要求，滇桂黔石漠化片区地处大石山区，培训场地等和通信网络基础设施相对滞后。且当地相关部门对农村新型合作组织科技帮扶实施载体和平台的作用重视不足，缺乏对农村新型合作组织培训职能的相关激励机制和保障制度。对于帮扶户来说，帮扶户对技术培训的热情不高，对技术重视不足，文化水平较低，对技术的接受能力较弱。帮扶户作为科技帮扶的重点服务对象，但对于新品种、新技术推广应用的主动性及积极性都不高。

（二）科技投入较弱，科技示范推广效应不显著

首先是滇桂黔石漠化片区农村新型合作组织科技投入较弱，由于实力较弱，人才缺乏，资金短缺，没有能力引进先进技术和工艺，也没有资金购置技术含量高的先进农机和精深加工设备，缺乏主动对接科研机构和高校的意识和动力，很多合作组织没有能力也没有信心申请和承接相关科技成果转化项目，缺乏技术规模投入，农业机械化、智能化程度低，设施农业发展滞后，农业规模化集约化程度较低。农村新型合作组织在推动农业基础设施建设和改善农业生产环境中作用不显著，土地整理、农业播种、节水灌溉、田间管理、土肥植保、收获、运输、加工、保鲜等，有效提升专业化水平不高，因此农业规模效应不显著，带动贫困户增收不显著。

其次是滇桂黔石漠化片区农村新型合作组织科技示范推广效应不显著，对帮扶户的科技示范作用较弱。究其背后原因，一是当地相关政府职能部门和机构对农村新型合作组织科技示范推广效应认识不足，够重视不够，普遍缺乏新型合作组织科技示范推广效应的激励机制和制度安排，新型合作组织科技示范推广效应的基础设施投入不足；二是农村新型合作组织对自身的科技示范推广效应缺乏足够的自觉，缺乏相关资金建立科技示范基地，在科技示范上缺乏人才支撑，对科技示范项目承接能力较弱；三是科研机构和高校等在科技示范推广方面主动对接农村新型合作组织的力度不足，帮扶户由于能力较低对科技示范推广反应冷淡，接受能力较低，应用能力较弱，效果不显著。

（三）农产品附加值较低，通过电商平台创新科技帮扶不足

首先是滇桂黔石漠化片区农村新型合作组织利用科技帮扶工程在延长

农业产业链及提高农产品附加值方面作用不显著。缺乏对延长农业产业链重要性的认识，缺乏对市场的准确把握，缺乏产业规划的相关人才，没有形成自身的核心技术，没有能力利用科技实现产业链延长和产业集群，因此农产品附加值较低，促进农户增收作用不显著。而当地政府相关部门对科技帮扶工程延长农业产业链及提高农产品附加值缺乏相关制度保障和激励措施，产业基础设施投入不足，缺乏前瞻性。

其次是滇桂黔石漠化片区农村新型合作组织通过电商平台创新科技帮扶不足，未能充分利用电子商务开展科技帮扶，以帮助帮扶户通过电子商务销售农产品。这主要是这一地区的电商服务所依赖的物流基础设施薄弱，冷链物流发展滞后，缺乏电子商务相关的技术人才和管理人才。

四、信息合作帮扶的挑战

（一）农村新型合作组织信息帮扶效应较弱

滇桂黔石漠化片区农业基础设施落后，帮扶户抗风险能力弱，农业生产受到自然影响较大，生产季节性强，鲜活产品具有易腐烂，不适合长途运输等特点，因此，农业生产面临较高自然风险。同时，由于农业生产具有周期性特点，难以灵活应对变化多端的市场行情，加之农产品市场价格容易波动，导致滇桂黔石漠化片区农业生产面临较高的市场风险，尤其是滇桂黔石漠化片区政策性农业保险制度并不完善（如政策性农业保险品种范围过于窄小，巨灾风险分散机制尚未建立，资金补贴方式落后，监管力度不够），由于农业生产具有季节性和周期性特点，尤其是种植业对自然的依赖程度较高，在播种时节对农资需要按时到位，在收获季节对产品进行及时统一收获、收购及统一出售时，更加需要合作组织的帮助，以便规避自然风险及市场风险。滇桂黔石漠化片区农村新型合作组织在帮助帮扶户分散和转移农业生产风险方面发挥了一定的作用，但由于认识上的不足，管理上的不完善，能力的限制，对信息探寻、选择、甄别、分析与传递的能力较低，有的甚至出于自身利益考量的狭隘主义，垄断和独享信息，有的缺乏设身处地为帮扶户着想的觉悟，本着"事不关己"、明哲保身、不管"闲事"的思想。调查发现，样本县没有一家是以信息服务为最主要宗旨的合作组织，信息服务往往是一种顺带的功能而已。总之滇桂黔石漠化片区农村新型合作组织往往无法利用自身的信息优势及时为农户提供市场预警和预测，信息帮扶效应较弱，没有真正发挥出来。

表5-6显示，仅有7.6%的人是从农村新型合作组织获取市场信息，大部分帮扶户获取市场信息的主要渠道是从亲友、熟人、街坊邻舍获取，这一比例高达47.8%，帮扶户由于信息探寻、选择、甄别、分析能力，仅有2%帮扶户从新闻、网络媒体等获取市场信息。需要注意的是，有将近一半从不关心市场信息，对市场信息不敏感，视若无睹，这一比例高达42.6%，足见信息帮扶任重道远。

表5-6　帮扶户信息获取渠道统计表

信息获取渠道	从亲友、熟人获取	农村新型合作组织获取	从新闻、网络媒体等获取	其他渠道	从不关心市场信息	合计
数量（户）	239	38	10	0	213	500
比重（%）	47.8	7.60	2.00	0	42.6	100

资料来源：根据实地调查数据统计整理而成。

从表5-7可见，滇桂黔石漠化片区农村新型合作组织的信息帮扶效应并未得到充分发挥，仅有4%的合作组织总是及时将重要市场信息传递给帮扶户，38.33%的见到或聊天时想到就告知帮扶户，并不重视信息帮扶效应；而值得警惕的是，有的农村新型合作组织认为不需要并从不传递市场信息给帮扶户，由合作组织掌握，这一比例高达41.67%；而有7%的农村新型合作组织认为信息属于私人资源，不能传递给帮扶户；而有9%的农村新型合作组织没有信息服务概念或意识，从不传递信息给帮扶户。足见滇桂黔石漠化片区农村新型合作组织信息服务功能亟待完善。

表 5-7 农村新型合作组织对信息帮扶的做法统计表

对信息帮扶的做法	总是及时将重要市场信息传递给帮扶户	见到或聊天时想到就告知帮扶户	不需要并从不传递市场信息给帮扶户，由合作组织掌握	信息属于重要资源，不能传递给帮扶户	没有信息服务概念或意识，从不传递信息给帮扶户	合计
数量（个）	12	115	125	21	27	300
比重（%）	4	38.33	41.67	7.00	9.00	100

资料来源：根据实地调查数据统计整理而成。

（二）信息基础设施建设滞后，帮扶户信息资源利用水平较低

首先，滇桂黔石漠化片区信息基础设施建设滞后。山区的公用移动通信基站、宽带互联网等通信基础设施建设滞后，通信网络无法满足农户的需求，无法满足农村新型合作组织远程教育和在线培训等需求，合作组织未能利用互联网信息技术为帮扶户提供常态化的远程职业技能教育培训。农户家里不具备远程教育培训和电子商务信息发布、获取与交流的条件。滇桂黔石漠化片区如何加快农村信息基础设施建设，使农村新型合作组织可以运用互联网信息技术为农户提供包括电子商务信息发布、远程技能培训、市场信息获取等信息服务，让帮扶户在移动智能终端设备上进行远程职业教育培训和搜寻所需信息，让帮扶户随时随地都能学习职业技能和销售产品，解决农村信息化的"最后一公里"问题，将是滇桂黔石漠化片区帮扶工作面前的一大难题。

其次，滇桂黔石漠化片区帮扶户信息资源利用水平较低，信息化参与力度不够。帮扶户对信息网络的应用主要局限于日常社交、娱乐、消遣、游戏等方面，而对于市场信息、致富信息、科技信息、实用技能、经营管理等相关应用信息则不感兴趣，少数对实用致富信息有所兴趣，但对信息探寻、选择、甄别、分析与运用的能力较低。滇桂黔石漠化片区农村的信息交流以下行的单向流动为主，极少有帮扶户主动运用互联网发展电子商务，整合发布农村电子商务方面的相关信息，向大众推销农产品。没有帮

扶户能通过信息网络等发出自己的声音，也无法运用信息表达诉求，在市场中处于弱势被动的地位。没有农村新型合作组织的帮助，他们将无法通过网络获得实用信息。

五、生态合作帮扶的挑战

（一）生态产业发展滞后

首先是滇桂黔石漠化片区生态产业农村新型合作组织规模小，运行机制不健全，"公司+基地+合作社+农户"的利益联结较弱，对生态农产品规模化标准化生产带动不足。高品质的有机农产品比较少，缺乏市场竞争力。建成的有机农产品和绿色农产品生产基地较少，对地理标志产品的认证和价值挖掘不足。生态产业链条较短，生态产业缺乏集群效应，纵向延伸不足，农产品多停留于粗加工阶段，精深加工不足，缺乏品牌效应，生态农产品附加值较低，专业合作社的销售渠道和议价能力有待提高。合作组织发起人和管理层一般是当地大户，文化层次不高，思想观念较为保守，经营理念较为落后，管理水平较低，创新能力不足，产业帮扶经验不足，比较缺乏懂经营、会管理、勇创新、敢担当的生态产业人才，对帮扶户的带动方式较为落后，多停留于简单的农资服务和产品收购层面，技术指导不足，对生产过程的监督控制不足，技能培训不足，对当地生态农业优势宣传营销不足，带动就业较少，利润分红方式难以充分体现惠贫性，如利润分红主要按入股份额分红，而帮扶户因贫困而缺乏入股资本，只能简单提供一些体力劳动，合作组织给帮扶户体力劳动的劳动报酬较低，较难体现对帮扶户的公平合理性，帮扶效应不显著。

其次，滇桂黔石漠化片区生态优势明显，可利用其生态优势发展特色生态旅游产业，依托农村生态旅游组织将农户组织起来实施抱团发展。然而，滇桂黔石漠化片区生态旅游产业发展滞后，生态旅游产业基础设施落后，生态旅游规模投入不足，硬件设施和管理完善的生态观光园，生态农业体验园，生态采摘园、农家乐园等比较少，盈利水平较低，生态旅游业宣传营销不足等，乡村生态旅游产业标准化组织化规模化产业化水平较低，生态旅游服务质量和服务保障水平较低，生态旅游竞争力较弱，为当地帮扶户提供大量就业机会较少，帮扶户获取工资收益较低。旅游合作社允许帮扶户加入合作组织的入股的方式较为单一，多以资金入股为主，而帮扶户最缺的正是资金，因此难以保证获得利润分红。

最后，生态健康产业开发不足，规模小，规模化及标准化程度低，辐射带动力弱，多种健康资源没有得到充分开发。生态健康产业价值链较短，主要局限于种植养殖健康产品和简单的初级加工阶段，精深加工不足，生态健康产品品牌知名度较低，带动帮扶户创造经济价值不足，就业机会少，帮扶效应较弱。

（二）生态环境脆弱制约脱贫

生态环境脆弱是导致贫困的重要根源，滇桂黔石漠化片区生态环境普遍比较脆弱，既是绝对贫困治理需要直面的重要问题，也是当前和未来相对贫困治理的重要隐患。滇桂黔石漠化片区生态环境脆弱主要体现在以下几个方面。

首先是水土流失造成的石漠化制约脱贫。滇桂黔石漠化片区水土流失导致的石漠化由来已久，滇桂黔石漠化片区由于山地面积占绝大多数，这一区域山势多陡坡，植被较脆弱，水土流失较为严重，造成土壤流失，裸石遍布，土地贫瘠。随着该区域人口的快速增长，为了满足当地居民的口粮问题，人们大量开垦荒地，特别是在山麓间的山坡上大量开垦荒地，建造梯田，大量植被遭到严重破坏；同时，人们为了满足日常能源需求，大量上山砍伐林木，剃光山头，导致岩石裸露；另外，为了得到草木灰，山麓上的灌木和草本植被遭到破坏；另外，由于防火不力，一些地方常发生山林火灾，有的农户甚至故意纵火烧山，对当地的生态环境造成严重破坏，尤其是这里以属于喀斯特石山区，山多石头，石头山一旦发生山火，不但植被遭到严重破坏，大量水土流失加速石漠化，而且山体岩石和土质也被破坏，容易造成山石崩塌和山体滑坡，造成生态灾难，并加剧石漠化，裸石遍布，土地贫瘠，加上喀斯特石山区多地下暗河，地表缺水。滇桂黔石漠化片区耕地大都是旱作耕地，可种植些玉米、红薯等杂粮，产量很低。

其次是公共基础建设和民居建设造成的次生石漠化制约脱贫。滇桂黔石漠化片区公共基础设施建设主要是指近年来的"村村通"中的村屯道路、入户公路、村屯水柜、村屯公共文体场所等，居民建筑主要是钢筋混凝土平房、混凝土晒坪、私家水柜等。所有这些建设都需要大量的石料（既包括石块，也包括把石块粉碎而成的沙子），而石料的来源都是就地取材，开山炸石，并把所炸出的石粉碎成细沙，这一加工过程都破坏了加工点的土地，所产生的废石废沙散落加工点和周边土地，形成次生石漠化。滇桂黔石漠化片区是集中连片的大石山区，地势险恶，大多数村屯公路盘山悬崖，挂壁修建，需要大量开山炸石，所得石料大大超过垒地基所需的石料，成为废弃石块，被弃于路基下方的半山腰的耕地、林地或草地，成为次生石漠化。

（三）垃圾污染制约脱贫

滇桂黔石漠化片区生态环境脆弱既有自然方面的原因，也有人为方面的原因，主要体现在生产生活垃圾污染环境。滇桂黔石漠化片山区居民点没有进行垃圾回收处理，更没有进行分类处理，田间地头、房前屋后、路面道旁等随处可见人们随意乱丢的生活垃圾和生产垃圾，特别是有害的垃圾如电池、塑料、农药瓶等各种有害垃圾随意乱丢。居民也没有认识到这些垃圾的危害和垃圾回收及分类处理的必要性，有的人则直接将垃圾就地进行焚烧，这同样会产生大量有害气体，这些有害气体直接污染当地空气。另外，滇桂黔石漠化片区多数居民点没有建立相应的化粪池，人畜粪便未能得到妥善处理。由于循环农业发展滞后，农户受资金和技术的限制，导致养殖业与种植业分割，要么只从事种植业，要么只从事养殖业，种植农户和养殖农户之间缺乏协作，导致牲畜粪便没能得到循环利用，有的养殖户直接将大量牲畜粪便随便排放。同时，农民大量使用除草剂、杀虫剂等农药，污染当地土壤，造成地力下降，不利于发展生态农业。牲畜粪便和农药还影响饮用水源，特别是由于滇桂黔石漠化片区山地的地形地势特点，居民居住点多呈垂直分布，有的居住点地势较高，有的居住点较低洼，居住低处居民的饮用水源容易受到高处居民点牲畜粪便污染，从而影响居民身体健康。生活垃圾及生产垃圾对土壤的污染非常不利于当地发展有机农业，降低农产品竞争力，影响农民增收。同时，环境污染直接影响当地农民的身体健康，一些村屯癌症发病率远高于城市，还有各种疑难杂症等的发病率也较高，这和当地环境污染特别是水源污染不无关系。

（四）农村空置混凝土建筑制约脱贫

滇桂黔石漠化片区有大量的常年无人居住的钢筋混凝土民房，这些居民的主人在外工作或经商，其家里的承包耕地和林地已经丢荒或半丢荒（随便种点经济林如核桃，平时不加管护）或让他人代为耕种。一家人长年不在家居住，只是到了春节或清明节时才有人回来焚香拜祖一下，然后匆匆返回城里或镇上。他们大多已经在镇上跟周边农民买地建房（大多是集体用地，属于违建），或在城里购买商品房，经济条件差一点的则在城里或镇上租用民房。他们之所以搬到城里或镇上居住，一是在家务农搞种养收入太低，二是城里或镇上才方便小孩上学，而老家的山弄里由于种种原因没有开设幼儿园。山弄里的小学距离家比较远，要翻山越岭，道路险恶，接送不方便，而镇上的教育条件要比山弄里好多了，家里的老人随迁主要帮带小孩或方便照顾老人。所以老家长年关门，无人居住，而这些房子的大多是钢筋混凝土房子，加上混凝土晒坪，这对于空间范围本来就小的大石山区来说，占地面积不小。对于房子主人来说，房子的价值是给他们一种心理上的叶落归根的安慰感和拜山祭祀祖先之地。一些房子的主人由于自己逐年老去，而自小在城里或镇上长大的孩子则更不愿意回山弄里看看老房子，这些房子成了永久丢弃的状态。由于一些土木结构的老房子倒掉了还可以复垦，但钢筋混凝土的平房以及晒坪则非常坚固，很难再复垦。我们将滇桂黔石漠化片区的这种遗弃半遗弃状态的房子称为空置民房或半空置民房（表5-8）。值得注意的是，滇桂黔石漠化片区无论是建档立卡帮扶户还是非建档立卡的农户，只要在老家还未建设水泥平房的，等在外务工或经商有了一定的积蓄或精力后，都陆续到老家建设水泥平房，以作为"老家根基"，春节或清明时回去祭祀祖先之用。即使有部分房子仍然有人值守，但大多是身体尚且硬朗的老人在家留守，一旦老人动弹不了，子女便将老人接走。这些空置房子不但对生态环境形成压力，而且对于刚从绝对贫困线上脱贫的相对帮扶户而言，是一笔不小的开支，甚至可能会恶化家庭财务状况，使其返贫，重新沦为帮扶户。即便是原来非建档立卡的相对帮扶户，也有可能因此沦为绝对帮扶户。

表5-8 都安县20个贫困山村水泥平房占比和平房空置率（%）

村屯名称	仁业	安仁	安太	安业	安居	福民	宜江	加茶	五峒	金竹
平房占比	98.0	100.0	95.0	94.9	96.4	97.7	94.5	100	99.0	100
平房空置率	78.9	72.3	67.4	63.0	73.0	77.6	67.1	71.0	65.6	58.7
村屯名称	八达	安福	波烟	加庭	复兴	合旺	加全	顺安	九光	上第
平房占比	98.8	99.0	97.1	100	96.9	99.5	99.6	98.7	94.8	99.1
平房空置率	68.6	71.0	75.2	66.7	79.1	60.1	72.0	77.8	64.3	70.2

资料来源：根据实地调查数据统计整理而成。

营造一个良好的生态环境，走质量帮扶、绿色帮扶之路，这本身是帮扶工作的题中应有之义。绿水青山就是金山银山，保护好生态环境，是帮扶地区持续脱贫的重要保证。

因此，滇桂黔石漠化片区生态环境改善非常有赖于对农业生产环节的指导和管理。农村新型合作组织只有通过指导农户标准化生产操作，正确适量使用农药，减少污水废气排放，这对于能否生产出高品质的农产品，营造一个良好的生态环境至关重要。滇桂黔石漠化片区一些地方在这方面已经初见成效，而另一些地方因为不当的生产造成生态破坏，存在着返贫的风险。调查发现，多数农村新型合作组织对于其所承载的生态帮扶功能并不自觉（见表5-9），不以追求生态效益为目标，有的农村新型合作组织片面规模种植无视其生态环境保护问题，不当排污，违规操作，反而造成当地水资源污染和土壤污染。对300家样本新型合作组织的调查结果显示，大多数新型合作组织根本无视这个生态帮扶功能这个问题（见表5-9）。有些新型合作组织意识到生态功能重要，但并未采取相关措施。

表5-9　农村新型合作组织对生态功能的态度

态度	重要，并采取相应措施	重要，但无相关措施	我们是经济类组织，生态功能与我无关	没有意识到生态功能	不重要，当地没有生态问题
数量（个）	30	58	75	132	5
比重（%）	10.00	19.33	25.00	44.00	1.67

资料来源：根据实地调查数据统计整理而成。

可见，滇桂黔石漠化片区农村新型合作组织生态帮扶效应弱化，绿色帮扶效应不强。农村新型合作组织没有依托生态优势发展生态产业，一些地方生态遭破坏并制约绿色农业和有机农业生产，农产品缺乏竞争力，循环经济、绿色经济发展很滞后，生活环境质量变低；农村新型合作组织生态帮扶效应弱化，将导致无法推进农业产业结构优化升级。

六、旅游合作帮扶的挑战

（一）旅游业产业链较短，对帮扶户带动效应弱

滇桂黔石漠化片区旅游业产业链较短、覆盖面较小、对帮扶户带动效应弱。旅游开发投入不足，旅游基础设施建设滞后，丰富的旅游资源没有

得到充分开发。旅游资源开发主要局限于一些城市周边的乡村休闲旅游及一些特色非常突出的民族村寨文化游，主要集中于休闲观光与美食文化。农户的受益渠道多以小规模农家乐与农副产品销售为主。旅游项目和景区开发普遍存在小、散、弱、浅、差等现象，缺乏精品项目支撑，缺乏深入挖掘价值和延伸拓展产业链，零星分散，带动力不强，缺乏辐射力。对于脱贫人口集中的山区，旅游开发更为滞后，这里的探险旅游资源（洞穴探险、地下河探险）、山地运动旅游资源、健康旅游资源、特色美食文化、原生态民族文化、山地生态旅游资源等开发更为滞后。脱贫人口的旅游收益将难以得到持续保证。另外，乡村道路难以通旅游大巴，且没有大型停车场。

（二）旅游合作社数量少，规模小，实力弱

滇桂黔石漠化片区旅游合作社类型少，规模小，实力弱，管理不规范，制度建设滞后。都安县旅游类合作组织仅有 8 家，资金规模皆在 50 万元以内。已出现的少量旅游合作社主要是依托景区、生态观光园区、生态农业体验园、生态采摘园成立的。而依托于其他旅游服务业成立的合作组织，如美食合作社、农家乐合作社、纪念品及旅游礼品合作社、民宿合作社、乡村旅行社合作组织、乡村旅馆合作组织、旅游纪念品合作社、健康养生类合作社等比较缺乏。对帮扶户的相关从业技能培训较少，乡村生态旅游产业标准化、组织化、规模化发展不足，旅游服务质量和服务保障水平较低，旅游合作社对帮扶户的带动不足，为帮扶户提供就业机会较少，帮扶益贫效应不明显。旅游合作社与景区及帮扶户的利益联结机制缺失。

（三）帮扶户介入旅游产业链层次较低，参与能力不足

滇桂黔石漠化片区帮扶户介入旅游产业链层次较低，参与能力不足。参与旅游帮扶的机制不完善，这是制约旅游帮扶的内在因素。在已经开发起来的旅游帮扶项目和景区，帮扶户仅仅是被动参与到一些简单的体力劳动项目中，而不是作为旅游帮扶产业活动主体进入到旅游帮扶项目开发

中，或参与到多种旅游发展项目的决策中，缺乏对于旅游帮扶景区和旅游帮扶项目开发的深入了解。帮扶户从旅游合作组织中所接受的相关从业技能培训较少，在旅游产业链上所获得的就业机会较少，工资收入较低，一般单纯以劳动者身份参与旅游项目和旅游景区开发，无法获得较高的经济效益。旅游帮扶项目开发的主动性受到制约，导致旅游帮扶效果不显著。由于只能以不动产和资金入股旅游合作组织，不能以技艺等入股旅游合作组织，参与旅游项目开发，帮扶户所获得旅游合作组织利润分红收益较低，所获得的旅游帮扶收益较少。由于获取产业发展信息和参与途径不完善，帮扶户的个体能力差异，资金和健康产业意识不足等原因，帮扶户参与健康产业的能力及积极性不高，如何使帮扶户无障碍地参与健康产业发展，分享健康产业发展所带来的红利，带动脱贫增量，这是健康帮扶所需要解决的核心问题。

（四）交通基础设施落后，旅游接待设施和服务能力薄弱

交通落后是滇桂黔石漠化片区旅游帮扶开发重要限制因素。滇桂黔石漠化片区地理环境多为大石山区，地形崎岖，地势险峻，相隔较远，贫困村与旅游目的地之间的交通可达性较差，旅游通勤时间较长，各地虽然基本已经达到村村通公路，但旅游道路等级较低，旅游巴士通行难度较大，公共交通滞后，自驾车也通行不畅。另外，滇桂黔石漠化片区旅游接待设施和服务能力薄弱，贫困村停车场、垃圾处理、公共厕所等公共基础设施薄弱。水、电、网等基础设施都比较薄弱，贫困村居住条件较差，旅游配套设施落后，旅游接待能力较弱，服务水平有限，这严重制约当地旅游业发展。

七、健康合作帮扶的挑战

（一）大健康产业发展滞后，帮扶效应不显著

首先是产业规模小，健康产业链也比较短。滇桂黔石漠化片区健康产

业资源丰富，并分布着很多个"长寿之乡"，是中国"长寿之乡"分布最密集的区域，长寿食品较多。这一区域有壮医、瑶医、苗医等多种民族医药，多数地方空气和水质较好。然而与此形成鲜明对比的是，这里的大健康产业发展比较滞后，产业规模小，健康产业链也比较短，一般多局限于若干个"长寿之乡"，且多止于一些长寿食品种植和销售上，而对于健康文化挖掘、健康疗养、生态养生、健康旅游等则开发不足、长寿食品附加值较低，民族医药产业规模小。总之，滇桂黔石漠化片区健康产业在带动帮扶户就业和增收较弱，脱贫效应不显著，产业发展基础设施比较滞后，比如在滇桂黔石漠化片区帮扶中所推进的山区道路、水网、电网、网络通信等，主要分布于居住区域。而对于生产区域（如种植和养殖），则产业基础设施配套比较薄弱，一些特色农业产业因无产业基础配套设施而无法实现产业化发展。总体上看，滇桂黔石漠化片区大健康产业发展滞后，给帮扶户所创造的就业和创业机会比较少，因此带动农民增收的作用不强，大健康产业帮扶带动作用不显著。

其次是健康产业类合作组织起步晚，数量比较少，大多规模小，实力弱，管理不规范，制度建设滞后。都安县健康产业类合作组织仅有 5 家，资金规模皆在 50 万元以内，主要是中草药种植合作组织，且大都分布于城镇或城镇周边两三公里范围内，一些中草药种植合作组织和一些健康食品合作组织。这些健康产业类合作组织，对帮扶户参与的门槛较高，对帮扶户相关技能培训较少，对吸收帮扶户就业创业和带动帮扶户增收的有一定的帮助，但由于缺乏资金、技术与人才，缺乏带头能人，缺乏相关经验和技术。

最后帮扶户介入健康产业链程度较低，帮扶户从就业机会较少。帮扶户从健康合作组织中所接受的相关从业技能培训较少，在健康产业链上所获得的就业机会较少，工资收入较低，健康帮扶项目开发的主动性受到制约。一般单纯以劳动者身份参与健康项目开发中，无法获得较高的经济效益，帮扶户所获得健康合作组织利润分红收益较低，所获得的健康帮扶收益较少，导致健康帮扶效果不显著。

（二）因病致贫及因病返贫制约乡村振兴

因病致贫因病返贫是滇桂黔石漠化片区贫困治理中不容忽视的重要问题。在我们调查的 500 个帮扶户中，有 58% 的帮扶户家里有人身体有病，需要经常服药，有的疾病的程度比较严重的，导致患者无法参加体力劳动。由于滇桂黔石漠化片区地势恶劣，地形崎岖，无法机械化作业，农民劳动主要是原始的体力活，大多需要肩挑背扛，劳动强度很大，长年累月的高强度体力劳动，很容易导致各种骨科疾病特别是腰椎病、脊椎病、关节疼痛、痛风等，同时引起腰肌劳损等各种疲劳性疾病，而在地势恶劣、地形崎岖的大石山区，一旦患上这些疾病，便意味着永久丧失体力劳动能力，沦为贫困家庭。

表 5-10 　帮扶户与非帮扶户家庭成员身体健康状况比较调查统计表　单位：%

	有 1 人身体患病需要长期服药	有 2 人身体患病需要长期服药	有 2 人身体患病需要长期服药	有 3 人以上身体患病需要长期服药	身体不太健康，但无需长期服药	身体比较健康，无需服药
帮扶户	33.0	9.5	9.5	1.5	37.0	19.0
普通户	1 人身体患病需要长期服药	2 人身体患病需要长期服药	2 人身体患病需要长期服药	3 人身体患病需要长期服药	身体不太健康，但无需长期服药	身体比较健康，无需服药
	12.5	3.5	3.5	0	32	52

注：非帮扶户：脱贫攻坚时期的非贫困户。
资料来源：根据实地调查数据统计整理而成。

在调查中，著者对都安县永安镇 200 个帮扶户与 200 个非帮扶户的健康状况进行了比较，结果见表 5-10。统计数据表明，贫困家庭的健康状况要比非贫困家庭健康差，从表 5-10 可看出，帮扶户中有 44% 的家庭有 1 人及以上长期患病并需要服药，而非帮扶户中，有 16% 的家庭存在成员患病现象，可见滇桂黔石漠化片区帮扶户贫病交加或因病致贫的现象比较常见。

在本研究中，著者还对帮扶户和非帮扶户的身高进行了比较，统计样本包括 200 个帮扶户 20 岁至 40 岁成年男子和 200 个非贫困人员的 20 岁至 40 岁成年男子；200 个 20 岁至 40 岁帮扶户成年女子和 200 个 20 岁至 40 岁非帮扶户成年女子。统计数据表明（详见表 5-11），与非帮扶户相比，帮扶户成年男性和女性的身高都普遍明显偏矮，帮扶户成年男性平均身高 162cm，非帮扶户成年男性平均身高 166cm，帮扶户成年女性平均身高 155cm，非帮扶户成年女性平均身高 159cm。有 47.5% 的帮扶户成年男性身高低于 159cm，占比高于非帮扶户 13 个百分点，帮扶户身高 160cm 以上的成年男性占比 52.5%，比非帮扶户低 13 个百分点；有 79% 的帮扶户成年女性身高低于 159cm，占比高于非帮扶户 15 个百分点；有 21% 的帮扶户成年女性身高达 160cm 以上，占比低于非帮扶户 15 个百分点。

表 5-11　帮扶户和非帮扶户成年人身高比较调查统计表

帮扶户 成年男性	身高（米）	1.39 以下	1.40—1.49	1.50—1.59	1.60—1.69	1.70—1.79	1.80 以上
	占比（%）	0.5	4.0	43.0	42.0	10.5	0.00
非帮扶户 成年男性	身高（米）	1.39 以下	1.40—1.49	1.50—1.59	1.60—1.69	1.70—1.79	1.80 以上
	占比（%）	0.00	1.5	33.0	47.0	17.5	1.0
帮扶户 成年女性	身高（米）	1.39 以下	1.40—1.49	1.50—1.59	1.60—1.69	1.70—1.79	1.80 以上
	占比（%）	1.0	12.0	66.0	19.0	2.0	0.0
非帮扶户 成年女性	身高（米）	1.39 以下	1.40—1.49	1.50—1.59	1.60—1.69	1.70—1.79	1.80 以上
	占比（%）	0.0	3.0	61.0	31.0	5.0	0

资料来源：根据实地调查数据统计整理而成。

由此可见，滇桂黔石漠化片区贫困的一个重要原因是源于身体（如健康和身高），而贫困反过来又影响身体，如营养摄取不足而影响体能和精力，还影响下一代的身高、健康、精力、智力等的发育。从表 5-12 可以看出，无论是男童还是女童，在各个年龄段，帮扶户儿童身高都低于非帮扶户儿童身高，帮扶地区都安县的儿童身高低于非帮扶地区宜州区的儿童身高。从表5-13可以看出，无论是男童还是女童，在各个年龄段，帮扶户儿童体重都小于非帮扶户儿童体重，帮扶地区都安县的儿童体重小于非帮扶地区宜州区的儿童体重。

表5-12 帮扶户儿童、非帮扶户儿童和非石漠化片区儿童平均身高比较

年龄（岁）	2		4		6		8		10		12	
性别	男	女	男	女	男	女	男	女	男	女	男	女
帮扶户儿童（cm）	83.8	83.5	97.8	97.5	110.5	109.1	122.0	122.3	132.8	133.0	145.5	144.1
非帮扶户儿童（cm）	85.1	85.3	99.8	99.5	112.9	110.8	122.8	123.5	133.7	134.5	146.8	145.7
河池市宜州区儿童（cm）	87.8	87.1	101.8	100.5	114.6	113.8	123.3	124.3	134.8	135.9	147.0	146.9

注：都安县帮扶户儿童200个，非帮扶户儿童200个，河池市宜州区（非帮扶地区）儿童200个。
资料来源：根据实地调查数据统计整理而成。

表5-13 帮扶户儿童、非帮扶户儿童和非石漠化片区儿童平均体重比较

年龄（岁）	2		4		6		8		10		12	
性别	男	女	男	女	男	女	男	女	男	女	男	女
帮扶户儿童（cm）	11.0	10.5	14.9	14.3	18.4	18.2	24.3	24.4	29.5	29.6	35.5	35.4
非帮扶户儿童（cm）	11.5	11.0	15.0	14.9	18.8	18.3	24.4	24.6	29.8	29.8	35.8	35.8
河池市宜州区儿童（cm）	12.5	11.8	16.1	15.1	19.9	19.9	25.0	25.1	30.5	29.9	36.1	35.9

注：都安县帮扶户儿童200个，都安县非帮扶户儿童200个，河池市宜州区儿童200个。
资料来源：根据实地调查数据统计整理而成。

另外，贫困导致无钱治病，影响家庭成员的健康，这是一个恶性循环的过程。同时，由于多数农民自小便参加体力劳动，长期的肩挑背扛和超负荷劳动使他们骨骼还在发育的未成年阶段便受损而发育迟缓，导致驼背或发育停顿，非常影响形象和自信心。同时，长期的艰苦生活和高强度的艰辛劳动，加上滇桂黔石漠化片区长期以来的物质匮乏而导致的营养不良，这些同样影响到人体的形象和自信心。只要是人类社会，形象和各种心理因素如自信等便成为个体发展的重要资源，同时也是家庭经济发展能力的重要资源。

（三）基层医疗基础设施薄弱、医疗卫生服务体系落后

滇桂黔石漠化片区基层医疗基础设施薄弱、医疗卫生服务体系落后，医疗卫生条件较差，卫生资源配置服务效率较低，医疗机构、医疗设施及资源严重缺乏，公共卫生服务与健康帮扶融合度不足，医务人员缺乏，医疗卫生人才不足，公共卫生服务项目实施质量不高，难以满足农户的医疗保障需求。脱贫人口健康素养水平较低，缺乏基本的卫生保健常识，维护自身健康能力较弱；医疗卫生观念落后，重治疗，轻预防，缺乏定期常规体检，对疾病的预防不足；没有形成健康生活方式，沾染抽烟酗酒等各种不良的生活习惯，口味过重，好吃辣椒，喜吃高盐、高糖、高辣、高油食物。帮扶户高血压、高血脂、高血糖等三高人群渐多，"富贵病"进穷人家，慢性病签约管理不到位，导致因病致贫和因病返贫。

八、人口合作帮扶的挑战

（一）大龄生育制约脱贫持续性

滇桂黔石漠化片区脱贫中的一大障碍是生育成本较高，包括大龄生育导致生育成本较高和不孕不育症治疗导致生育成本过高。从遗传学的角度讲，在育龄阶段生育年龄越小，变异性越大，所谓变异性一般是把父母的优点和优良的部分遗传下来，传给后代一代更比一代强；把父母已有的不

足之处变异掉；相反年龄越大，则变异性越小，也就是说把父母双方的不足和缺陷传下来的机率也就越大。现实生活中，发现有些孩子集中父母双方的优点，一代更比一代优秀；而另一些孩子则集中代表了父母的不足，就是这种遗传作用的结果。

由于男女比例结构失调导致男性结婚年龄后推，被动晚婚晚育，有相当数量的男性一直单身到 35 岁以后，甚至四五十岁才有机会结婚，这对于生育非常不利。从遗传学角度讲，男性最佳生育年龄为 30~35 周岁，这是因为男性精子质量在这一时期达到高峰，如果男性年龄过大，男性过了 35 岁，体内的雄性激素也开始衰减，平均每过 1 年其睾丸激素的分泌量就下降 1%。男性年龄过大时，精子的基因突变率相应增高，精子的数量和质量都得不到保证，精子的活力会减退，胎儿各种疾病的发生率亦会相对增大，如精子异常，受孕后容易发生流产、早产和婴儿先天畸形，还会发生软骨发育不全、先天性耳聋和先天性心脏病等，对胎儿的健康也会产生不利。这对于备胎成本形成较大压力，加重被动晚婚晚育的家庭的经济负担，导致加重贫困或返贫。

表 5-14 调查统计数据表明，相较于父亲年龄小于 35 岁生育，滇桂黔石漠化片区父亲年龄大于 35 岁才开始生育孩子的，从备孕到 1 岁的生育费用较高得多。从备孕到 1 岁的生育费用，父亲年龄超过 35 周岁的，约有72%的家庭的生育费用在万元以上，而有 15%的家庭的生育费用在 2 万元以上，这样的费用对于滇桂黔石漠化片区的帮扶户来说，是一笔比较大的开支，容易导致农户因生育而沦为帮扶户。特别是该地区男性超过 35 岁才开始生育的，大都是帮扶户，如此的生育费用无疑是一笔较大的开支，对于脱贫很不利，容易导致返贫。

表 5-14 滇桂黔石漠化片区农户头胎从备孕到 1 岁的生育费用

生育费用（万元）	0—0.5	0.51—1.0	1.1—1.5	1.6—2.0	2.1—2.5	2.6—3.0	3.1 以上
父亲年龄>35 岁的占比（%）	10.0	18.5	34.5	22.0	10.0	3.5	1.5
父亲年龄≤35 岁的占比（%）	24.5	22.5	25.5	18.0	7.0	1.5	1.0

注：1 年龄>35 岁的样本为 200 个，年龄≤35 岁的样本为 200 个，样本来自滇桂黔石漠化片区都安县、马山县、大化县农户。此处的医疗费不包含疫苗的费用。

2 生育直接费用在此主要包括发生在医疗医护等的直接费用。

资料来源：根据实地调查数据统计整理而成。

　　滇桂黔石漠化片区除了男性大龄生育导致生育成本过高影响脱贫外，同样，女性大龄生育导致生育成本过高也影响脱贫，由于环境恶劣，一般正常的年轻女子大都外嫁他乡，留在大石山区结婚的女子，有相当一部分是有自身的原因，比如生理缺陷、身体残疾、或其他较严重的疾病，或心智方面的缺陷，这些都有可能遗传给子代，造成下一代的子女身心不健康。还有一种是女子再婚，留在大石山区再婚的女子大多是丧偶，所以再婚时一般年龄超过 30 岁，而从遗传学角度讲，女性受孕年龄在 23~30 周岁之间为好。因为随着年龄的增长，卵泡在卵巢中积存的时间过长，卵细胞也会衰老，卵子染色体衰退，致使染色体发生老化，出现衰退，一些遗传疾病发生的机会随之增加，年龄越大，遗传物质发生突变的机会也随之增多，导致先天愚型和各种畸形儿的产生，而且容易出现分娩危险、早产、流产等。特别是母亲年龄过大，胎儿智力发育障碍的发生率就会增加，有可能造成智力低下和其他神经系统发育异常。而且，年龄过大生育还出现一个问题，即亲子间出现过大的代沟，当孩子十几岁时，父亲母亲已经五六十岁，和孩子的代沟很大，这很不利于孩子的身心健康，养育成本会大幅提升，加重农民负担，引发贫困或返贫。

（二）不孕不育症治疗制约脱贫持续性

不孕不育症治疗导致生育成本过高，而且延迟育龄，导致生育质量下降，这是不孕不育症导致贫困的机制所在。

由于长期单身造成生活作息没有规律，抽烟酗酒等因素的影响，这更容易引发不孕不育症，导致备孕和生育的费用更高，且很影响胎儿健康。同时，这种情况下，备孕周期更长，对孕前调养身体要求更高，备孕对作息提出较高要求，给工作生活带来不方便。比如不能熬夜，而滇桂黔石漠化片区大龄单身男性大多是农民工，需要上夜班或晚上加班做工，很容易耽误做工，不少在珠三角制造业企业上班的滇桂黔石漠化片区大龄备孕男性，在备孕时不得不辞去工作，因为这些企业很多是需要上夜班的，需要三班倒轮换夜班，进而影响收入。即使成功受孕生下孩子，孩子健康状况往往欠佳，身体发育往往低于平均水平，孩子的发育过程会相对迟缓，养育更为艰辛，育儿的成本会高，这也是导致贫困或返贫的重要因素。

表5-15调查统计数据表明，滇桂黔石漠化片区35岁以上生头胎的受孕（即从计划生孩子到怀上孩子）时间平均时长为12个月，75%的35岁以上始生头胎的男性需要医治或特意休养才能受孕，其中有27%受孕时间长达一年以上，7%受孕3年以上仍然怀不上。而35岁以下（含35岁）要头胎的受孕时间平均时长为4个月。

表5-15　滇桂黔石漠化片区农村男性头胎备孕时长

受孕时长（月）	0个月	1—3个月	4—6个月	7—12个月	13—24个月	25—36个月	37个月以上
年龄>35岁备孕头胎的占比（%）	25.0	17.5	20.5	10.0	12.5	8.0	6.5
年龄≤35岁备孕头胎的占比（%）	53.5	19.5	13.5	6.0	4.0	3.0	0.5

注：1、受孕在此指从计划要孩子到怀上孩子，身体调理主要指因不孕不育或较难受孕而需要到医院医治或有意休养调理的情况。

2、年龄>35岁的样本为200个，年龄≤35岁的样本为200个，样本来自滇桂黔石漠化片区都安县、马山县、大化县农户。

资料来源：根据实地调查数据统计整理而成。

（三）近亲生育制约脱贫持续性

除了恶劣自然环境下高强度劳动导致的疾病外，滇桂黔石漠化片区还因为近亲婚配率较高，因而遗传性疾病较多，这是当地贫困的一个重要原因和脱贫的障碍。由于历史上滇桂黔石漠化片区环境恶劣，交通闭塞，市场经济还未建立，加上这里是少数民族聚集区，这里的人口流动率比较低，人们活动空间比较闭塞，婚姻上可选的范围基本上只能囿于一个小范围内的婚龄人口。同时，"亲上加亲""肥水不流外田"等落后文化观念的影响，特别是一些少数民族存在着一种"女儿优先嫁给舅舅家"的不成文的落后文化观念的影响，导致这里在上世纪 90 年代之前结婚的，有相当一部分是准近亲结婚（如隔 4 代或 5 代），甚至在 1980 年之前结婚的，有不少夫妇是三代以内的近亲结婚。历史上有些村屯基本保持婚姻"自给自足"的状况，虽然这里是多个少数民族混杂聚集区，但由于文化观念的差异，历史上不同民族间的通婚比较少，近亲婚配率并没有因为多民族混居而得到稀释。

虽然我国法律只禁止三代或三代以内有共同的血缘关系的结婚，对 4 代及 4 代以上有共同血缘关系的法律并不禁止结婚，但是从医学的角度来说，这样的婚姻同样会对后代健康构成一定程度的威胁，孩子患遗传性疾病概率会明显高于无血缘关系的婚配。

我们的调查发现，滇桂黔石漠化片区帮扶户存在亲缘结婚或准亲缘结婚的比率要高于非帮扶户，农村（山区）亲缘结婚率也高于城镇的亲缘结婚率。55.0%的山区帮扶户夫妇在 6 代以内存在着亲缘关系，细究起来，双方是从表亲、远房表亲或远房堂亲。42.5%的山区非帮扶户夫妇在 6 代以内存在亲缘关系，29.5%的城镇夫妇在 6 代以内存在亲缘关系，山区帮扶户夫妇的亲缘率远高于非帮扶户和城镇家庭夫妇的亲缘率，山区帮扶户 3 代以内夫妻亲缘率达到 2.5%，远高于我国农村 1.2%的平均水平（详见表 5-16）。

表 5-16 滇桂黔石漠化片区婚配亲缘关系统计表

亲缘关系（代）	≤3	4~6	≥7
山区帮扶户（%）	2.5	52.5	45.0
山区非帮扶户（%）	1.5	41.0	57.5
城镇家庭（%）	1.0	28.5	70.5

注：山区帮扶户、山区非帮扶户、城镇人口，每组的样本各为 200 对夫妻，样本来自于都安县。

资料来源：根据实地调查数据统计整理而成。

近亲婚配会增加某些常染色体隐性遗传疾病的发生风险，夫妇两人携带相同的隐性致病基因的可能性很大，这些隐性致病基因容易在子代相遇，从而导致后代遗传病的发病率升高。由于每个正常人身上可能携带有几个甚至十几个有害的隐性等位基因，近亲通婚会使得这些隐性等位基因相遇概率大为提高，并导致遗传上的异常。人类的核基因组一半来自母亲，一半来自父亲，在近亲通婚的情况下，两个相同有问题的基因结合到一起的概率远远大于非近亲通婚的人。

由于我国只是禁止三代近亲以内结婚，所以 4 代以上旁系血亲结婚，我国法律并未禁止，也不违背公序良俗的，但从医学的角度看，这样的婚姻同样会对后代产生一些不良影响。

因此，人口质量是滇桂黔石漠化片区贫困的重要微观因素，可以说，滇桂黔石漠化片区帮扶问题不仅仅包括宏观上的帮扶政策和中观层面的经济带动，更为根本的是微观层面的人的重塑。

（四）男女比例结构失调制约脱贫持续性

人口结构对滇桂黔石漠化片区脱贫的制约主要包括适龄未婚男女比例结构过度失调，导致结婚成本过高及单身群体现象，进而导致家庭经济发展的后劲不足。

表 5-17 滇桂黔石漠化片区男女性别比统计表（2020 年）（单位：%）

地区	男女性别比	地区	男女性别比	地区	男女性别比	地区	男女性别比
河池市	115.49	文山州	115.77	三江县	110.33	师宗县	110.9
百色市	113.8	隆安县	109.46	龙胜县	113.33	罗平县	113.26
安顺市	114.95	马山县	111.56	资源县	114.24	屏边县	111.43
黔西南州	108.30	上林县	108.34	宁明县	108.76	泸西县	112.19
黔东南州	114.54	忻城县	110.44	龙州县	104.77	合计	111.49
黔南州	112.76	融安县	112.65	大新县	107.15		
六盘水市	110.7	融水县	111.24	天等县	113.13		

注：男女性别比是以女性=100，河池市统计不包括宜州区，因为宜州区不属于帮扶地区。

资料来源：根据 2020 年 5~6 月各地发布的国民经济和社会发展统计公报数据及极个别地方（屏边县与泸西县等）的电话和委托调查数据整理而成。

首先，滇桂黔石漠化片区适龄未婚男女比例结构过度失调导致结婚成本过高，特别是彩礼费高昂，帮扶户不堪重负。由于传统的重男轻女落后思想，滇桂黔石漠化片区男孩的出生率要大于女孩，滇桂黔石漠化片区男女比例结构严重失调（见表 5-17）。这种结构失调主要由两个原因，一是女性外嫁导致的适龄未婚男女比例结构过度失调，二是源于新生儿的性别比例失调。对于女性外嫁导致的适龄未婚男女比例结构过度失调，这主要是由于地理环境比较恶劣。女孩子长大到适婚年龄时，大都选择嫁到大石山区以外的地方，嫁到非帮扶地区，或嫁到城市，结果导致滇桂黔石漠化片区大龄单身男性数量快速上升，男女比例更加失调。对于新生儿的性别比例失调，这主要是源于重男轻女观念而导致在人口出生这一关口上就已经出现男女比例失调。适龄未婚男女比例结构过度失调导致滇桂黔石漠化片区有大量的"剩男"存在。这些"剩男"在婚姻上要面临两个最严重的问题，一是未婚女人太少而难打对象，二是来之不易对象要面临高昂的彩礼费。虽然属于帮扶地区，但结婚的彩礼费却非常昂贵，彩礼费都在 10 万元左右，如都安、大化、马山、河池这几个县（区）的甚至比周边非贫困县（区）还略贵 1~2 万元，原因是帮扶地区男女比例失调比非帮扶地区更严重，男方在婚姻中的角逐更激烈，对于帮扶地区和帮扶户来说，高昂的彩礼费给家庭带来的负担显然大得多了。高昂的彩礼费让帮扶户的男方家庭望而生畏，要么背负沉重债务，结果导致因婚致贫或因婚返贫。

其次是男女比例结构过度失调导致男性单身群体现象。家庭经济发展的后劲不足。大龄单身男性数量快速上升，由于无需抚养孩子，加上没有老婆持家，很多人生活目标不明确，赚钱动力不强，得过且过，没有长远规划。随着父母老去或相继过世，这些人缺乏家庭亲情关爱与寄托，难以自持，在生理与心理的驱使下，更容易堕落，沦为贫困群体。

（五）人口老龄化制约脱贫持续性

老年贫困也是贫困的一种形态，滇桂黔石漠化片区同样出现农村人口老龄化现象。人口老龄化不但带来了劳动人口短缺和老化的问题，而且增加帮扶户家庭医疗支出的负担，劳动力的减少导致劳动收入的减少，同时还导致赡养支出和医护支出的增加，特别是随着空巢老人数量的增加。滇桂黔石漠化片区农村机构养老落后，家政服务业发展滞后，这将直接导致老年人的日常护理问题突出，护理成本很高。在此几重作用下，农村家庭很容易陷入贫困，脱贫家庭也容易重返贫困，因老致贫，因老返贫，这是滇桂黔石漠化片帮扶工作需要警惕的问题，也是帮扶工作面临的一个挑战。

九、文化合作帮扶挑战

（一）文化产业帮扶发展滞后

一是特色文化资源未能充分开发，价值链短。滇桂黔石漠化片区是多民族聚集区是特色文化资源富集区，具有较大的开发前景和潜力。然而，受经费、人员、重视程度的影响，当地文化资源开发比较不足。当地文化产业发展滞后，文化产品缺乏市场竞争力，文化产业链不长，文化价值链挖掘不足，民族文化和民间文化缺乏有效的宣传和包装，没有得到充分发掘和利用。当地基层政府及群众对开发利用民族民间文化资源的综合效益认识不足，文化旅游开发较晚，发展后劲不足，文化资源未能有效地变成资产，对帮扶户的帮扶效应不强。红色基因没有得到更好的传承。滇桂黔石漠化片区有多个革命老区，这里是红色文化资源的富矿，但这些红色资源的开发、利用却未能引起足够重视，部分地区开发利用低效无序。作为文化组织载体的农村新型合作组织在开发原生态民族文化资源中作用不明显，在推动当地文化产业繁荣中尚有更大作为空间。原生态特色民族文化商业演出开发不足，没有形成当地文化旅游品牌，美食文化开发不足，经济效益不明显，非物质文化遗产缺乏保护性开发不足，其潜在的经济价值没有得到体现。

二是滇桂黔石漠化片区文化产业合作社发展滞后。文化合作组织数量稀少，规模小，实力弱，管理不规范，制度建设滞后。都安县文化产业类合作社仅有12家，资金规模皆在50万元以内，这些文化合作社主要集中在特色民族工艺品和美食文化如刺绣、服饰、特色手工艺术品、纪念品等有形文化的生产和销售环节，而文化演艺合作社、文化服务合作社、美食文化合作社、民族文化节庆展演等则比较缺乏。文化产业标准化、组织化、规模化发展不足，服务质量和服务保障水平较低，文化产业开发对本地旅游开发的依赖性较强，文化演艺难以独立走出大山，走向城市。对帮扶户的相关文化产业从业技能培训较少，对帮扶户的带动不足，为帮扶户提供就业机会较少，帮扶益贫效应不明显。文化合作社与景区及帮扶户的利益联结机制缺失，总体帮扶效应并不显著。

三是帮扶户介入文化产业链层次较低，进入合作组织的门槛较高，除了文化工艺品生产环节的合作组织进入相对容易，其他的文化合作组织如演艺、服务、销售等要求掌握一定技艺才可进合作组织。由于缺乏相关培训，帮扶户较难参与，要么要求以资金入股，而帮扶户一般都缺乏股金。无论是就业带来的工资收入还是利润分红，都对帮扶户脱贫效应较弱。

四是文化帮扶的长效性难以得到有效保障，系统的管理机制尚未建立。文化帮扶是一项长期工程，滇桂黔石漠化片区的文化帮扶未能走向制度化与规范化，缺乏文化帮扶的长效机制，缺乏文化帮扶的监督与评价机制。制度化管理与程序化运作是文化帮扶的重要前提，由于滇桂黔石漠化片区目前没有建立文化帮扶的监督、评价机制，文化帮扶成效无法量化，导致一些地方在文化帮扶过程中走过场，效果不明显。

（二）商帮文化缺失，经济精英反哺不力

地理位置对一个区域的经济和社会发展起着最基础的作用，俗话说"靠山吃山，靠水吃水"，这意味着地理及自然资源禀赋决定了该地区人民的基本生活方式和文化形态，恶劣的自然环境容易促成商帮文化形成。我国几大著名商帮文化都是源于生存环境的恶劣导致被逼外出谋商而形成的，如皖南、粤东和晋地却能孕育出我国最著名的三大商帮，即徽商、潮商、晋商，培育出一大批商业精英和经济能人。潮商、徽商、晋商分布的地区皆为资源匮乏，土地贫瘠、地形崎岖之地。

值得注意的是，从文化的历史积淀上看，同为人多地少，资源匮乏，土地贫瘠、地形崎岖的滇桂黔石漠化片区却没有形成浓厚的商帮文化和商业氛围。这主要是滇桂黔石漠化片区由于缺乏交通优势、区位优势等这些得天独厚的条件，而且山地区域面积太大，石漠化严重，土地和生产生活空间过于碎片化，自然环境和地理条件尤为恶劣，适合耕种的土地很少，土地产出很低。恶劣的自然环境导致妇女难以独自在家支撑家庭，无法把男人从土地上解放出来，更无法使男人像潮商、徽商、晋商那样远赴外地从事商业贸易，因此导致滇桂黔石漠化片区经济领域的社会精英比较少。另外，滇桂黔石漠化片区少数民族居多，受传统民族文化影响，人们对发展的认识、能力等不一样。总体来说，这一区域崇商文化比较缺乏，人们经济活动能力普遍较弱，来自于商业贸易的收入比较少（表5-18）。虽然，滇桂黔石漠化片区也有不少从这片大石山区走出来的社会精英，其中不乏有较成功的商人，他们大都希望能帮助家乡脱贫。但是，这些精英由于商帮文化缺失而忽视对农村新型合作组织的依托，反哺帮扶缺乏合适的对接组织载体，经济精力反哺帮扶较为常用的方法是通过基层政府和村委给家乡捐款，但由于监管不力等原因，导致这些捐款要么被挪用要么被"精英"俘获，捐款往往会流入关系户手中，很难到达帮扶户手中。经济精英对家乡的帮扶事业的贡献较为零碎，难以实现体系化，对脱贫人口的带动效应较弱，既缺乏精神上的示范带动和激励效应，也比较缺乏经济上的实质投资和帮扶作用。商业精英乡贤带动型的合作组织更是稀缺，帮扶效应缺失，现有的农村合作组织在推动农户与精英之间合作的桥梁纽带作用比较弱。①

表 5-18　滇桂黔石漠化片区帮扶户收入主要来源统计表

收入主要来源	种植业	养殖业	外出务工	商贸活动	权益性收入	其他
户数（户）	215	325	418	52	62	8

---

① 明代《安徽地志》所说的"徽人多商贾，其势然也。"顾炎武说：徽州"中家以下皆无田可业。徽人多商贾，盖其势然也"《徽州府志》载："徽州保界山谷，山地依原麓，田瘠，所产至薄，大都一岁所入，不能支什一。小民多执技艺，或贩负就食他郡者，常十九。"可见徽商崛起源于其所居住地为多山之地，土地贫瘠，人多地少，资源匮乏，所以人们不得不经商谋生，并最终养成人们好于经商擅长经商的禀性。而晋商所在山西素有"八分山丘二分田"之说，境内多起伏的山峦，历史上土地多贫瘠，人稠地少，既无平地沃土之饶，又无舟车鱼米之利，气候条件恶劣，十年九旱，所以人们被迫经商谋生，从而形成晋商。潮商所在的潮州地居粤东一隅，三面环山，一面向海，耕地较少，人口密集，典型的人多地少，人地矛盾突出，且农业常因台风肆虐而颗粒无收，外出经商便成为当地人一条重要出路，并孕育出一批全球顶级的商业精英。这些商业精英对家乡不但能起精神上的示范带动和激励作用，也在经济上进行了实质的反哺性投资和帮扶助援作用。潮商、徽商、晋商之所以不受到人地矛盾和自然条件的影响，主要原因有三，一是其所处地理位置的优越性，这三种商业文化所在之地域都是交通要道，这使得这些地方容易形成贸易集散地；二是周边地区经济发达，受到周边经济高地的辐射和带动；三是易于发展对外贸易，如潮商向海而生，发展海外贸易，而晋商则发展向塞外和富庶的京津、中原和关中地区发展贸易，同时利用明朝时形成的卫所军屯制度形成的庞大军事消费区发展贸易，而徽州地区则连接着华东、华南、华中和华北腹地，是华东、华南、华中和华北的交会处，国内市场广阔，非常利于发展贸易。

续表

收入主要来源	种植业	养殖业	外出务工	商贸活动	权益性收入	其他
占比（％）	43.00	65.00	83.60	10.40	12.40	1.60

注：1、样本来自都安县。

2、收入主要来源在此项收入占家庭总收入比重达30%以上，可选多项。

3、权益性收入包括入股分红、土地和房屋的租金、理财收益、存款利息等。

资料来源：根据实地调查数据统计整理而成。

十、教育合作帮扶的挑战

（一）帮扶户成人职业教育及技能培训不足

滇桂黔石漠化片区农村职业技能培训机构较少，且培训模式较为单一，培训活动较少，培训投入不足，特别是农村新型合作组织在职业技能教育培训中发挥的作用不足，技能培训与传播的功能较弱，少量的技能培训主要是"公司+基地+合作社+帮扶户"的模式下，由公司联系当地相关科研机构或高校所进行的一些园艺和养殖现场技能培训，远程教育和在线培训则非常薄弱，这主要是由于教育资金、教育人才、教育设备等硬软件条件的限制，且农户家里并不具备远程教育的条件，因此，合作组织未能利用互联网信息技术为帮扶户提供常态化的远程职业技能教育培训。未来，农村新型合作组织如何运用互联网信息技术，让帮扶户在移动智能终端设备上进行远程职业教育培训，让帮扶户随时随地都能学习职业技能，将是摆在农村合作组织面前的一大难题。

滇桂黔石漠化片区农民专业合作社的成立之初是为农民解决各种专业技术问题，其最初形态是各种专业技术协会，如果从成立宗旨上，多数合作组织成立的宗旨正是要实现技术交流、技术传授、技能培训、技术互助等。而这一地区贫困一个主要的致贫因素正是缺乏技能，导致生产效率较低，产品质量不高。从调查来看，滇桂黔石漠化片区农村新型合作组织教育帮扶效应弱化。

首先，农村新型合作组织需要为农户提供技术培训和组织标准化生产，举办培训班和聘请技术顾问，让农户掌握相关生产技能，提高生产效率，推动滇桂黔石漠化片区小农式的农业生产从劳动密集型向技术密集型转变。调查中发现，35%的帮扶户是通过农村新型合作组织来掌握技能的。这主要是农村新型合作组织举办相关技能培训班，有针对性地培训入社农户或重要关联农户掌握相关技能，从而提高农户生产率，推动农业生产高质量发展。这是滇桂黔石漠化片区农村新型合作组织发挥科技帮扶效应的一个重要机制。但对都安、马山、大化 300 家样本农村新型合作组织的调查发现，56.0%的农村新型合作组织每年开展专业技术培训 1 次以上，但只有 19.0%的农村新型合作组织做到每季度 1 次以上专业技术培训，这个比例比较低，能做到每个月 1 次以上专业技术培训的比重则更低，仅达5.0%，而每 15 天 1 次专业技术培训的比重为 0%，有高达 44.0%的农村新型合作组织没有开展任何专业技术培训（表 5-19）。

表 5-19　农村新型合作组织专业技能培训频次

专业技术培训频次	平均每 15天 1 次以上	平均每个月1 次以上	平均每季度1 次以上	平均每年1 次以上	没有开展培训
数量（个）	0	15	57	168	132
比重（%）	0	5.0	19.0	56.00	44.0

资料来源：根据实地调查数据统计整理而成。

其次，农村新型合作组织是帮扶户学习经营管理的一个重要学习平台，帮扶户缺乏的不仅仅是技能问题，更为缺乏的是经营管理能力。农村新型合作组织可以在聘请技术专家培训技能的同时，还可以聘请相关的企业家、企业高管等企业精英来开办经营管理培训班，给农户培训相关的经营知识。滇桂黔石漠化片区农村新型合作组织在经营知识和经营管理培训方面的帮扶效应尚处于缺失状态。所有样本农村新型合作组织均表示从未开展过经营管理培训。

对都安、马山、大化 300 家农村新型合作组织的调查发现，22%的合作组织每年开展经营管理培训 1 次以上，6.33%农村新型合作组织做到每季度 19 次以上的经营管理培训，1.67%农村新型合作组织做到每个月 1 次以上的经营管理培训，有高达 78%的合作组织没有开展任何经营管理培训（见表5-20）。

表 5-20 农村新型合作组织经营管理培训频次

经营管理培训频次	平均每 15 天 1 次以上	平均每个月 1 次以上	平均每季度 1 次以上	平均每年 1 次以上	没有开展培训
数量（个）	0	5	19	66	234
比重（%）	0	1.67	6.33	22.00	78.00

资料来源：根据实地调查数据统计整理而成。

（二）帮扶户子女教育问题制约脱贫持续性

1. 留守儿童问题制约脱贫持续性

滇桂黔石漠化片区留守儿童问题是一个突出的社会问题，在这里，留守儿童已不仅是个教育问题，还是一个重要的帮扶问题。由于自然条件恶劣、人地矛盾突出，经济发展水平较低，当地可容纳的就业容量比较少，大多数青壮年为生计所迫，孩子的父母不得不走出山区和农村外出务工，甚至很多人选择到离家较远的珠三角长三角务工谋生。由于长期的城乡二元制以及社会对农民工的相关政策还未完善，滇桂黔石漠化片区农民工在城市从事的一般都是劳动强度大、工作时间长的工作，根本就没有时间和精力照顾自己的孩子。加上户籍的限制，农民工的子女在城市的学校上学比较困难。同时，由于农民工的工资和福利水平较低，难以支撑一个家庭在城市的生活，因此父母无法将孩子带在身边到城市生活和接受教育。留守的少年儿童正处于成长发育的关键时期，他们无法享受到父母在思想认识及价值观念上的引导和帮助，成长中缺少了父母情感上的关心和呵护，由于亲情缺失，心理健康方面存在阴影，容易走向发展的两个极端，有的孩子产生认识、价值上的偏离和个性、心理发展的异常。

留守儿童问题本来源于贫困，因为家庭的贫困，才迫使父母离开孩子外出务工，滇桂黔石漠化片区正是脱贫人口集中的区域，因此这片区域留守儿童数量较多，占比较高。我们对都安县永安镇的调查发现，留守儿童在当地儿童总数中所占比例高达32%。父母双方都外出务工，儿童不能与父母在一起生活的情况在全部留守儿童中的比例高达66%。约87%以上的留守儿童是由爷爷奶奶外公外婆等祖父母隔代监护和亲友临时监护，年事已高、文化素质较低的祖辈监护人基本没有能力辅导和监督孩子学习。大石山区学校受办学条件、师资力量、教学理念的局限与制约，针对留守儿童的需求提供特殊有效的教育和关爱力不从心，学校与家庭之间缺乏沟通。家庭和学校监护不力，导致滇桂黔石漠化片区相当数量的留守儿童学习成绩较差，成绩明显低于非留守儿童成绩。

由于父母长期外出，留守儿童的情感需求得不到满足，缺乏抚慰，长期的单亲监护或隔代监护，甚至是他人监护、无人监护，使留守儿童无法像其他孩子那样得到父母的关爱，

遇到心理问题得不到正常疏导，极大地影响了其身心健康，形成人格扭曲的隐患，导致一部分儿童行为习惯较差，并且极易产生各种心理问题和社会隐患。留守儿童家庭大都是贫困家庭，生活本来就困难，父母离开后，留守儿童及其监护人在节俭方面表现更为突出，表现在饮食方面无法保证孩子身体发育所需要的合理的营养。另外，由于疏于照顾和监护责任不落实，监护人缺乏防范意识，儿童防护能力弱，农村留守儿童容易受到意外伤害，甚至成为不法分子侵害的对象。

外出务工的留守儿童父母，有部分对孩子成长和教育有些知识的，都会经常回到老家陪伴孩子，一年常常在家乡和务工地点之间往返若干次，这样必然会影响务工和收入。有些人在珠三角地区企业上班，返乡一次的费用很大，而且有些用工企业不轻易批准请假，想回乡看孩子的话只能辞工，回城后只能重新找工作，如果为了务工而忽视孩子成长，则无异于在

营造贫二代。

2. 课后辅导和农村学前教育缺失制约脱贫持续性

随着学校教育教学方式的创新，在培训学生过程中推出"家校共建"的培养模式，对家乡的课后辅导提出更高的要求。而帮扶户孩子父母文化水平低，难以有效辅导孩子作业，特别是外出务工的帮扶户，由于没有能力带孩子一起进城上学，孩子留守家乡成为留守儿童，这些留守儿童更是缺乏课后相关辅导，难以配合学校加强对孩子的教育，这非常不利于孩子未来的学业进步和健康成长，因此有可能"输在起跑线上"给贫困的代际传递埋下了穷根。

滇桂黔石漠化帮扶地区地处大石山区，这片区域喀斯特石山连绵不绝，地形地势复杂险恶，人们居民点比较分散，自然条件非常险恶。适龄儿童的每日接送非常困难和危险，因此在这些地区开设幼儿园非常不现实。这里的 7 岁以下的小孩要么不上幼儿园，不接受专业的学前教育，要么就得到镇上租房住，然后在镇上上幼儿园，或者随父母入城租房务工并在城里上私立幼儿园。因此，这一区域的学前教育成本很高，如果学龄儿童不上幼儿园，到入学年龄直接上小学一年级，则意味着失去学前教育这一环节，非常不利于孩子未来的成长，给贫困埋下祸根。如果到镇上或城市上幼儿园，对于父母来说，不但要接送小孩，照顾小孩，而且还要做工，这个成本同样是比较大的，非常不利于脱贫。

十一、合作帮扶主体的挑战

（一）农村新型合作组织规模较小，服务功能有待提升空间

首先，农村新型合作组织帮扶效应不强，对自身的功能定位过于单一，在调查中发现，92.67%的合作组织认为自己的最大困难之一是对帮扶户的脱贫带动力较弱（表4-5），多数合作组织属于农资、运输、劳务等生产环节的合作组织，而金融、生态、教育、信息等方面合作组织非常

少。因此，需要出台相关激励措施推动金融、生态、教育、信息等方面合作组织的建立和发展，引导合作社本身多元化发展。

其次，社员素质有待提高，对合作组织缺乏真正理解，核心成员业务能力低下，缺乏专业水准，组织协调能力较弱，合作组织缺乏懂技术、会管理、擅长经营、市场开拓能力强的复合型人才。合作组织出资方式较为单一，社员出资多以现金入股或以土地、林地、房舍等入股，以技术、技艺、手艺、销售渠道、知识产权等入股形式非常少。资金人才匮乏，自我发展能力不强。

（二）农村新型合作组织发展不均衡，差异较大

滇桂黔石漠化片区农村新型合作组织发展呈现不均衡状态。一是由于成立时间、组织类型、资金状况、人员构成、行业特点、地区特点等的差异，各合作组织之间发展水平呈现较大差异。有的农村新型合作组织发育较好，进入稳定发展和快速发展的阶段，组织管理规范化程度较高，内部组织管理趋于完善，服务功能和营利能力较强。而有的农村新型合作组织尚处于生存起步阶段，内外部关系尚未理顺，规模小，资金短缺，经营管理不规范，发展很不稳定，基本的服务功能还无法正常有效发挥。少数合作组织则是空壳合作组织，空有其名，没有对帮扶户起到任何的脱贫带动作用，没有发挥任何实质性的作用，其成立的目标是为了套取相关财政补贴，享受各种优惠政策。一些特别偏远的地方很多合作组织因缺乏强有力的产业依托，市场发育滞后，基础设施不完善，数量相对较少、规模小、组织化程度不高，合作层次较低。

（三）农村新型合作组织运行机制不健全，制度建设不完善，组织管理不规范

首先，滇桂黔石漠化片区农村新型合作组织发展中存在组织管理不规范这一突出问题，实地调查统计结果表明，多数农村新型合作组织管理不规范，75.8%的农村新型合作组织在财务管理方面很不规范，没有配备专

业财会人员，更没有受过系统专业财务培训。农村新型合作组织市场主体地位不充分，内在制度缺陷（如产权不清晰，入社退社自由，资产不稳定，对内非营利性等），这导致其独立承担民事责任能力受到限制；组织机构和管理制度流于形式，大部分农村新型合作组织没有建立规范的盈余分配制度，对成员二次分配比例较小甚至没有进行二次分配，有的仅仅按交易额分配而没有按股金分配。

其次，滇桂黔石漠化片区农村新型合作组织制度建设不完善。大部分合作组织虽制定了基本的薪酬分配及聘任等管理制度，但生产与经营方面的制度较为缺乏，且已有管理制度内容大都照搬章程，脱离实际，难以付诸行动。根据原始股比例来分配剩余项目资金所产生的利润，将扩大核心成员与帮扶户之间的收入差距，这显然不利于维护帮扶户利益；在生产方面，一是合作组织并未形成对所有成员生产成本等活动的有效监测，监事长及监事会对合作组织的监管工作不到位，经营计划制定太笼统，内容和程序不规范，缺乏系统性和可操作性。农村新型合作组织自身建设及运营机制存在缺陷，比如农民专业合作社，一人一票原则使得社员的入股份额与投票权重不成比例，股金越多并未带来投票权重的增加，股金与话语权脱钩，一人一票原则容易压制经济能人，导致合作社内真正的能人难以利用其股金优势充分发挥其能量，进而推动合作社发挥产业帮扶、金融帮扶、生态帮扶、教育帮扶、信息帮扶等作用。一人一票原则压制了社员提高入社股金的积极性，只愿意交纳最低入社股金；同时，农民专业合作社实行按交易额返还盈余的原则，而不是按股金分配盈余，因此投入资本报酬有限，入股资金回报率较低。导致社员不愿意交纳更多的股金，这严重削弱了合作社内部股权融资的能力，也不利于吸收外部资本。这导致专业合作社实力难以提升，从而限制其帮扶效应的发挥。

最后，入社与退社自由原则造成合作社的股本不稳定，加上帮扶户还未摆脱旧式农民的各种缺陷，思想保守，随意松散，这加剧合作社资金的不稳定性，削弱了合作社的资信实力。同时，合作社对社员的入社资格在行业和地域上有一定的限制，要求入社农户同属于一个行业或一个地域，对社员资格的限制等于对股本来源的限制，导致合作社能够得到的股本资金非常有限。没有资本的快速积累，合作组织就无法提升其竞争力，从而限制其帮扶效应的发挥。

滇桂黔石漠化片区合作组织进行的合作层次不高，仅仅进行粗放型生产及一些简单技术的表层合作，风险控制手段少，内控制度不健全，难以评价和预警行业内外部风险，抗风险的能力不强，治理结构不完善、内部利益分配不均，利润分配严重失衡。

（四）农村新型合作组织政策扶持力度较弱

滇桂黔石漠化片区农村新型合作组织政策扶持力度不够。实地调查发现，在实践中，各级政府主要对少数示范农村新型合作组织进行扶持，对于大多数农村新型合作组织的扶持力度较小。在实地访谈中，当地相关部门人员表示，当地政府在生产加工、技能及管理培训服务、金融服务、生态服务、信息管理等领域融资需加大服务力度，如从农业保险、税收减免、公共服务、人才培养、水利、电力、交通等基础设施及用地等方面加大支持力度。同时，政府对农村新型合作组织的监督管理相当薄弱，注册登记不规范，财务监管不到位，管理体制不顺，各部门缺乏必要协调。

（五）农村新型合作组织对经济发展的影响力不强

毫无疑问，农村新型合作组织发展对于推动帮扶地区经济社会发展意义重大，在滇桂黔石漠化片区脱贫攻坚战中肩负重要使命，应当充分释放其所承载的帮扶效应，推动当地帮扶户提升脱贫能力。但近年来，由于认识、经营管理、风险、运行机制、政策导向等方面的原因，农村新型合作组织帮扶效应的释放受到影响及制约，要发挥农村新型合作组织的多元帮扶效应，就必须对农村新型合作组织总体帮扶效应进行检验。究竟滇桂黔石漠化片区农村新型合作组织的发展对当地帮扶户的影响如何，帮扶的总体效应如何，下文将对这一问题进行检验。为了进行这一检验，著者以广西都安县为检验对象，在当地统计部门、帮扶办、农业经管部等部门和亲友的帮助下，我们从广西都安县获取了该县 15 年来以农民专业合作社为主的新型合作组织发展数据（本研究以新型合作组织数量、年营收水平、年投入水平作为衡量一个地区新型合作组织总体发展水平）和帮扶户的年收入水平的相关数据，在此基础上进行检验。

协整模型设定如下：

$$LnSR = \beta_0 + \beta_1 LnSL + \beta_2 LnYS + \beta_3 LnTR + \varepsilon \qquad 式（5-1）$$

SR 表示贫困家庭收入，SL 表示农村新型合作组织数量，YS 代表农村新型合作组织年营收水平，GL 代表农村新型合作组织投入水平，边际投入用 β_1、β_2、β_3 表示，β_0 为常数项，ε 为随机误差项。

然后进行单位根检验，由于所用数据为时间序列数据，宏观经济变量都是非平稳和具有时间趋势的。为杜绝伪回归，在进行方程估计及相关检验前，著者对变量进行单位根检验，以确定其平稳性。首先序列平稳性检验，课题采用 ADF 单位根检验方法，检验的滞后期则由 Eviews 软件根据相关准则自动给出。表 5-21 表明，在 10% 的显著性水平下，所有变量序列均为非平稳变量，而经过一阶差分处理后，在 1% 的显著性水平下均平稳，即所有变量皆为一阶单整，满足进行协整检验的条件。

表 5-21　ADF 单位检验结果

变量名称	检验形式 (C, T, L)	ADF 检验值	显著性水平 （临界值）	概率值	结论
LNZC	C, T, 0	-2.051857	-3.216478（10%）	0.4413	不平稳
△LNZC	0, 0, 4	-3.256139	-2.653401（1%）	0.0000	平稳
LNGM	C, T, 0	-2.283247	-3.212361（10%）	0.4573	不平稳
△LNGM	0, 0, 4	-3.984623	-2.652415（1%）	0.0000	平稳
LNXL	C, T, 0	-2.581817	-3.283410（10%）	0.2853	不平稳
△LNXL	0, 0, 4	-3.745204	-2.658524（1%）	0.0000	平稳

变量名称	检验形式 (C, T, L)	ADF 检验值	显著性水平 （临界值）	概率值	结论
LNJG	C, 0, 1	-0.646502	-2.619160（10%）	0.8283	不平稳
△LNJG	0, 0, 2	-3.528573	-2.625095（1%）	0.0000	平稳

注：△表示对各变量取一阶差分；检验形式 C、T、L 分别表示 ADF 检验中的常数项、趋势项和滞后阶数，括号内的百分比表示显著性水平。

资料来源：根据对都安县实地调查数据统计检验而得。

表 5-22 表明，在 10% 的显著性水平下，所有变量序列均为非平稳变量，经过一阶差分处理后，在 1% 的显著性水平下均平稳，即所有变量皆为一阶单整，满足进行协整检验的条件。

表 5-22　ADF 单位根检验结果

变量名称	检验形式 (C, T, L)	ADF 检验值	显著性水平 （临界值）	概率值	结论
LNSR	C, 0, 7	-0.310139	-2.732605（10%）	0.9184	不平稳
△LNSR	0, 0, 3	-4.203207	-2.551143（1%）	0.0002	平稳

注：△表示对各变量取一阶差分；检验形式 C、T、L 分别表示 ADF 检验中的常数项、趋势项和滞后阶数，括号内的百分比表示显著性水平。

资料来源：根据对都安县实地调查数据统计检验而得。

接着进行协整检验，按照 AIC 和 SC 最小化的原则并结合 LR（似然比）检验，均得到 VAR 模型的最优滞后阶数为 1，协整检验具体结果见表 5-23。

表 5-23　Johansen 协整检验结果

零假设： 协整向量的数目	特征值	迹统计量	5% 的临界值	结论
0 *	0.649112	56.11286	46.81625	拒绝
至多1个	0.381345	23.15274	28.71719	接受
至多2个	0.219117	8.352218	15.39574	接受

续表

零假设： 协整向量的数目	特征值	迹统计量	5%的临界值	结论
至多3个	0.012514	0.391412	3.851472	接受

注：＊表示在5%显著水平下拒绝零假设。
资料来源：根据对都安县实地调查数据统计检验而得。

表5-23表明，在95%的置信度下，LNSR、LNGM、LNXL、LNJG这四个变量之间存在一个协整方程，其标准化的方程如下：

$$LNSR = -2.258741LNGM - 1.214738LNXL + 1.357759LNJG$$

式（5-2）

　　（0.49312）　　　　　（0.74317）　　　　　（0.72112）

接着进行向量误差修正模型的估计，为了测度农村新型合作组织数量、农村新型合作组织年营收水平、农村新型合作组织管理投入水平与贫困家庭收入之间短期动态关系，根据向量误差修正模型得到均衡向量如下：

$$\beta' = (1.000000, 2.258741, 1.214738, -1.357759)$$

几个变量之间的协整方程式为5-2，VEC模型估计结果如下：

$$VECM_{t-1} = LNSR_t + 2.258741LNGM_t + 1.214738LNXL_t$$

$$-1.357759LNJG_t - 2.674587$$ 式（5-3）

即：$LNSR_t = 2.674587 - 2.258741LNGM_{t-1} - 1.214738LNXL_{t-1} + 1.357759LNJG_{t-1} - 0.126795 ECM_{t-1}$

　　（0.49312）　　　　　（0.74317）　　　　　（0.72112）

　　［4.54653］　　　　　［1.61631］　　　　　［-0.49918］

检验结果表明，在10%显著水平上，各方程回归残差序列均满足正态性，不存在自相关和异方差，从而证明了VEC模型的有效性，模型整体解释能力较强。

表 5-24　Granger 因果检验（2001—2020）

变量	零假设	最优滞后期	F 统计值	概率
LNSL	LNSL 不是引起 LNSR 变化的格兰杰原因	1	0.35375	0.5347
LNXL	LNXL 不是引起 LNSR 变化的格兰杰原因	1	1.28065	0.2167
LNJG	LNJG 不是引起 LNSR 变化的格兰杰原因	1	1.29674	0.3124

资料来源：根据对都安县实地调查数据统计检验而得。

从表 5-24 可以看出，即使是在 10% 的显著性水平下，滇桂黔石漠化片区农村新型合作组织数量、营收、投入都不是农民农业经营纯收入的 Granger 原因，滇桂黔石漠化片区农村新型合作组织对帮扶户的收入水平提升推动作用不显著，整体上帮扶效应还未充分发挥出来。农村新型合作组织在帮扶上还有很大的改进空间和作为空间。

第二节　新型合作帮扶机遇

一、乡村振兴战略机遇

乡村振兴战略是习近平同志 2017 年 10 月 18 日在党的十九大报告中提出的战略。党的十九大报告指出，农业农村农民问题是关系国计民生的根本性问题，必须始终把解决好"三农"问题作为全党工作重中之重。中共中央、国务院连续发布中央一号文件，对新发展阶段优先发展农业农村、全面推进乡村振兴作出总体部署，为做好当前和今后一个时期"三农"工作指明了方向。

2021 年 3 月，中共中央、国务院发布了《关于实现巩固拓展脱贫攻坚成果同乡村振兴有效衔接的意见》指出，脱贫摘帽不是终点，而是新生活、新奋斗的起点。打赢脱贫攻坚战、全面建成小康社会后，要在巩固拓展脱贫攻坚成果的基础上，做好乡村振兴这篇大文章，接续推进帮扶地区发展和群众生活改善。做好巩固拓展脱贫攻坚成果同乡村振兴有效衔接，关系到构建以国内大循环为主体、国内国际双循环相互促进的新发展格局，关系到全面建设社会主义现代化国家全局和实现第二个百年奋斗目标。全党务必站在践行初心使命、坚守社会主义本质要求的政治高度，充分认识实现巩固拓展脱贫攻坚成果同乡村振兴有效衔接的重要性、紧迫性，举全党全国之力，统筹安排、强力推进，让包括脱贫群众在内的广大人民过上更加美好的生活。《关于实现巩固拓展脱贫攻坚成果同乡村振兴有效衔接的意见》政策出台意味着帮扶地区摆脱绝对贫困后，进入了一个脱贫攻坚成果同乡村振兴有效衔接的战略新阶段，进入乡村振兴战略机遇期。

2021年6月，国家乡村振兴重点帮扶县工作会议在贵州毕节召开。会议强调，要深入贯彻习近平总书记重要指示精神，按照党中央、国务院决策部署，以更加集中的支持、更加有效的举措、更加有力的工作，加快国家乡村振兴重点帮扶县发展，让脱贫基础更加稳固、成效更可持续，确保在全面推进乡村振兴的新征程中不掉队，为加快实现农业农村现代化奠定坚实基础。会议指出，脱贫攻坚战全面胜利后，重点帮扶县经济社会总体发展水平仍然较低，巩固拓展脱贫攻坚成果还面临不少困难，必须明确目标导向，用乡村振兴统揽各项支持工作，全面巩固拓展脱贫攻坚成果，尽快补齐区域性发展短板。要把巩固拓展脱贫攻坚成果作为首要任务，大力促进脱贫人口持续增收，坚决守住不发生规模性返贫的底线。要切实增强自我发展能力，做大做强帮扶产业，发展壮大县域经济，加强与发达地区经济联系。要加快促进社会发展和文明进步，推动教育医疗文化等社会事业发展，探索建立适应县域特点的人才使用机制，推动形成现代文明生活方式。要全面加强对重点帮扶县的支持保障，中央部门要强化政策支持，东西部协作要加大倾斜力度，西部各省份党委和政府要切实担负起总体责任，重点帮扶县要积极主动努力，合力促进发展。2021 年 8 月 27 日，中央农村工作领导小组办公室和国家乡村振兴局发布《关于公布国家乡村振兴重点帮扶县名单的通知》，文件综合考虑西部 10 省区市人均地区生产总值、人均一般公共预算收入、农民人均可支配收入等指标，统筹考虑脱贫摘帽时序、返贫风险等因素，结合各地实际，确定并公布了 160 个国家乡村振兴重点帮扶县，这些重点帮扶县正是刚摘掉绝对脱贫帽子的脱贫县。

此外，新型合作帮扶还获得一系列乡村振兴战略的政策支持，主要内容如下。

2018 年 9 月，中共中央、国务院印发了《乡村振兴战略规划（2018-2022 年）》，并发出通知，要求各地区各部门结合实际认真贯彻落实。《乡村振兴战略规划（2018—2022 年）》以习近平总书记关于"三农"工作的重要论述为指导，按照产业兴旺、生态宜居、乡风文明、治理有效、生活富裕的总要求，对实施乡村振兴战略作出阶段性谋划，分别明确至 2020 年全面建成小康社会和 2022 年召开党的二十大时的目标任务，细化实化工作重点和政策措施，部署重大工程、重大计划、重大行动，确保乡村振兴战略落实落地，是指导各地区各部门分类有序推进乡村振兴的重要依据。《规划》提出，到 2022 年，乡村振兴的制度框架和政策体系初步健全。探索形成一批各具特色的乡村振兴模式和经验，乡村振兴取得阶段性成果。到 2035 年，乡村振兴取得决定性进展，农业农村现代化基本实现。到 2050 年，乡村全面振兴，农业强、农村美、农民富全面实现。

2021 年 2 月 21 日，《中共中央 国务院关于全面推进乡村振兴加快农业农村现代化的意见》，即 2021 年中央一号文件发布。这是 21 世纪以来第 18 个指导"三农"工作的中央一号文件。文件指出，民族要复兴，乡村必振兴。要坚持把解决好"三农"问题作为全党工作重中之重，把全面推进乡村振兴作为实现中华民族伟大复兴的一项重大任务，举全党全社会之力加快农业农村现代化，让广大农民过上更加美好的生活。

2021 年 4 月 29 日，十三届全国人大常委会第二十八次会议表决通过《中华人民共和国乡村振兴促进法》指出"为了全面实施乡村振兴战略，促进农业全面升级、农村全面进步、农民全面发展，加快农业农村现代化，全面建设社会主义现代化国家，制定本法。""全面实施乡村振兴战略，开展促进乡村产业振兴、人才振兴、文化振兴、生态振兴、组织振兴，推进城乡融合发展等活动，适用本法。""促进乡村振兴应当按照产业兴旺、生态宜居、乡风文明、治理有效、生活富裕的总要求，统筹推进农村经济建设、政治建设、文化建设、社会建设、生态文明建设和党的建设，充分发挥乡村在保障农产品供给和粮食安全、保护生态环境、传承发展中华优秀传统文化等方面的特有功能。"

2022 年 2 月 22 日，《中共中央国务院关于做好 2022 年全面推进乡村振兴重点工作的意见》，即 2022 年中央一号文件发布。这是 21 世纪以来第 19 个指导"三农"工作的中央一号文件。党中央认为，从容应对百年变局和世纪疫情，推动经济社会平稳健康发展，必须着眼国家重大战略需要，稳住农业基本盘、做好"三农"工作，接续全面推进乡村振兴，确保农业稳产增产、农民稳步增收、农村稳定安宁。文件指出，牢牢守住保障国家粮食安全和不发生规模性返贫两条底线，突出年度性任务、针对性举措、实效性导向，充分发挥农村基层党组织领导作用，扎实有序做好乡村发展、乡村建设、乡村治理重点工作，推动乡村振兴取得新进展、农业农村现代化迈出新步伐。

2022 年 5 月 23 日消息，中共中央办公厅、国务院办公厅印发了《乡村建设行动实施方案》，并发出通知，要求各地区各部门结合实际认真贯彻落实。乡村建设是实施乡村振兴战略的重要任务，也是国家现代化建设的重要内容，《乡村建设行动实施方案》明确了乡村建设行动的路线图，确保到 2025 年乡村建设取得实质性进展，农村人居环境持续改善，农村公共基础设施往村覆盖、往户延伸取得积极进展，农村基本公共服务水平稳步提升，农村精神文明建设显著加强。

二、农村新型合作组织规模不断扩大

近年来，滇桂黔石漠化片区农村新型合作组织数量快速增长，类型逐渐呈多样化，规模不断扩大，主要类型主要有农民专业合作社、农村股份合作企业、各种专业协会、资金互助社、等类型。其中以农民专业合作社数量最多，规模最为庞大，表5-25显示，都安县全县共686家农村新型合作组织中，其中农民专业合作社468家，占比68.22%；资金或劳务互助社86个，占比12.54%；股份合作企业有52家，占比7.58%；专业技术协会有29家，占比4.23%；农村合作基地（或合作园区）51个，占比7.43%。表5-26显示，马山县全县共766家农村新型合作组织中，其中农民专业合作社495家，占比64.62%；资金或劳务互助社105个，占比13.71%；股份合作企业有72家，占比9.40%；专业技术协会有38家，占比4.96%；农村合作基地（或合作园区）56个，占比7.31%。表5-27显示，大化县全县共652家农村新型合作组织中，其中农民专业合作社424家，占比65.04%；资金或劳务互助社97个，占比14.88%；股份合作企业有40家，占比6.14%；专业技术协会有49家，占比7.52%；农村合作基地（或合作园区）42个，占比6.44%。

表5-25 都安县农村新型合作组织类型

合作组织类型	农民专业合作社	资金或劳务互助社	农村股份合作企业	专业技术协会	农村合作基地（或合作园区）	合计
数量（个）	468	86	52	29	51	686
占比（%）	68.22	12.54	7.58	4.23	7.43	100%

资料来源：根据实地调查数据统计整理而成。

表5-26　马山县农村新型合作组织类型

合作组织类型	农民专业合作社	资金或劳务互助社	农村股份合作企业	专业技术协会	农村合作基地（合作园区）	合计
数量（个）	495	105	72	38	56	766
占比（%）	64.62	13.71	9.40	4.96	7.31	100%

资料来源：根据实地调查数据统计整理而成。

表5-27　大化县农村新型合作组织类型

合作组织类型	农民专业合作社	资金或劳务互助社	农村股份合作企业	专业技术协会	农村合作基地（合作园区）	合计
数量（个）	424	97	40	49	42	652
占比（%）	65.04	14.88	6.14	7.52	6.44	100%

资料来源：根据实地调查数据统计整理而成。

　　滇桂黔石漠化片区农村新型合作组织类型已呈多样化，组织形式丰富多彩，农民专业合作社已拓展至生产型、销售型、供给型、加工型、资金互助型、劳务合作型、农业服务型和综合型等领域，从行业分布看，农村新型合作组织涉及多个领域，包括种植业合作组织、养殖业合作组织、农资类合作组织、加工类合作组织、运输类合作组织、农产品销售合作组织、资金互助合作组织、科技服务合作组织、信息服务合作组织、生态帮扶合作组织、旅游合作组织、健康合作组织、人口合作组织、文化合作组织、教育合作组织等多个产业类型。按组织类型划分，农村新型合作组织的类型已拓展至龙头企业带动型、政府带动型、专业大户或能人带动型、村委会带动型、社会精英带动型、科技部门或公共事业单位带动型。在经营区域上，有一些合作组织属于镇域、县域甚至不乏个别市域范围。

第六章

新型合作帮扶对策建议

第一节　产业合作帮扶对策

一、打造特色的载体帮扶和渠道帮扶效应

将新型合作帮扶纳入乡村振兴战略，通过产业合作帮扶实现农村产业兴旺，形成特色的载体帮扶和渠道帮扶效应。

一是帮扶地区贫困治理应立足于全面实施乡村振兴战略，将农村新型合作组织帮扶纳入乡村振兴战略，统筹城乡融合发展，重塑城乡关系，依托农村新型合作组织和农业龙头企业，通过"农村新型合作组织+农户+龙头企业""农村新型合作组织+基地+农户+龙头企业"等农业组织化重塑城乡关系，走城乡融合发展之路，使乡村与城市互促互进、共生共存，破除妨碍城乡要素自由流动和平等交换的体制机制壁垒，促进各类要素更多向帮扶地区流动，在乡村形成人才、土地、资金、产业、信息汇聚的良性循环，为帮扶注入新动能，形成农村新型合作组织多元帮扶的战略支撑。

二是依托农村新型合作组织拓宽要素流动路径，通过机制创新促进各

类要素更多向乡村流动，更好发挥农村新型合作组织在承接城市经济辐射和要素转移中的作用，构建合作帮扶新形态。包括通过推动新型工业化、信息化、城镇化、农业现代化同步发展，使农村新型合作组织成为帮扶地区农村人才、技术、土地、资金、产业、信息汇聚平台和良性循环支点。

三是将农村新型合作组织在乡村振兴中的载体功能和渠道功能，在帮扶地区形成特色的载体帮扶和渠道帮扶效应。推动农民专业合作社向法人社转型，引导农民参与市场竞争。包括发挥农村新型合作组织在农村帮扶中的支点作用，通过农村新型合作组织打造城乡要素流动及产业融合的组织载体，完善农村新型合作组织在产业和公共服务方面联接城乡的功能；提升各类现代特色农业园区，建设脱贫地区农村一二三产业融合发展示范园和科技示范园，促进小农户和现代农业发展有机衔接，统筹城乡产业空间布局，创建一批合作帮扶典型项目。

四是在帮扶项目对象选取上，把农村新型合作组织作为专项帮扶项目的主要实施主体，整合产业发展及帮扶开发等各类建设项目，优先向符合条件的农村新型合作组织倾斜，优先对、生产经营规范、帮扶户社员比重大、带动能力较强的农村新型合作组织给予重点扶持，同时强化帮扶资金管理，尽快出台农村新型合作组织帮扶专项资金管理办法和实施细则。

二、调整经济结构及转变经济发展方式

即依托农村新型合作组织及农业产业化龙头企业推动农村经济结构调整和经济发展方式转变。

一是通过农村新型合作组织推动帮扶地区经济结构调整，深化农业供给侧结构性改革，走质量兴农之路，依托生态优势实施质量帮扶战略、绿色帮扶，以农业供给侧结构性改革为主线，加快构建现代农业产业体系、生产体系、经营体系，夯实农业生产能力基础。加快实现帮扶地区产品生产的生态化、绿色化、优质化、特色化、品牌化，提高农业附加值，培育

注册具有地方特色的地理商标产品，调整优化农业生产力布局，推动农业由增产导向转向提质导向。通过农村新型合作组织推行标准化生产，加大培育一批帮扶地区优质特色的农产品品牌，保护地理标志农产品，依靠品牌优势提升产品竞争力。大力发展循环经济，推动产业循环式组合，推进产业结构优化升级，实现帮扶户增收。

二是转变帮扶地区经济发展方式，走新型工业化道路。包括实施农产品加工业提升行动，鼓励农业龙头企业兼并重组，淘汰落后农业产能，通过"农村新型合作组织+基地+农户+龙头企业"，支持农产品就地加工转化增值。用生态文明理念指导帮扶地区工业化，促进农业结构优化升级，改变经济增长过分依赖资源型产业的局面；依靠科技创新，提高帮扶地区资源利用率，提高生态环境的承载力，实现帮扶户增收。

三、依托农村新型合作组织推动三产融合

首先，通过依托农村新型合作组织推动三产融合，实现乡村经济的多元化和农业全产业链发展。由于重点帮扶地区大多属于山区，地理环境的局限性障碍了农业机械化，在农业产业化过程中，并不适合于横向的量化规模扩张，但适合于纵向延伸产业链，提高农产品附加值，增加帮扶户的就业机会，而且还可以提高农产品附加值带来的销售收入。帮扶地区农村新型合作组织产业帮扶较弱，重要原因在于产业链过短，农产品的精深加工能力不足，大多数合作组织只停留于初级农副产品生产及初级加工（粗加工）阶段，农产品竞争力不足，从而大幅降低帮扶户农产品附加值，导致帮扶效应降低，这直接阻碍了农户增收。因此农村新型合作组织产业帮扶效应较弱。可因地制宜大力发展优势特色农业，发展精细农业，把优势特色农业作为主导产业，因地制宜打造一批地方支柱产业，提升农村新型合作组织在生产加工环节的服务能力，强化产业帮扶效应，大力培育和扶持优势特色农业领域的农村新型合作组织发展，依托于这些农村新

型合作组织推进农业产业化。同时依托农村新型合作组织大力引进农业产业化龙头企业，延伸农业产业链，提升品牌溢价能力，提升农产品的加工精深度。通过对主导产业的重新审视、布局和农业产业链的延伸，既可以直接吸纳更多的帮扶户在当地就业，解决帮扶户原地就业的社会问题，又可以通过农业产业竞争力的提升来增加帮扶户收入，通过"龙头企业+合作组织+帮扶户"或"联合总社+合作社+基地+农户"方式，把土地、帮扶户特惠贷款和帮扶专项资金等入股。大力发展特色种植和特色养殖，做强特色支柱产业，建设一批成规模、有品质的优势特色农业种植养殖基地。

其次，依托农村新型合作组织，推动帮扶地区经济结构调整及经济发展方式转变，推动三产融合，实现乡村经济的多元化和农业全产业链发展，提高农产品附加值。包括开发农业多种功能、延长产业链、提升价值链、完善利益链，让帮扶户合理分享全产业链增值收益。解决帮扶地区农产品销售中的突出问题，建设现代化农产品冷链仓储物流体系，打造农产品销售公共服务平台；依托新兴技术推动农业生产经营模式转变，通过农村新型合作组织健全乡村新业态培育机制，实现城乡生产与消费多层次对接，实现帮扶户增收。发挥农村新型合作组织的带头示范作用，扩大优势支柱产业和特色产业基地发展规模，在发展产业链建设上实行经营市场化、研发超前化、投入科学化、生产标准化、产业优势化、品种特色化、基地规模化。

最后，多种类型的农村产业融合方式，发展新型式的农业产业联合体。推动乡村产业融合，从帮扶地区当地的独特优势出发，因地制宜发展优势特色农业，融入新理念和新技术，发展多种类型的农村产业融合方式，培育农村产业融合主体，发展新型式的农业产业联合体，通过农业内部融合、延伸产业链等模式，在帮扶地区发展现代农业产业园、农业科技园等，推动帮扶地区农村新产业新业态的健康有序发展。加大支持帮扶地区农村新产业的力度，充分发挥产业化龙头企业对构建产业融合发展体系的重要作用。通过合作组织及农业龙头企业培育帮扶地区新型产业链主体。加快淘汰帮扶地区落后产能，提升农产品加工业的发展水平，鼓励帮扶地区农产品进行就地加工，支持经济效益低的农村企业兼并重组，推动优势农产品销售公共服务平台建设。

四、建立科学合理的利益联结及分配机制

通过"合作组织+帮扶户""龙头企业+合作组织+帮扶户"或"联合总社+合作社+基地+农户"产业联结模式，建立合作组织与帮扶户的利益联结机制和利益分配机制，建立帮扶户、合作组织与龙头企业与帮扶户的利益共同体。通过整合各种资源，充分发挥合作组织、帮扶户、龙头企业等合作帮扶各方在信息共享、技术互传、生产互助、能力互补、价格互惠、利益共享的农业产业开发等功能，针对帮扶户的产业帮扶需求，农村新型合作组织在产业帮扶过程中要强化与帮扶户的利益联结，提高生产环节及销售环节的帮扶力度，不断增强帮扶户的自我发展能力，避免帮扶户生产经营的盲目性和随意性。在生产环节，合作组织为帮扶户提供生产、经营、管理、营销等服务，推进规模化经营及专业化服务，增强其抵御市场风险的能力。由农村新型合作组织向农资企业统一采购农业生产资料，并以优惠价格提供给帮扶户。这样不但可以降低生产资料采购成本，还可以保证农资的质量；聘请帮扶户在农村新型合作组织务工，使帮扶户在获得收入，获得收入的同时还获得技术，经营理念和管理能力也得到进一步提升。在销售环节，鼓励帮扶户与农村新型合作组织签订合同，新型合作组织以保护价格（当市场价格低于保护价格时，合作组织及龙头企业以保护价格收购帮扶户农产品，当市场价格高于保护价格时，合作组织及龙头企业以市场价格收购帮扶户农产品）收购帮扶户农产品，并进行精深加工、包装及销售等。同时积极与电商平台合作，通过互联网销售平台帮助

帮扶户销售农产品。同时要建立科学合理的利益分配机制。股份合作制使帮扶户在农村新型合作组织中拥有股份，参与合作组织的经营管理及监督。建立风险补偿金及最低收益保险机制，规定帮扶户每年最低分红额度，保证帮扶户的基本收入。

将帮扶户所有产业帮扶项目全部按照资产收益式帮扶模式与农村新型合作组织、产业化龙头企业、经济能人等对接，通过"政府+金融机构+合作组织+帮扶户"的模式推进帮扶专项贷款工作，引导帮扶户通过帮扶资金入股，引导整屯搬迁户土地流转、托管、复垦，以及提供就业岗位等多种形式整合投入到带动力强、发展势头好、帮扶效应较强的农村新型合作组织或农业产业化龙头企业，加强与帮扶户的利益联结，帮扶户收益采取"固定收益+分红"的模式，每年都给予帮扶户一定数额的固定收入，再根据盈利状况给帮扶户分红，通过开展深加工、发展电子商务、休闲农业等方式实现全产业链开发，让更多帮扶户享受到产业链增值带来的实惠。深加工农业企业的原材料从农村新型合作组织定点购买，实行"一社一品""一村一品""一屯一品"，通过农村新型合作组织的力量促进地方特色产业，及当地优势主导产业发展壮大。农村新型合作组织通过提供经营品种、技术服务、农机服务、市场信息、营销服务等，把分散帮扶户生产经营纳入产业化组织化经营的轨道，推动信息共享、产品共建，品牌共创，利益共享。

第二节　金融合作帮扶对策

一、发展合作帮扶供应链金融

帮扶地区农村新型合作组织金融效应之所以较弱，原因在于帮扶地区属于大石山区,地理空间碎片化,资产的地理专用性很强,自然属性的专用性也很强,在缺乏抵押物和担保的情况下,没有一个有效的治理结构来化解信贷中的信息成本、执行成本、监督成本和控制成本,解决这一问题的出路在于依托农村新型合作组织,大力发展供应链金融,构建以农村新型合作组织为主体的信贷融资委托—代理机制。

首先是通过帮扶户与专业合作组织的委托—代理机制构建供应链金融。由专业合作组织统一代理帮扶户办理贷款业务、统一采购农资和农机,统一加工和运输农产品,统一销售,统一组织还贷,银行通过专业合作组织给帮扶户进行团体授信和批发贷款,通过专业合作组织统一协调指导帮扶户贷款项目运行和贷款资金使用情况,统一回收贷款,则贷款业务的操作成本将大为降低,贷款效率大为提高,达到事半功倍的效果,减轻帮扶户贷款负担,无论是帮扶户还是农业龙头企业或银行金融机构,都可以获取贷款业务的规模效益。

其次是通过帮扶户-专业合作组织-龙头企业-金融机构的委托—代理机制构建供应链金融。在这种供应链金融模式下,帮扶户、专业合作组织、银行与龙头企业之间是一种委托代理关系,其中专业合作组织既是帮扶户的代理人,又是银行与金融机构的代理人。一方面,专业合作组织以自身名义统一代理多个帮扶户申请贷款、与龙头企业和银行商谈、办理手续、签订合同等;另一方面,又代理银行与金融机构对帮扶户的资金流程、生产技术指标和质量指标进行监督控制。如果银行和龙头企业将贷后监督与控制的节点放在专业合作组织上,即以专业合作组织供应链网络治理取代帮扶户供应链网络治理,利用专业合作组织对社员农户的了解与紧密联系来实现对贷后的监督与控制,则会收到事半功倍的效果。一来可以减少监控对象,从而减少监督控制成本,二来可以提高监控质量,使银行更容易对用款帮扶户的交易真实性进行识别和预测,能更加有效地控制资金的去向和使用效率,提高资金使用与回流的安全性,如此便可提高帮扶户的信贷可得性。

同时，对于在帮扶地区开展供应链金融的金融机构，相关部门在税收上给予减免，加大财政补贴力度，而对于在供应链金融发挥金融帮扶效应的农村新型合作组织给予补贴和奖励。另外，鼓励在合作组织内部组织农户开展适度规模、风险可控的信用合作，以能够满足帮扶户季节性及生产性的小额度资金需求，同时使帮扶户盘活闲置资金以获得收益。

二、实施帮扶户动产质押融资

即通过农村新型合作组织帮助重点帮扶户实施动产质押融资。传统贷款要求的不动产抵押对帮扶户融资来说是不现实的，因为帮扶户本来就缺乏有抵押价值的不动产，加上帮扶地区地理环境偏僻，地理资产专用性较强，银行金融机构不愿意给帮扶户放贷，因此帮扶户的贷款可得性很低，新型农村合作组织也因为缺乏可抵押的不动产，因此贷款可得性不高，融资难束缚着农村新型合作组织和帮扶户的发展。如果采用农产品等动产质押融资方式则可以解决这一问题。动产质押融资是指将帮扶户的农产品存货等的流动资产所形成的供应链价值流嵌入农村新型合作组织信贷交易网络治理结构之中，通过封闭式流程模式的设定，实施动态管理与过程风险控制，着重解决帮扶户信贷资金的有效使用与安全使用问题，降低信用风险。通过结构授信、担保替代及团体授信等授信技术创新，降低信贷增量形成的信息成本、监督成本与控制成本，增加帮扶户的信用能力。

在"农村新型合作组织+帮扶户"供应链金融中，动产嵌入有利于解决资产专用性问题，降低履约成本和信用风险。传统抵押贷款需要固定资产抵押，涉及到资产评估、监督、债权的代理等，程序较为繁杂，而且帮扶地区农村固定资产具有较高的地理专用性，用途、价值等受地理条件限制，可转移性较差，如更改资源配置则将严重削弱其使用价值，且以固定资产抵押使银行金融机构面临较高的资产评估费用、监督管理费用、交通物流费用以及违约执行费用，因此帮扶户贷款成本较高。

帮扶地区可因地制宜大力培育农业物流仓储类新型合作组织，引导银行金融机构为帮扶户开展农产品质押融资，帮扶户通过农民专业合作社等新型合作组织把优势特色农产品（经过农村新型合作组织加工包装的农产品库存成品或半成品，实现附加值后农产品往往具有较大流动性，易于质保和运输，应充分利用这一优势，发挥其潜在的经济价值，将其作为贷款抵押品进行抵押贷款融资。）质押给银行，银行将质押的农产品委托物流仓储类专业合作组织或有仓储设施的农村新型合作组织进行监管，在此基础上银行向帮扶户发放贷款的资金融通业务。这非常有利于向加工领域延伸产业链条，进行农产品精深加工，增加农产品附加值。在动产授信中，依托农村新型合作组织建立相对封闭的交易信息流、物流和资金流的集成，为银行对帮扶户进行信贷资金动态监控、降低帮扶户信用风险提供了条件。这种治理机制通过新型合作组织的信用介入或信用合作等方式，打破了原来孤立地考察帮扶户静态信用的思维模式，使银行得以对供应链上的贷款帮扶户个体行为进行有效监控与干预，从而为帮扶户增加信用能力并控制信用风险提供了一种全新的思路。

三、开发帮扶户农业订单及受益权质押融资

即以农村新型合作组织为主体开展帮扶户农业订单融资和受益权质押融资。帮扶地区地理环境导致资产专用性比较高，加上帮扶户可抵押资产普遍缺乏，因此帮扶地区农村金融机构可依托农村新型合作组织对帮扶户贷款需求灵活采用各种创新型贷款模式。

一是发展农业订单融资，在帮扶地区建立"龙头企业+合作组织+帮扶户"利益联结机制，入社帮扶户与农村新型合作组织或农业龙头企业签订农产品购销合同，帮扶户形成农产品购货订单，并以农产品购货订单向银

行金融机构申请贷款业务。

二是发展农产品赊销账款抵押融资。即帮扶户将农产品赊销给农产品收购合作社，农产品收购合作社给农户出具真实有效的收购证明，帮扶户以赊销农产品产生的应收账款进行质押向农村金融机构申请贷款的融资业务。对帮扶户来说，如果不能及时收回赊销账款，将影响农业生产的按时再投入，违背农业生产的季节性与周期性，产生很大生产风险。如采用农产品赊销账款抵押融资模式，则可克服这种困境。

三是采用农资预付款融资模式，即农资生产厂家（卖方或供应链上游核心企业）、农资经销合作社、帮扶户和银行金融机构四方合作，以银行信用为载体，由银行控制农资提货权，农资生产厂家受托保管农资并承担回购担保责任的一种农业金融服务模式。由于滇桂黔石漠化片区农村主要以小农业生产为主，在很多农业生产领域，农户化肥、饲料等农资方面的一次性投入规模并不大，但这种投入却具有持续性、长久性和循环往复性，因此农资类农民专业合作社可利用广大帮扶户这一生产特点，采用预付款融资方式。

四是采用农地信托受益权质押融资模式来提升土地资源型合作社和帮扶户信用水平。由于农民的土地产权在市场上无法进行买卖，造成帮扶地区农村土地产权抵押发展缓慢，对银行来说，以土地使用权、林权、水域滩涂进行的抵押贷款，一方面难于作价，二则一旦违约将难以拍卖变现，因此应积极探索农地信托受益权质押融资等新型贷款模式。帮扶地区面临土地规模化集约化经营的重要任务，需要推动承包地使用权流转，调整土地结构，提高土地利用规模效益和土地资源配置效率，通过土地规模化经营，发展大农业，推进农业产业化，农村土地规模经营离不开规模性的金融支持，需要开辟以资本要素的规模投入推动农村土地规模经营。农民专业合作社是农村土地规模化集约化专业化经营的主要组织载体，也是农村金融的主要组织载体。农民专业合作社等农村新型合作组织需要通过引导农户将土地承包经营权引入市场，采用农村土地信托受益权质押融资模式，建立农村产权集中流转市场，推进农村产权抵押贷款机制创新，使农村土地资本转化为市场化的生产要素和财产要素，促进农村土地资源资本化，为农业产业化提供了新的资本资源。

四、创新帮扶户融资担保机制

首先是创新政策性担保机构。完善帮扶地区农村新型合作组织和帮扶户贷款的政策性担保机构，借助成熟的信贷体制和行政管理体制，高效率地服务于新型合作组织和帮扶户社会融资。将帮扶地区政策性担保机构纳入银监系统的监管范围之内，加强对政策性担保机构的行业监管。建立一套科学的风险管理和绩效考核机制，探索出适合帮扶地区农村新型合作组织和帮扶户的信贷风险评估和绩效考核的评估模式，建立完善政府补助金制度，逐步建立再担保体系，并建立和完善银行、保险与政策性担保机构风险共担和风险分散机制。

其次是商业性担保机构。对于给帮扶地区农村新型合作组织和帮扶户提供信贷担保的商业担保机构，由政府从乡村振兴项目资金中为其支付担保费，或提供更多的风险保障和支持。

最后推进农村产权抵押贷款机制创新。对于整屯搬迁的帮扶户来说，以整屯连片耕地使用权、林权、水域滩涂等进行的抵押贷款，积极探索整屯搬迁村屯的农地信托受益权质押融资等新型贷款模式，因地制宜建立帮扶地区产权集中流转市场等。

五、引导通过证券市场进行融资合作帮扶

一方面引导帮扶地区农村新型合作组织积极改制成农村股份合作公司，利用股市、期市进行融资和农产品套期保值。帮扶地区涌现不少规模

较大的农村股份合作公司，以及组织结构、运行机制、经营管理等比较完善的大型专业合作社等，积极引导这些优秀后续帮扶企业通过股份制改造后在创业板或科创板上市，通过上市融资，所募集资金用于开发帮扶项目。另一方面引导当地上市龙头企业控股优秀的农村新型合作组织，使之成为上市龙头企业的子公司，并通过向这些致力于后续帮扶的子公司增资的型式再设立募投项目，募集资金项目以控股的后续帮扶子公司为主体实施，也可鼓励上市龙头企业用其他募投项目的超募的资金投入所控股的农村新型合作组织。通过上市融资的方式提升帮扶地区农村新型合作组织帮助帮扶户的层次和后劲，拓展帮扶项目的前景。

推动帮扶地区农业农村新型合作组织与期货市场紧密结合，引导帮扶地区农村新型合作组织运用农产品期货、期权合约等金融衍生性工具进行农产品套期保值，利用期货市场定价功能和套期保值功能，来规避市场风险。

第三节　科技合作帮扶对策

一、提高对农村新型合作组织科技帮扶赋能

首先，在帮扶地区推动成立一批以科技服务帮扶户为首要宗旨的科技合作组织，在财政补贴与税收优惠等方面加强对农村新型合作组织科技帮扶项目和科技硬软件设施设备投入的支持，鼓励推动农村新型合作组织在土地整理、农业播种、节水灌溉、田间管理、土肥植保、收获、运输、加工、保鲜等方面积极引进农业科技创新成果、采用先进技术，尤其引导农户采用现代数字信息技术、推动温室大棚、土壤监控、无人机、农业遥感、互联网、大数据、人工智能等技术在帮扶地区农业生产中的应用，引

进先进设备，采用先进工艺，引进科技人才，采用现代化农机具及精深加工设置，引进设施农业，推动农业机械化、智能化，提升农业生产力，提升专业化水平和规模化水平，帮助农村新型合作组织申请和承接科技成果转化项目。

其次，把农村新型合作组织打造成帮扶地区政府科技帮扶工程的有效实施载体和平台，改革传统依托行政体系的农业科技推广机制。政府积极牵线搭桥，以农村新型合作组织为主体，建立"帮扶户+合作组织+龙头企业""户+合作组织+科研院所""帮扶户+合作组织+龙头企业+高校""户+合作组织+农技站"的科技帮扶联动机制，对接科研机构、高校及龙头企业，推动"产学研"一体化帮扶机制，引导农村新型合作组织搭建科技传播平台，为帮扶户掌握现代农业科学技术提供强有力的传播渠道。引导科研机构、龙头企业、高校等通过帮扶地区农村新型合作组织为贫困农户进行相关技术和管理方面的培训，精准对接帮扶户进行科技帮扶，使农户在培训中掌握了相关生产和管理方面的技能，提高农村新型合作组织在政府科技帮扶工程中担当，在科研机构和帮扶户对接中的平台作用还有待挖掘和提升。调动农村科技推广人员积极性的激励机制，稳定农技推广人员队伍，把农村新型合作组织的技术专业大户和科技人员纳入农技推广人员队伍给予相应财政补贴。

二、强化对农村新型合作组织技能培训赋能

完善帮扶地区农村新型合作组织对帮扶户的技术培训体系，建立专门针对帮扶户定制的以合作社作为核心和主体的培训机制，灵活运用各种培训方法，通过帮扶户现场观摩、开展专业技能培训会，举办田间学校、邀请农技站技术员和养大户社员定期为帮扶户开展专业技能培训和田间指导，对优质、高效种植养殖技术及病虫害综合防治技术、动物疫病防治技

术等进行讲解，充分实行科技特派员入驻合作组织指导技能培训，推动农技讲堂进村入社。建立相关的技术培训激励机制，制定农村新型合作组织技术培训的保障制度，实现对帮扶户技术培训的常态化，开展农村电子商务的培训，借助互联网生动的视听效果优势，提升培训效果，建立起长效的培训机制。加强经营管理方面的培训，指导帮扶户开展线上培训和远程培训，对帮扶户科技培训效果进行动态跟进检验与强化，加强农村新型合作组织的科技赋能，改善帮扶地区通信网络基础设施，帮助农村新型合作组织建设技术培训场所和培训设施，鼓励引进技术培训人才，引导合作组织对帮扶户开展线上线下培训，建立相应培训机制及培训制度。提高农村新型合作组织的管理者自身科技素养、文化素养和经营管理水平方面的培训。

支持农村新型合作组织开展新型职业农民相关知识教育及技能培训，在帮扶地区培养大批技术型农民，推动科技人员、技术能手回乡创业，加快农业科技成果转化及应用，通过通信网络基础设施改进、人才引进、财政补贴、税收减免等化解农业科技信息在帮扶地区大石山区传播的现实性难题，提高农业科技信息在大石山区的传播时效，推动农业科技成果及时进村入户，转化为帮扶动力。引进龙头企业入驻帮扶地区，通过"龙头企业+合作组织+帮扶户"带动技术创新，政府推动、企业投资和合作组织引领三管齐下，拉动科学技术推广和普及，在帮扶地区因地制宜兴起特色支柱产业，打造特色产业品牌。

三、强化农村新型合作组织科技示范推广效应

加大宣传力度，提高对农村新型合作组织科技示范推广效应认识和自觉，增强帮扶地区农村新型合作组织对帮扶户的科技示范推广效应，建立新型合作组织科技示范推广效应的激励机制和制度安排，加大新型合作组

织科技示范推广的基础设施投入；加大对科技示范基地建设的支持，加大引进科技示范推广人才人力，提高对科技示范项目承接能力；推动龙头企业、科研机构、高校等在科技示范推广方面主动对接农村新型合作组织，提高帮扶户对本地科技新品种的应用和积极性、应用能力和成效。探索"科研机构+合作组织、帮扶户""高校+合作组织、帮扶户""龙头企业+合作组织+帮扶户"协同创新与示范推广机制，以点带面示范推广农村实用技术，建立产学研一体化的成果转化示范推广服务模式。

四、提升农村新型合作组织科技研发与创新能力

一是从财政支持、税收减免等方面出台扶持相关制度保障和激励措施，激励实力较强的农村新型合作组织（如总社、联社或农村股份合作龙头企业）提升科技创新、科技研发与科技服务能力，形成自身的核心技术，提高对延长农业产业链重要性的认识，通过科技帮扶工程延长帮扶地区农业产业链，推进农业纵向一体化和横向一体化，推动农业产业集群，增强农产品市场竞争力，提高农产品附加值，加大农村科技研发与创新基础设施的投入力度。

二是农村新型合作组织通过电商平台创新科技帮扶运行方式，开展电子商务科技帮扶，引领帮扶地区农村电商发展，帮扶户依托农村新型合作组织与现代电子商务平台的成功对接市场，促进帮扶地区农产品对外销售，提高农村新型合作组织农产品营销水平。开拓新市场，节约销售成本，有效发挥电子商务在打破石漠化山区的时空局限、直达终端需求、聚合远端订单、发掘潜在农产品价值，优化资源配置，突破长期以来帮扶地区发展的相对封闭、本地市场狭小、需求不足、价值低估、资源浪费等瓶颈。

第四节 信息合作帮扶对策

一、建立"大数据+合作组织+帮扶户"信息帮扶模式

在滇桂黔石漠化片区等帮扶地区创新"互联网+""大数据+"帮扶机制，建立"大数据+合作组织+帮扶户"信息帮扶模式，推动智慧农村和智慧产业建设，建设"智慧合作社""智慧合作组织"，"智慧农户""智慧帮扶"，依托农村新型合作组织建设智慧农业综合服务平台，构建帮扶地区帮扶资源数据库，以数字化建设整合信息资源，推动网络信息终端进山入户。整合"村村通"等信息化建设项目，推动龙头型农村新型合作组织利用大数据、互联网的信息资源优势组织大数据帮扶体验活动，购买相关网络培训课程，开设大数据+多元帮扶的虚拟空间等形式，实现不定时、不定点、扁平化的信息帮扶网络体验，借助互联网生动的视听效果优势，提升传授、吸收与消化效果。

二、建立"互联网+合作组织+帮扶户"信息帮扶模式

通过建立"互联网+合作组织+帮扶户"的帮扶模式挖掘帮扶地区农村新型合作组织信息类合作组织信息帮扶功能，提高帮扶户信息资源利用水平。

首先是通过"互联网+合作组织+帮扶户"挖掘帮扶地区农村新型合作组织信息帮扶功能，开展电商帮扶，建设帮扶地区帮扶资源网络信息综合服务平台，帮助帮扶户学会自我搜寻市场信息，掌握主要的信息渠道，具备信息筛选和甄别能力，掌握快速及时获取有效市场的方法，帮助帮扶户对相关信息做分析；大力引导成立信息类合作组织，从帮扶资金、财政补

贴、税收优惠等方面大力扶持信息类合作组织发展，激励农村新型合作组织通过"互联网+"及时将重要市场信息传递给帮扶户，让帮扶户能根据市场供求关系来提早布局生产，为帮扶户提供各种风险预警，或做好风险防控准备；整合发布农村电子商务方面的相关信息，向大众推销农产品。定期聘请相关专家通过线上线下给帮扶户做市场形势分析，分析行业现状，预测市场前景，做成本、收益与利润分析，给帮扶户做产业诊断，使帮扶户在生产中不盲进，不被动，及时根据市场形势调整生产布局。通过"互联网+"实现"物联网+"，实现帮扶地区物流交会畅通。

其次，通过"互联网+合作组织+帮扶户"提高帮扶地区帮扶户信息资源利用水平，引导帮扶户通过互联网进行创业，利用互联网开展农产品电子商务，加快推进电子商务进村，加快推动帮扶地区农村流通现代化进程，提高帮扶户信息化参与力度，突破帮扶户对信息网络的应用的局限，提高帮扶户对市场信息、风险信息、致富信息、科技信息、实用技能、经营管理知识等相关应用信息的获取和应用能力，提高帮扶户对信息探寻、选择、甄别、分析与运用的能力。通过"互联网+"改变帮扶地区农村信息交流双向互动性，通过农村新型合作组织培训及引导帮扶户主动运用互联网发展农产品电子商务，使帮扶户能通过信息网络等发声，运用信息表达诉求，积极主动应对市场变化。

三、加大农村网络信息基础设施投入

推动重点帮扶地区农村网络信息基础设施投入，加快信息化建设，支持引导农村新型合作组织运用移动媒体等现代信息技术采用声、光、电等先进信息技术，通过整合 AGPS、GIS、GPS、GPRS、VR 等信息技术打造数字产业园区、数字基地、数字景区。推动农村信息化建设，消除信息贫困，提高农村新型合作组织信息帮扶功能，通过信息化提高帮扶户抗风险能力，借助合作组织建设帮扶户信息共享机制，推动以信息服务为最主要

宗旨的农村新型合作组织建立，鼓励其利用信息优势及时为农户提供市场预警和预测，带动帮扶户充分利用信息及时获取经济资源，利用信息化渠道更加便捷有效为帮扶户发布产品信息，提高帮扶户主动搜寻、筛选、甄别、利用信息的能力。

加大帮扶地区的公用移动通信基站、宽带互联网等通信基础设施建设，满足帮扶户的通信网络需求，满足农村新型合作组织电子商务、宣传发布、远程教育培训、在线培训等的信息需求。推动农村新型合作组织引导培训帮扶户在移动智能终端设备上进行远程职业教育培训和搜寻所需信息，通过提供信息网络平台和设备为帮扶户随时随地都能学习职业技能和销售产品。

第五节　生态合作帮扶对策

一、依托生态产业构建绿色帮扶机制

实践证明，发展绿色产业是后续帮扶的重要渠道，重点帮扶地区需要依托农村新型合作组织大力发展生态产业，统筹生态与经济协调发展，坚持人与自然和谐共生，构建绿色帮扶机制。通过转变农业经济发展方式、推动农村产业结构优化升级、发展绿色循环经济和绿色产业，构建可持续发展的绿色帮扶机制。

依托农村新型合作组织，调整经济结构，大力发展绿色循环经济，推动产业循环式组合，推进产业结构优化升级。包括编制循环经济发展规划，在重点行业、重点产业开展循环经济试点工作；开发建立绿色技术支撑体系，实现绿色生产、绿色需求和绿色消费；依靠科技创新，推动当地可再生资源回收利用和深度开发，提高资源利用率，提高生态环境的承载

力；转变经济发展方式，实现经济效益、社会效益和环境效益的统一。依托帮扶地区生态优势实施绿色帮扶战略，实现产品生产的生态化、绿色化、优质化。转变经济发展方式，走新型工业化道路。用生态文明理念指导农村工业化，促进工业结构优化升级，改变经济增长过分依赖资源型产业的局面；立足于帮扶地区生态优势，着眼生态消费，以绿色发展理念为指导，探索产业发展的新业态，提高农业生态服务能力，大力发展有机农业、生态农业、乡村生态旅游等，让帮扶户能参与到产业发展中并从中获益。

二、建设生态产业创业园

立足于县域经济发展格局，以农村新型合作组织为主体，建设生态产业创业园，推动生态产业集群化和规模化发展，组织帮扶户规模化标准化生产绿色农产品，延长生态产业链条，走质量帮扶之路。通过引导合作组织有序进驻生态产业创业园，实现帮扶地区农产品生产的生态化、绿色化、规模化。加快培育当地地理标志产品，加强对地理标志产品的认证，加强品牌建设。依靠品牌优势提升产品竞争力，提高特色优质农产品的商品化率。依托农村生态旅游组织，将帮扶户组织起来，建立各种生态观光园，生态农业体验园，生态采摘园、各种各样的农家乐等，推动乡村生态旅游产业标准化组织化规模化产业化发展，提升农产品品质，提升生态旅游服务质量和服务保障，提升当地生态旅游竞争力，为帮扶户提供就业机会，获得工资收入，鼓励帮扶户以房舍、土地和山林承包经营权入股旅游合作组织，以获得合作组织利润分红。提高帮扶地区农业生态服务能力，推动绿色消费。增加农业生态产品和服务供给，通过开发建立绿色技术支撑体系，实现绿色生产、绿色需求和绿色消费。

依托生态产业创业园加大培育和扶持生态服务类型的农村新型合作组织和生态帮扶人才，强化"公司+基地+合作社+农户"的利益联结机制，对生态农产品规模化标准化生产带动，扩大高品质的有机农产品产能，提高市场竞争力，加大对绿色农产品生产基地建设投入，深度挖掘地理标志产品价值，延伸生态产业链条，实现生态产业集群效应。纵向延伸不足，农产品多停留于粗加工阶段，精深加工不足，缺乏品牌效应，生态农产品附加值较低，专业合作社的销售渠道和议价能力有待提高。

三、加强环境污染综合治理

一是以农村新型合作组织为主体，推进农业生产废弃物资源化利用，在滇桂黔石漠化片区因地适宜推广经济高效、可持续运行的畜禽养殖废弃物综合利用模式，加快建设一批畜禽粪污原地收储、转运、固体粪便集中堆肥等设施和有机肥加工厂。依托农村新型合作组织推进秸秆综合利用规模化和产业化，建立健全秸秆收储运体系，实施秸秆机械还田和饲料化利用，推动秸秆能源化集中供气、供电，推动秸秆固化成型燃料供热等项目。推广使用加厚地膜，依托农村新型合作组织开展可降解地膜研发与试验示范，推进农田残膜回收区域性示范，建设地膜回收网点。建立农资包装废弃物贮运机制，回收处置农药、畜药、化肥等农资包装废弃物。

二是在帮扶地区建立农村保洁制度，创新乡村治理体系，走乡村善治之路，建立农村保洁员队伍，优先吸收帮扶户当保洁员，明确保洁员在垃圾收集、农村保洁、资源回收等方面的职责。通过修订完善村规民约、明确村民的保洁义务。

三是全面治理生活垃圾，因地制宜确定农村生活垃圾收运和处理方式，建设山区垃圾集中收集点，配备垃圾收集车辆；改造露天垃圾池等敞开式收集场所及设施，根据垃圾分类配备垃圾箱，鼓励村民自备垃圾收集容器，坚持每个贫困乡镇都应建有垃圾转运站。逐步提高转运设施及环卫机具的卫生水平，普及密闭运输车辆，配置压缩式运输车，建立与垃圾清运体系相配套、可共享的再生资源回收体系。

四是依托农村新型合作组织规范处置农村工业固体废物。加强帮扶地区农村工业固体废物产生单位的监督管理，督促相关加工型合作组织或工业企业严格按照国家环境保护标准贮存、转移、利用、处置工业固体废物，实施危险废物无害化管理，严格查处在农村地区非法倾倒工业固体废物和危险废物行为，推动农村地区工业固体废物的综合利用。

五是推行农村垃圾源头减量，适合在农村消纳的垃圾应分类后就地减量，可降解有机垃圾通过农村新型合作组织就近堆肥，利用沼气设施将农村畜禽粪便及秸秆等农业废弃物合并处理，就地发展生物质能源，可再生资源应尽可能回收。

六是对于建筑灰渣、建筑垃圾等惰性垃圾应铺路填坑或就近掩埋，鼓励农村新型合作组织或企业加大有害垃圾回收力度，提高综合利用率；有毒有害垃圾应单独收集，送相关废物处理中心。清理农村陈年垃圾，全面排查、摸清陈年垃圾种类、分布、存量及污染情况并彻底清除，禁止城市向农村转移堆弃垃圾。

四、加大生态环境综合治理力度

加大滇桂黔石漠化片区等帮扶地区石漠化综合治理。以水土流失综合治理为核心，以提高水土资源的永续利用率为目的，把石漠化治理与帮扶开发、水土保持、退耕还林、防护林种植、人畜饮水等生态工程有机地结合起来，多管齐下，通过封山育林、退耕还林、荒山造林，大力实施生态移民工程，将贫困村屯居民整体搬迁，出台优惠扶持政策，鼓励支持农村新型合作组织、企事业单位、个人及非公有制经济组织参与石漠化治理，调整石漠化地区能源结构，减少森林资源的能源性消耗。特别是以农村新型合作组织为主体发展生态循环经济，发挥农村新型合作组织示范带动效应，在帮扶地区引导帮扶户以沼气为纽带，坚持"一池三改"（沼气池、改厨、改圈、改厕），因地制宜推广"猪—沼—粮""猪—沼—果""猪—

沼—菜"等模式，促进农村产业结构调整。加快植树造林，加大推进林业重点生态工程项目，活化治理机制，建立森林生态效益补偿机制，加快集体林权制度改革，支持帮扶户开展林权流转、林股入股合作组织、林权抵押贷款、森林保险等、提高帮扶地区农民参与石漠化治理的积极性，依托农村新型合作组织推进林业生态扶贫。

第六节　旅游合作帮扶对策

一、发展壮大农村旅游合作组织

发展壮大农村旅游合作组织，提升帮扶户对旅游产业的参与能力。通过人才引进、人才培训、税费减免、财政转移支付、专项补贴、资金奖励、"企业+合作组织+帮扶户"等方式，大力培植发展壮大帮扶地区旅游合作社，由同类型乡村旅游产品及服务的旅游业经营者自愿联合、民主管理、互助发展旅游专业合作社，旅游专业合作社要特别重视对帮扶户的服务，提供乡村旅游相关从业设备工具的购买共享，相关资源的共同保护利用，相关服务及产品的联合营销与促销，各类人力资源的统筹调配，以及乡村旅游开发经营相关技术与信息等服务。挖掘旅游资源，增强合作社帮扶带动力，培育一批示范性旅游帮扶合作社，培育各种类型旅游合作组织，包括民族文化演艺型合作组织、园区依托型合作组织、旅游接待类合作组织（民宿合作社、乡村旅行社合作组织）、美食服务合作组织、景区配套服务型合作组织（手工艺合作社）、移民新村型合作组织、交通接待型合作组织、城郊游憩型合作组织（农业观光合作社、生态观光合作社、农家乐合作社）、医疗康养型合作组织等，集群发展旅游产业，支持帮扶户以房屋、土地、山林、资金、技能等资源或资金入股旅游合作组织，参与旅游项目开发，使其获得合作组织利润分红，获取分红收益。优先吸收帮扶户参与旅游合作组织，把帮扶户组织起来抱团发展乡村生态旅游，加强对帮扶户的相关从业技能培训，提升帮扶户旅游服务接待能力，加强旅游服务质量的标准化建设，推动乡村生态旅游产业标准化、组织化、规模化发展，完善旅游服务质量体系，加强对旅游业管理监督，提升旅游服务质量和服务保障水平，提升旅游市场竞争力，提升旅游合作社对帮扶户的带动，为帮扶户提供就业机会，增强旅游合作社与景区及帮扶户的利益联结机制。

同时，针对处于成长期的旅游合作社发展能力较弱的问题，推动旅游合作组织与龙头企业合作，通过"企业+合作组织+帮扶户+政府"方式，通过龙头企业，高效解决旅游合作组织资金、技术、品牌、市场等要素问题。龙头企业针对旅游合作组织生产的初始产品和服务，进行高水平及持续性包装营销，不断开拓市场渠道，使旅游合作组织的产品与服务实现更高市场价值。

二、开发一批特色山地户外运动项目

深入挖掘滇桂黔石漠化片区等帮扶地区旅游资源，开发旅游新业态，延伸旅游产业链，增强旅游产业对帮扶户的辐射力。依托滇桂黔石漠化片区等重点帮扶地区山地资源优势，开发一批全国级或世界级的有影响力的山地户外运动项目。如滇桂黔石漠化片区是典型的山地地貌，且发育典型独特，因此应因地制宜利用滇桂黔石漠化片区山地优势开发一批全国级或世界级的山地户外运动项目，包括：一是开发登山、攀岩、岩降等系列户外运动项目；二是开发漂流、搭索过涧、溯溪、溪降等峡谷系列户外运动项目；三是开发山地探险系列户外运动项目，滇桂黔石漠化片区属于典型的喀斯特地貌，洞穴资源非常丰富，地下暗河纵横密布，天窗、天坑分布很多，可充分利用这些得天独厚的资源开展洞穴探险、地下暗河探险、天

窗探险、天坑探险、高山徒步、峡谷穿越、江河源头探险等。四是开发山地丛林荒野挑战性较强的系列户外运动项目，如定位与定向、丛林穿越、山区穿越、丛林觅食、丛林宿营、野外生存等项目。五是开发高水平户外运动项目，包括山地自行车穿越、山地越野车挑战赛、直排轮穿越、山区公路徒步等。六是开发山地跑步产业，如举办山地马拉松比赛等。鼓励帮扶户通过合作组织积极参与这些运动项目开发。

三、打造一批有影响力的民族村寨旅游品牌

依托帮扶地区民族文化、红色文化、生态产业、健康养生、自然及人文景观等优势，充分开发民族村寨旅游资源，着力打造一批有影响力的民族村寨旅游品牌。滇桂黔石漠化片区等帮扶地区民族旅游资源非常丰富，但这些旅游资源主要集中于一些生态保存比较完好的少数民族集聚的村寨，这些民族村寨是旅游资源开发的有效载体，开发民族村寨旅游项目是帮扶地区民族文旅产业的重要抓手。

一是开发建设一批传统民族文化型民族旅游村寨，帮扶地区有很多民族文化、非遗技艺传承、自然人文景观鲜明的民族村寨，这些民族村寨具有较好的旅游市场进入性，可以旅游项目开发为驱动力，有效地辐射村寨帮扶户，建设精品、特品型的村寨旅游产品，提高市场竞争力，培育壮大民族村寨旅游集群。通过统一规划、逐步推进，增强村寨旅游基础设施和旅游接待服务设施，大力提升民族村寨旅游发展服务水平。对于旅游交通基础好、旅游禀赋高、要素配套完善的民族村寨，要加强相关业态培育，延伸旅游产业链，通过农村新型合作组织支持帮扶户发展民宿、美食餐饮服务和特色旅游商品。

二是开发建设一批园区依托型民族旅游村寨。通过"园区+合作组织+帮扶户+旅行社"的模式，在推动帮扶地区大力推进农业园区化，并依托农业园区开发建设一批园区依托型民族旅游村寨，提升园区依托型民族旅

游村寨旅游接待和服务能力，推动帮扶地区乡村生态旅游产业标准化组织化规模化发展，提升生态旅游服务质量和服务保障，培育注册具有地方特色的地理商标产品，提升帮扶地区生态旅游竞争力，发展优势特色生态旅游产业，通过建立各种生态观光园，生态农业体验园，生态采摘园、各种各样的农家乐、各种民宿、各种乡村旅行社、乡村旅馆等，发展旅游餐饮，发展旅游纪念品、旅游礼品、旅游手工艺品，发展一批旅游服务业。可以为当地帮扶户提供大量就业机会，获取工资收入，实现帮扶户收入快速提升，发挥其造血式帮扶效益。

三是开发建设一批景区配套型民族旅游村寨。采取"合作社+帮扶户+景区"发展模式，在帮扶地区景区开发建设中，优先吸收周边村寨帮扶户参与，增加帮扶户通过景区项目开发建设获得的劳务收入；依托重点景区带动周边贫困村特色农业发展，通过"景区+合作社+帮扶户"打造优质农产品基地，为旅游景区提供特色农产品，增加帮扶户口通过景区项目开发建设获得的销售收入；鼓励引导村民通过开办民宿、乡村旅馆、农家乐、餐饮美食、文化演艺、农业采摘、旅游伴手礼品、纪念品、便利品销售等方式参与景区服务，政府预留出帮扶摊位、停车场以免费或低价的方式优先照顾周边帮扶户。

四是开发建设一批城郊游憩型民族旅游村寨。立足于全面实施乡村振兴战略，重塑城乡关系，统筹城乡融合发展，通过"合作组织+帮扶户"，开发建设一批城镇周边特色民族村寨，积极发展旅游服务、旅游商贸、民族医药、健康医疗、民族服饰、文化创意品等产业，发展旅游地产，增强贫困县城综合支撑能力。需要重点依托农村生态旅游组织，将农户组织起来，建立各种生态观光园，生态农业体验园，生态采摘园、各种各样的农家乐等等，推动乡村生态旅游产业标准化组织化规模化产业化发展，提升农产品品质，提升生态旅游服务质量和服务保障，提升当地生态旅游竞争力。

五是开发建设一批交通接待型民族旅游村寨。由于"新型冠状肺炎"疫情对旅游业的冲击，未来相当长一段时期内，人群拥挤的封闭式场所会被摒弃，以自驾、自助为特征的家庭游、亲子游、情侣游将是旅游的新常态。与需求相比，帮扶地区的营地建设比较滞后，而一些民族村寨倾向于靠近交通枢纽，因此，可以考虑在重要的旅游交通节点，选择一批特色突出的民族村寨，规划配套自驾营地设施，通过"农村新型合作组织+帮扶户"模式，实现自驾营地配套设施和服务标准化，打造文化旅游体验与中枢服务区，将这些民族村寨打造成自驾服务营地。

四、加强旅游基础设施建设

即加强旅游基础设施建设，增强重点帮扶地区旅游接待服务能力。基础设施建设滞后是帮扶地区旅游帮扶开发重要限制因素，各地虽然基本已经达到村村通公路，但旅游道路等级较低，旅游巴士通行难度较大，公共交通滞后，自驾车也通行不畅。因此需要大力推进交通基础设施建设，同时，大力推进旅游接待基础设施和服务能力提升，帮助贫困村修建停车场、垃圾处理场、公共厕所等公共基础设施，推进水、电、网等基础设施建设完善，改造贫困村人居环境，完善旅游配套设施，提升旅游接待能力和服务水平。通过旅游基础设施建设改善帮扶地区经济发展环境，改善生态环境，发展旅游服务业，优化产业结构，推动区域经济转型升级。

第七节　健康合作帮扶对策

一、开发生态康养产业及民族医药资源

帮扶地区分布着很多个"长寿之乡"（如滇桂黔石漠化片区的巴马瑶

族自治县、上林县、东兰县、凌云县、扶绥县、大化县、马山县等等），具有发展生态康养的得天独厚的条件，应充分发挥资源优势，依托于农村新型合作组织发展大健康产业，建立一批生态康养合作组织，通过"健康产业合作社+帮扶户+医药龙头企业"，推动生态健康产业开发，提升规模化及标准化程度，增强辐射带动力，充分开发多种健康资源，延长生态健康产业价值链，促进生态健康产品精深加工，保证康养农产品及健康服务的品质，提高生态健康产品品牌知名度，带动帮扶户创造经济价值，增加就业机会少。大力发展中草药种植合作组织和生态康养产业类合作组织，引进和培养康养产业带头能人，通过技能培训提升帮扶户介入健康产业能力，增加帮扶户在健康产业链上所获得的就业机会和工资收入，提高帮扶户从健康产业获得分红收益。依托"长寿之乡"探索建立生态康养基地、生态康养基地、康养小镇、打造具有一定知名度的生态养生试点基地，拉动周边村镇的健康帮扶开发。发挥民族村寨生态宜居的特点，积极开发老年养生市场，打造以体育健身、休闲养心、健康养生、精神慰藉等为特色的养生度假基地。

同时，开发民族医药及康养资源，开发中草药资源，挖掘壮医壮药、瑶医瑶药、苗医苗药等多种民族医药经济价值，通过发展壮大中草药种植合作组织、生态康养合作组织建设一批中医药健康养生示范基地、民族医药康养示范基地，建立"康养基地+合作组织+帮扶户"的模式深入研发药膳美食、医药疗养、针刺艾灸、拔罐药浴等养生保健产品，打造一批民族医药品牌和特色康养品牌。

二、推动帮扶地区绿色生产

依托农村新型合作组织推动重点帮扶地区绿色生产，加大对帮扶户健康教育，是从源头预防帮扶户因病致贫和因病返贫的重要举措。引导帮扶地区农村新型合作组织带领农户进行环境友好型的标准化绿色生产，改善农村环境卫生，保证农药、化肥、兽药生产的标准化环保化，尽量减少甚至完全不使用农药、化肥、兽药，杜绝各种催熟剂、瘦肉精、激素、保鲜剂，确保当地饮水资源、空气、农产品等不受污染，对人体无碍，杜绝各种"怪病村"的出现，通过合作组织发展循环经济，推动帮扶户"厕所革命"，提高人居环境质量。

积劳成疾和因工致伤致残是重点帮扶户致贫返贫的重要原因，不规范不健康不安全的劳动操作是帮扶人口体弱病残的重要原因。因此可发挥农村新型合作组织在生产标准化、规范化、安全化方面的优势，推动农村新型合作组织引导农民进行安全作业、健康作业、卫生作业，预防和杜绝各种工伤事故和职业病发生。

三、加强农村传染病、地方病、慢性病防治

以政府购买服务模式引导健康产业合作组织参与解决帮扶地区的传染病、地方病、慢性病的防治工作，弥补基层医疗基础设施薄弱、医疗卫生服务体系落后、医疗卫生条件较差、卫生资源配置服务效率较低的状况。通过与帮扶户建立契约式服务关系，为帮扶户提供正规且相对完善便捷的体检诊断、健康管理以及医疗卫生方面的服务，提高公共卫生服务与健康帮扶融合度，加强慢性病签约管理，加大因病致贫和因病返贫的治理。

同时，通过农村新型合作组织特别是通过健康产业合作组织向农户宣传各种健康卫生政策和防疫知识，加大对帮扶户相关健康技能的培训加大对帮扶户基本的卫生保健常识及健康防疫知识教育，提高脱贫人口健康素养水平，从以治疗疾病为中心到以健康促进和预防为中心，普及健康和公共卫生预防保健知识，培养农民健康的饮食习惯和生活习惯，使帮扶户形成健康生活方式，改变帮扶地区农村居民口味过重高盐、高糖、高辣、高油的不健康饮食习惯。从根源上杜绝帮扶户沦入高血压、高血脂、高血糖等三高人群。

第八节 人口合作帮扶对策

一、加大对农村新型合作组织计生帮扶赋能

人口质量是帮扶地区致贫返贫的重要微观因素，帮扶地区帮扶问题不仅仅包括宏观上的经济发展问题，更是微观层面的人的重塑问题。应立足于阻断贫困代际传递，着眼下一代的培育，这是帮扶的根本方法。当地政府应积极引导农村新型合作组织所附带的计生帮扶潜能，出台政策赋予农村新型合作组织积极实现优生优育的帮扶功能。

首先，政府可依托农村新型合作组织对农户进行优生优育问题进行宣传和教育，提高帮扶户对优生优育问题的认识和把握，通过优生优育阻断贫困代际传递问题，从根本上解决贫困问题。特别通过相关补贴及奖励政策挖掘支持引导康养合作组织和卫生合作组织的优生优育功能，为生育帮扶户家庭提供帮助，为大龄生育家庭提供各种保健服务，利用康养合作组织的相关祖传秘方可能有利于解决不孕不育症。通过合作组织要求帮扶户强制备孕，误工费由政府补贴。

其次，通过财政补贴、奖励、税收及其他相关优惠政策等激励农村新型合作组织优先吸收备孕或怀孕夫妇到合作组织工作，或"合作组织+帮扶户+龙头企业"推荐这些备孕或怀孕夫妇到上下游龙头企业去就业。通过农村新型合作组织实现在家乡备孕和怀孕，从产假、排班等方面安排优先关照成员优生优育问题，出台更加人性化的管理措施，使孕育家庭在排班上不用值夜班和加班，作息有规律，有足够产假休息。吸收孕龄人员在家门口就业，生产生活都比较方便，这样非常有利于当地年轻帮扶户夫妇备孕养胎，提高备孕质量，有利于新生宝宝的健康，也有利于新生宝宝的

照顾。父母陪伴在孩子身边，避免孩子成为留守儿童，这对于儿童的健康成长非常重要，这是阻断贫困代际传递的重要环节。

最后政府通过农村新型合作组织宣传引导农户养成一个良好健康的备孕生活习惯，如滇桂黔石漠化片区普遍存在的吃辣、抽烟、酗酒等不良生活习惯，容易引发不孕不育症，影响胎儿健康。农村新型合作组织和龙头企业通过把自由随便的农民变为产业工人，利用工作上的便利现场规制农户喜欢抽烟酗酒吃辣等不良习惯，这种活学活用的方法比单纯通过基层医疗卫生组织流于形式的口号宣传要效率更高，效果更好。

二、加大对农村新型合作组织婚姻帮扶赋能

当地政府应积极引导农村新型合作组织所附带的婚姻帮扶潜能，出台具体政策赋予农村新型合作组织积极实现婚姻帮扶功能。如通过财政补贴、奖励、税收及其他相关优惠政策等激励农村新型合作组织吸纳当地未婚农村青年男女在合作组织就业，亲自举办或资助举办各类相亲会，这有利于让适婚年龄青壮年群体在当地找对象结婚，这有利于减少当地单身群体。同时，同时倡导文明健康的婚姻方式，抑制彩礼费高昂现象，消除重男轻女的封建落后思想，支持单身青壮年男女就业创业。

三、加强对康养合作组织养老育幼赋能

在帮扶地区大力发展壮大一批农村家政互助合作社，以缓解农村人口老龄化问题，防止因老致贫，因老返贫。通过农村家政互助合作社，平时邻里相互照应留守老人，特别生活无法自理且子女不在身边的农村老年人的护理问题，农村家政互助合作社将发挥着不可替代的作用，统一安排接送小孩上学放学，缓解孩子上学难和安全隐患，优先吸纳当地老龄化帮扶户劳动力就地就业和创业，使帮扶户就近照顾老年人，这对于缓解帮扶户老龄化的压力，应对农村人口老龄化非常重要。引导支持农村新型合作组

织吸收有劳动能力的农村老人加入专业合作组织，特别是吸收空巢老人入社，让他干力所能及的劳动，使老年人获取收入，解决老年人的生活费，减轻年轻人的负担。

加强对生态康养合作社的养老赋能，政府可依托帮扶生态康养合作社建立一批功能完善、管理规范、设备齐全、实力雄厚的健康养老合作基地，建立"健康养老合作基地+康养合作社+贫困老年人"，把居家养老优势与机构养老优势结合起来，使用帮扶户居家养老就可以享受机构养老的许多优势服务。

第九节 文化合作帮扶对策

一、建设民族文化产业创业园

建设民族文化产业创业园，构筑农村新型合作组织文化帮扶基地。在帮扶地区民族文化、红色文化、生态文化富集区，建设一批文化产业创业园，引导文化产业合作组织和相关农村新型合作组织入驻，以"创业园+合作组织+帮扶户"要求，发展壮大各种类型的文化产业合作组织，推动文化产业标准化、组织化、规模化发展，形成农村文化产业集群，构筑农村新型合作组织文化帮扶基地。通过合作组织培训提升服务质量和服务保障水平，推动原生态特色民族文化商业演出，实现文化演艺独立走出大山，形成当地文化旅游品牌。走向城市，增强文化产业合作组织的帮扶效应。以文化产业创业园作为基地，以文化产业合作组织作为帮扶地区原生态民族文化、生态文化、红色文化的组织载体，从数量、规模、实力、管理、制度等方面扶植培育一批文化产业合作组织，合作组织的范围从特色民族工艺品、美食文化、刺绣、服饰、纪念品等有形文化生产及销售的合作组织拓展到文化演艺合作社、文化服务合作社、民族文化节庆展演合作社、红色文化开发合作社等领域。

依托文化产业创业园，通过"创业园+合作组织+帮扶户+民族村寨"的联结机制，特深入开展文化旅游项目，开发建设一批传统民族文化型民族旅游村寨，增强文化产业发展后劲，将文化资源盘活成有效资产，传承发展提升农耕文明，走乡村文化兴盛之路，提升文化产业对帮扶户的帮扶效应。

二、深入挖掘文化资源价值链

通过文化产业合作组织延长文化产业链，深入挖掘文化资源价值链。通过农村新型合作组织延长文化产业链条，增加帮扶地区文化产业的帮扶节点，纵向深入开发帮扶地区特色文化资源，挖掘文化产业价值链，繁荣当地文化产业，创新营销宣传手段，加大对民族文化和生态文化的宣传和包装，提升当地文化产品的市场竞争力，通过文化产业创业园发展民族美食、手工制品、文化纪念品、民族医药、民族服饰等非物质文化遗产衍生产品，引导农村新型合作组织将现代时尚元素融入民族民间非物质文化遗产元素，把织锦、染织、刺绣、土布、蜡染、箫笛、银饰、美食等系列产品打造成有影响力的品牌，走向国内国际市场。

支持文化产业合作社带动当地农户积极开发原生态民族文化资源和红色文化资源，通过文化演出合作组织展示当地深厚的充满活力的原生态民族文化，向世人展示帮扶地区非物质文化遗产，挖掘原生态民族文化和非物质文化遗产的经济价值，通过各种文化纪念品合作组织、文化礼品合作组织、民族特色手工艺品合作组织来标准化组织化规模化生产文化产品，提升文化产品的文化价值，拓展文化产品销路。充分有序开发帮扶地区红色文化资源的富矿，挖掘特色红色基因经济价值，提升红色文化产业开发效率，依托红色革命文化，开发红色培训课程，吸引各地的机构及学校前来现场教学，接受红色文化教育，进而刺激当地消费和商贸，带动帮扶户增收。

三、加大对帮扶户文化产业从业技能培训

加大对帮扶户文化产业从业技能培训，增强文化产业合作组织对帮扶户的带动力。提高帮扶地区当地基层政府对农村新型合作组织对文化帮扶效应的认识。通过财政补贴、政策优惠、奖励等激励合作组织对帮扶户的相关文化产业从业技能培训，重点对滇桂黔石漠化片区等帮扶地区织锦、染织、刺绣、土布、蜡染、、箫笛、银饰等系列文化产品的制作培训，同时加大对帮扶户民族文化演艺技能，提高帮扶户参与文化产业链层次和能力，增强对帮扶户的带动力。在推动文化产业发展过程中，农村新型合作组织重点吸收帮扶户参与，使其在当地获得就业机会，获取劳务收入，帮扶户以土地、房屋、资金、技艺等入股合作组织，参与到文化产业帮扶的实践过程中，通过利益联结机制获取劳务、租金、分红、销售利润等收入。

四、建设合作反贫困文化

发挥农村新型合作组织文化风气及文化观念帮扶效应，在文化风气和文化观念上建设帮扶地区农村反贫困文化，推动文化风气及文化观念改造，消灭致贫返贫的文化根源。通过"合作组织+帮扶户"方式进行精神文化建设，通过专项培训、日常引导、入社门槛设置、专项奖金、平时宣传等方式对农户进行教育教化，活学活用"干中学""干中教""干中化"，农村新型合作组织变成思想教育的战斗堡垒，引导帮扶户革除不良文化习俗和不良社会风气。

第十节　教育合作帮扶对策

一、培育新型职业农民

首先当地基层政府需要提升对帮扶地区农村新型合作组织教育帮扶效应的认识，把农村新型合作组织定位为农民成长的摇篮，把农村新型合作组织打造成新型职业农民培育基地，使农村新型合作组织成为推动新型职业农民培训工程的重要载体，加强对农村新型合作组织教育帮扶功能认识，提升教育帮扶机制，充分发挥农村新型合作组织技术交流、技术传授、技能培训、技术互助等的职能。通过政策补贴、以奖代补的形式激励农村新型合作组织积极开展专业技能培训和经营管理培训，聘请技术专家给帮扶户进行技能培训，通过财政、税收、奖励等方式大力扶持技能培训型的合作组织发展，支持鼓励农村新型合作组织举办相关技能培训班，举办"农技讲堂"，支持有针对性地帮助帮扶户或重要关联农户掌握相关技能，举办培训班和聘请技术顾问。

其次，利用农村新型合作组织开展远程职业教育培训和在线技能培训，推动农村新型合作组织引导培训帮扶户在移动智能终端设备上进行远程职业教育培训，通过提供信息网络平台和设备使帮扶户随时随地都能学习职业技能。提升技能培训与传播的功能较弱，通过"公司+基地+合作社+帮扶户"的模式，由公司联系当地相关科研机构或高校所进行的园艺和养殖现场技能培训，开展远程教育和在线培训，从教育资金、教育人才、教育设备等硬软件条件方面支持农村新型合作组织发挥教育帮扶功能，针对帮扶户家里不具备远程教育的条件，合作组织可利用互联网信息技术为帮扶户提供常态化的远程职业技能教育培训。

三是把农村新型合作组织作为帮扶户学习经营管理的一个重要学习平台，通过聘请相关的合作组织领头人、经济能人、农村企业家、企业高管等经济精英来开办经营管理培训班，给农户培训相关的经营知识，让帮扶户真正具备自我发展能力，把输血式帮扶变成造血式帮扶，为帮扶地区建立起内生式脱贫机制打下基础。

二、建设校外教学基地和后勤保障基地

一是帮扶地区农村的中小学及学前教育办学基础条件比较薄弱，可通过"校社合作"，把农民专业合作社和股份合作农业龙头企业的生产基地发展为中小学校和幼儿园校外教学基地，使农民新型合作组织成为中小学校和幼儿园"校外课堂"，平时中小学校和幼儿园可以安排中小学生和学前儿童到合作组织生产基地参观，直观理解相关科学知识。通过校社合作，农村新型合作组织将自己生产的绿色农产品和有机农产品以优惠价格出售给学校食堂，保证帮扶地区学校的食品安全问题。

二是通过与帮扶地区及周边区域院校特别是高职中职院校开展合作，把农村新型合作组织建成学习的实习实践基地，并优先吸收帮扶户子女到相关合作组织开展社会实践和毕业实习，毕业后可优先吸纳帮扶户子女到合作社就业，培养新一代高素质职业农民或农业职业经理人。

三是在帮扶地区大力发展壮大一批农村家政互助合作社和资金互助社，引导农村新型合作组织帮助帮扶户解决子女教育及后勤保障问题。通过农村家政互助合作社，平时邻里相互照应留守儿童，统一安排接送小孩上学放学，缓解孩子上学出行安全隐患，创业条件组织留守儿童进行统一的课后辅导。优先吸纳当地有学龄儿童的帮扶户劳动力入社就业和创业，方便帮扶户照顾孩子。建立教育资金互助合作社，成立资金互助合作社，对因学致贫家庭建立稳定的教育帮扶机制，对贫困家庭子女进行教育资金的扶助，使其不会因贫困而辍学。

四是推进城乡教育均衡发展，实现更广泛的教育公平。推动帮扶地区城乡教育资源统筹配置，引导教育资源更大程度向帮扶地区倾斜，提高帮扶地区教师队伍整体水平，从根本上改变帮扶地区农村学校落后的办学条件。推动发达地区优质学校与帮扶地区学校、城市学校与农村学校建立结对关系，建立城乡教师交流制度，合作办学，共享教育资源，推动优质教育资源进入农村课堂，鼓励优秀大学生和城市老师到帮扶地区支教，合作带动农村贫困学校的发展。

第十一节　加强微观指导与管理

一、加强对农村新型合作组织建设的分类指导

农村新型合作组织是推动农村经济发展的重要的主体，合作组织比其他机构更接近帮扶户，在参与帮扶过程中优势非常明显，帮扶地区应合理规划，给农村新型合作组织充分赋权，让农村新型合作组织积极参与到帮扶政策的制定中来，使相关帮扶政策措施更贴近实际，更具有可行性。

加强对帮扶地区农村新型合作组织自身建设的分类指导，加强指导的针对性，对合作组织实行"一社一策"，充分激励及发挥其多元帮扶效应，需要重视农村新型合作组织内部机制的缺陷的审视和改革，推动其多维度多元化实现其帮扶效应。深化供销合作社综合改革，在脱贫地区开展生产、供销、信用"三位一体"综合合作试点，健全脱贫地区服务农民生产生活综合平台。加大对农村新型合作组织的扶持力度，同时出台相关的激励机制，加大对帮扶效应显著的农村新型合作组织的奖励，充分发挥合作社在多元帮扶中的载体作用。给农村新型合作组织给予充分的资金支持，为农村新型合作组织扩大规模及吸纳帮扶户提供资金帮助，增强农村新型

合作组织多元帮扶后劲。

二、强化农村新型合作组织的财务管理与指导

滇桂黔石漠化片区等帮扶地区农村新型合作组织处于初级阶段，正处于起步或扩张期，内部制度缺陷，经营管理不规范，财务管理不规范，影响到帮扶资金的安全和规范使用，因此需要指导农村新型合作组织健全内部财务管理制度，使财务管理规范化，内部公开化，培训相关财务人员，提升农村新型合作组织负责人的财务知识。主要负责人全面参与财务管理的风险监测、风险识别、风险评估、风险度量、风险控制及风险监察，创建独立的财务风险预警体系和风险管理体系，建立灵活快速的财务信息收集和反馈体系，强化内部控制监督防止操作风险。可通过政府部门组织农村新型合作组织财会人员技术培训，提升农村新型合作组织财务管理操作的规范性，预防操作风险。

同时，为了使帮扶项目资金使用的安全性和规范性，可通过由当地政府组织的相关审计组织对当地农村新型合作组织进行财务审计，对农村新型合作组织的资产、负债、损益的真实、合法和效益进行审计监督，并对农村新型合作组织会计报表反映的会计信息依法作出客观、公正的评价，形成审计报告，出具审计意见和决定。以便揭示和反映农村新型合作组织资产、负债和盈亏的真实情况，纠察农村新型合作组织财务收支中各种违法违规问题，保证帮扶项目资金的安全性。

第十二节 加强宏观支撑与管理

一、树立多元合作帮扶的整体性思维

要实现帮扶地区全面脱贫和可持续发展，实现乡村振兴战略，首先需

要正确认识帮扶地区贫困的复杂性和新特点，帮扶地区因其恶劣的自然条件、经济基础、历史因素、社会文化的等原因，使得该区域的贫困绝不仅仅是产业上收入上的贫困，而是涵盖产业、金融、生态、科教、信息等方面的多元贫困，是一种多维度交织性和复合性贫困，其特征是综合性、多维度和顽固性。2020 年后在全面建成小康社会背景下，滇桂黔石漠化片区等帮扶地区已经消除了绝对贫困，但不意味着帮扶地区贫困问题从此不复存在，不意味着这一片区以后不再需要帮扶。绝对贫困基本消除之后，帮扶地区贫困问题将由以物质稀缺为主要特征的生存型绝对贫困转变为发展型的相对贫困。脱贫攻坚也转变为乡村振兴战略下的后续帮扶，帮扶地区贫困治理将进入一个以防止返贫和转型性为特点的乡村振兴阶段。与决战绝对贫困的脱贫攻坚阶段相比，帮扶地区后续帮扶将出现诸多新特点、新形式，面临新挑战、新任务，贫困治理将出现"多类别""多维度"和"多层次"等特点，其治理的难度更复杂，更加迫切需要从多维度多元化审视帮扶问题，既要做好预防返贫，又要建立持续帮扶的长效机制。

当然，无论是脱贫攻坚，还是后续帮扶，帮扶地区乡村振兴的一个重要障碍仍然主要在于社会基础薄弱，社会建设滞后，社会机制缺失，这就导致发展的自我发展机能缺失，发展的内生力量生长机制缺乏。农村新型合作组织是推动农村经济发展的重要主体，合作组织比其他机构更接近农户，在参与后续帮扶过程中优势非常明显。在推进帮扶地区农村新型合作组织后续帮扶过程中，应树立后续帮扶的整体性思维，基于多元帮扶的视角，从产业帮扶、金融帮扶、科技帮扶、信息帮扶、生态帮扶、旅游帮扶、健康帮扶、人口帮扶、文化帮扶、教育帮扶等多方面有针对性地建立起各种形式的合作帮扶模式，把农村新型合作组织作为后续帮扶的重要抓手，把农村新型合作组织打造成新时期乡村振兴的组织载体，构建持续帮扶的经济机制、社会机制和生态机制，形成后续帮扶的社会基础和社会合力，构建帮扶地区后续帮扶的长效机制。

二、加强对农村新型合作组织后续帮扶风险管理

（一）强化对农村新型合作组织帮扶项目风险评估

项目风险是指可能导致项目损失的不确定性，以及未来项目收益的不确定性，在项目投资中可能会遭受收益损失甚至本金损失的风险。美国项目管理大师马克思·怀德曼将其定义为某一事件发生给项目目标带来不利影响的可能性。较高的项目投资风险和较低的项目投资回报率决定了农村新型合作组织较低的信贷融资成本上限，超出该上限的即便再有效率的金融供给也将会被抑制。

实行农村新型合作组织帮扶项目（特别是贷款投资的帮扶项目）评估制度，可以使帮扶地区农村新型合作组织能谨慎经营，规避风险，提高帮扶项目的成功率。对贷款投资项目的评估尤为重要，可建立农村新型合作组织贷款投资项目评估审查制度，由于农村新型合作组织自身实力较弱，应由当地政府或政府组建的农业服务公司牵头组织银行、农业龙头企业、高校、科研单位等机构的专家对农村新型合作组织重大贷款投资帮扶项目风险进行评估分析。

首先是对自然风险的防控。由于帮扶地区农业生产面临的自然风险比较高，特别是种植类农村新型合作组织需要靠天吃饭。显然，对于防范自然风险，农业基础设施建设非常重要，通过农村新型合作组织自己出资、政府出资或政府补贴方式加强农田整治、水利灌溉、喷灌打井、机耕道路、农用道路、水电设施、照明设备，天气预报等农业基础设施建设的投入，可建立帮扶地区农业自然灾害预警系统，提升农村新型合作组织基础硬件装备水平，增强农村新型合作组织的防洪抗旱和防病虫害能力，避免或减少自然灾害风险。

其次是技术风险防范。通过借助与农业科研单位、农业院校等科技部门合作，加强对所采用技术的市场调研和可行性评估，引进科研部门对新

技术使用进行指导监督，提高引进技术的转化效能。加强对农村新型合作组织和帮扶户的技能培训，提高帮扶地区农业生产的标准化，防止技术使用的操作风险。

（二）提升帮扶地区农村新型合作组织风险集散及转移能力

农业生产的自然风险和市场风险较大，特别是帮扶地区农村新型合作组织从事的都是弱势农业。农业投入的当期规模往往根据上一个周期的市场供求及价格来决定，农业生产周期较长，季节性强，一旦确定当期供给规模，则无论市场供求及价格如何变动，无论自然条件如何变化，农村新型合作组织都只能被动接受市场的反应，供给弹性几乎为零，因此面临的风险非常大。

首先是风险集散，风险集中主要适用于农村新型合作组织联盟（如总社或联社）或龙头型的股份合作企业，即在联社内部开展互助保险。帮扶地区已经出现少数农村新型合作组织联社，这些联社可由联社内部各成员社缴纳一定数量的保险金，组建合作联社保险基金，由联社总部统筹管理使用。当然，滇桂黔石漠化片区等帮扶地区农村新型合作组织还处于发展的初级阶段，规模较小，内部制度和管理不健全，区域性或行业性的联社很少，多数不具备风险集中策略的适用基础。因此，为提高农村新型合作组织的竞争力，应推动农村新型合作组织联社的成立，以提高农村新型合作组织的市场话语权，增强农村新型合作组织联合抵御风险的能力。对于实力较强管理较完善的农村新型合作组织，可通过跨地域、跨所有制、跨行业开展经营和提供服务，通过开展多种经营以分散投资风险。

其次是通过签订订单合同转移风险。农村新型合作组织通过发展订单农业将风险转移给实力雄厚的龙头企业，订单农业是一种合同农业或契约农业，是近年来出现的一种以销定产的新型农业生产经营模式，产销双方在种养生产前即签订合同，规定农产品收购数量、质量和最低保护价，使双方享有相应的权利、义务和约束力，不能单方面毁约。对于农村新型合作组织来说，订单农业具有市场性、契约性、预期性。因此实力弱小的农村新型合作组织可通过订单合同方式将农业项目投资的市场风险转嫁给实力雄厚的订购企业（一般是实力雄厚的农业龙头企业），从而避免了生产盲目性，使农村新型合作组织规避了市场风险。

（三）完善帮扶地区政策性农业保险制度

农业是自然再生产和经济再生产交织在一起的产业。既要面对生产的自然风险，又要面对市场风险，建立农业风险化解机制是所有发达国家促进农业发展的重要手段。为提高合作社在重大灾害条件下的偿付能力，减少合作社的风险责任，国外合作社都将投保作为风险转移的重要方式，有的则直接通过在合作社内部设置保险机构，开展内部合作保险业务，如日本农协的互助保险业务，通过会员之间的互助协作，在内部建立风险基金。

一是扩大滇桂黔石漠化片区等帮扶地区政策性农险补贴品种，扩大农险覆盖面。应因地制宜，以县为单位，筛选当地的优势特色农作物和养殖品种，扩大保险品种瞄准范围，对于当地基础性和主导性农作物和养殖品种，应实行法定保险，以保障较高的承保面；对于其他农作物和养殖品种，采用政府引导、自主自愿方式，鼓励商业保险公司经营农业保险业务，逐步扩大农险承保面，拓宽农业保险覆盖面。加大政策性农险监管力度。保险监管机构及财政部门应加大对政策性农险的监管力度。督促经办机构规范经营政策性农险业务操作流程，加强对政策性农业保险的外部审计，防止农险资金被挪用侵占。

二是创新帮扶地区农业保险资金补贴方式，完善农业保险保费补贴拨付划转机制。对规模种植和养殖保险的农村新型合作组织实行强制保险，可制定相应期限的农业保险保费补贴管理办法，整合支农资金直接补贴到农户，通过改进和完善农业保险保费补贴拨付划转机制，防止各级财政延迟支付保费，保证农险保费及时到位，及时进行理赔。规范政策性农业保险流程，提高政策性农业保险的承保理赔质量，建立政策性农业保险长效机制。

三是建立帮扶地区健全巨灾风险分散机制和建立帮扶地区风险补偿基金。建立农业保险基金和再保险基金，加速基层农业保险基金的累积速度，引导商业性保险公司拓展涉农保险业务。建立起商业保险和政策性农业保险相结合的多层次巨灾风险分散机制。由政府出资建立农业风险补偿基金，为保险公司的农业保险支付保险费，完善村级风险补偿基金，鼓励金融机构主动介入风险补偿基金机制建设。

三、完善合作帮扶财税支持政策

（一）完善合作帮扶财政支持政策

一是完善帮扶地区财政配套投入政策。帮扶地区财政用于农业方面的投入比重较小且使用零散，对农业补贴，集中于流通领域，生产环节的补贴则较薄弱，补贴用于企业的多，用于农村新型合作组织的少。财政补贴的主要目标是改善农村新型合作组织的市场竞争环境，提升农村新型合作组织的市场竞争能力。在扶持的目标群体方面，重点扶持那些帮扶效应显著的农村新型合作组织，灵活运用财政扶持的方式，实现财政资金支持农村新型合作组织发展的方式多样化，包括政府直接提供服务、政府直接进行公共投入、政府直接购买服务、基础项目建设直补、生产经营中的各项财政贴息、以奖代补、农村农技推广和植保补助费等方式。财政支持农村新型合作组织的方式需通盘考虑配套金融政策、减免税收、以奖代补等各种支持措施的协调运用。加强帮扶地区农业抗风险能力的投入，将农村新型合作组织优先纳入政策性保险试点单位；加大对农村新型合作组织商标及品牌建设的投入；加大农业信息化投入，加大对农村新型合作组织教育培训的公共投入。

二是明确帮扶地区财政投入的重点领域。加强农业抗风险能力的投入，将后续帮扶的农村新型合作组织及帮扶户优先纳入政策性保险试点；加强农业标准化建设投入，以推动开展无公害农产品原产地标志认证，制定和实施农产品技术标准，加大对农村新型合作组织商标及品牌建设的投入；加强农业生产基础设施建设、农业中小型基础设施（小型农田水利、打井、喷灌、气象及测量土壤墒情的传感设备等）、仓储设施、冷藏设施和运输设施、农业产业园区和大型农机等的投入；加大农业信息化投入和农民及合作社教育培训的公共投入；加大投资建设产地批发市场和交易市场。

三是针对帮扶地区财政投入方式。灵活运用财政扶持的方式，包括政府直接提供服务、政府直接进行公共投入、政府直接购买服务、基础项目建设直补、生产经营中的各项财政贴息、以奖代补、农村农技推广和植保补助费等方式。以奖代补主要针对帮扶地区农村新型合作组织的制度建设、规模化管理和经营业绩等；项目建设直接补贴主要面向合作社的大型硬件建设和基础设施；生产经营财政贴息主要是加大合作社贷款的贴息力度，增加农业保险补贴额度，完善贷款贴息制度。政府直接购买服务主要是购买专业性较强的行业服务项目；政府直接提供服务方式主要是开展技术培训、合作社管理培训和农技推广方面。

（二）完善合作帮扶税收支持政策

通过税费减免以减轻农村新型合作组织税收负担。一是对农村新型合作组织为帮扶户提供的各项服务的收入，免征营业税。二是对于农村新型合作组织的所得可给予免征企业所得税。三是对农村新型合作组织初加工农业产品免征增值税，对从事农产品深加工的农村新型合作组织，给予一定年度的增值税免税优惠。四是降低农村新型合作组织及与之相关的机构（如产业化龙头企业、农村金融机构）的营业税税负，按最低的税率征收营业税，对农村新型合作组织开展的相关后续帮扶业务免征营业税与企业所得税。五是通过税收优惠加强对农村新型合作组织产业帮扶、金融帮扶、科技帮扶、信息帮扶、生态帮扶、旅游帮扶、健康帮扶、人口帮扶、文化帮扶、教育帮扶等帮扶项目和硬软件设施设备投入的支持。

第七章

案例分析

第一节　都安县嘉元野猪养殖专业
合作社新型合作帮扶助力乡村振兴①

一、嘉元野猪养殖专业合作社概况

都安县嘉元野猪养殖专业合作社成立于 2015 年，注册资本 30 万，2023 年固定资产规模 180 万元，是在都安县永安镇野猪养殖协会基础上成立的，主要业务是从事成品野猪人工养殖、繁育和贸易，野猪养殖基地坐落在都安县永安镇蒲庙镇良勇村，距离都安县城 30 多公里。合作社法人代表兼总负责人韦思是当地经济能人，合作社经理韦国是一名年仅 25 岁的返乡大学生。目前，都安县嘉元野猪养殖专业合作社已发展社员养殖户（注册会员）306 个，其中帮扶户 168 个，带动农户 395 个，包括 235 个帮扶户 1 个。2023 年社员户饲养种猪 1650 头，年出栏商品小野猪 25000 头，产品近销南宁、柳州、北海，远销广东、福建，甚至远销东盟国家。近五年

———————
① 资料来源于实地调查访谈。

来实现年均销售收入 1980 万元，纯收入 950 万元。

嘉元野猪养殖专业合作社坚持建立健全机构，规范管理经营，与都安县永安镇野猪养殖协会实行二位一体运作管理，设有党支部（有会员 63 名）、理事会、技术培训部及财务部等四个工作机构，专门负责合作社的日常工作。合作社内部分工明确，制定理事长、监事、秘书长等各部门岗位职责，建立财务及资产管理制度。合作社建设占地 2500m^2，建筑面积为 900m^2 的综合服务办公楼，内有党支部办公室、党员活动室、办公室、培训室、阅览室、接待室。由于合作社组织机构健全、产权明晰、遵纪守法、管理规范，对生产经营起到了极大的推动作用。

嘉元野猪养殖专业合作社已成功创出一条走特色养殖带动农户致富的路子。在帮扶攻坚战过程中，不断创新运作模式，为社员提供多方位服务充分展现了农村新型合作组织多元帮扶效应。

二、嘉元野猪养殖专业合作社的产业合作帮扶实践

嘉元野猪养殖专业合作社在发展过程中，充分为入社农户特别是帮扶户提供生产上的全方位服务。野猪人工养殖是一种特色养殖，为了保证合作社的运作高效，合作社在发展过程中不断探索，创新了一套独特的产业帮扶运作模式，贯穿野猪养殖的种苗繁育、商品猪养殖、技术服务、产品购销的全过程：一是种苗繁育。种苗繁育由合作社核心养殖场进行，核心养殖场针对原种野猪产仔少、生长慢、野性强等弊病，经过驯化杂交培育出产仔多、生长快的杂交一代种猪苗并提供给社员养殖。目前，合作社核心养殖场每年可繁育出 1500 头改良型父母代野猪种苗。二是商品猪生产。这个阶段由社员户操作，农户利用核心场提供的父母代种野猪，自繁自养繁育商品野猪。入社的 168 个帮扶户共饲养种猪 950 头，每年可生产 1.5 万多头杂交商品野猪以上。三是产品购销。这个环节由合作社完成，帮扶户繁育出来的商品野猪由合作社统一现金收购后集中到合作社仿野生生态

放养场，进行仿自然环境饲养，提高野猪的品质和风味，达到一定标准后再供应到市场。嘉元野猪养殖专业合作社以"野猪人工养殖"为主营业务，项目实行"协会+帮扶户+合作社"的运作模式，即由合作社向帮扶户赊销野猪仔，全程为帮扶户提供技术服务，由合作社保价收购再统一销售等一条龙服务。除了为帮扶户提供全方位的服务之外，嘉元野猪养殖专业合作社还发挥示范推广辐射作用，带动周围群众发展特色养殖。合作社得到发展壮大后，积极发挥示范带动作用，推动发展培育一村一品优势特色产业，有力地推进农业产业化进程，全面提高了组织生产能力，带动帮扶户增加收入，永安镇仁业村弄沌队有 15 个帮扶户，养殖野母猪 185 头，年出栏商品野猪 3000 头，如陆荣健一户就养殖 10 头母野猪，每年生产 150 头商品野猪，年纯收入 8 万元以上。这些帮扶户靠养殖野猪走上脱贫之路。在嘉元野猪养殖专业合作社的产业带动下，入社的 168 个帮扶户在 2018 年便实现了脱贫。

三、嘉元野猪养殖专业合作社的金融合作帮扶实践

嘉元野猪养殖专业合作社在全方位带动帮扶户脱贫，多维度发挥帮扶效应过程中，最值得一提的是金融帮扶效应。融资问题是嘉元野猪专业合作社发展的一大制约因素，合作社从两个层面解决资金问题。一是解决合作社资金周转困难的信贷融资，二是解决帮扶户资金困难的信贷融资。解决帮扶户资金困难的融资方面，主要是合作社统一向帮扶户赊销野猪仔（价格低于市场价格，提供半个月的供料及供药的赊销服务，并按野猪养殖数量提供每只 30 元的猪圈修建补贴费用，这在一定程度上缓解了帮扶户的前期投入问题。但要成规模地养殖野猪，尚需要一笔投入，虽然数额不大，但对于帮扶户来说，这无疑是个难题，因此需要向外融资。对此，合作社与当地信用联社签署了合作协议，由合作社向信用社提供帮扶户的资料并担保，由信用社向帮扶户提供养殖贷款（用于修建野猪舍和其他开

支）。合作社和帮扶户签订合同，规定帮扶户不得将成品野猪卖给第三方，全部符合要求的野猪必须卖给合作社，并确定收购的最低保护价，在收购过程中及时调整收购价格，随行就市。野猪收购后，合作社直接将贷款存入信用社指定的帮扶户账户（帮扶户按合同规定在银行开立的账户，以用于结账扣款），信用社从帮扶户销售款中扣除贷款本息，直到完成所有借款的抵扣为止。同时，赊销的结算与货款的结算同时进行，合作社也从帮扶户的销售货款中扣除野猪仔及半个月的供料、供药等赊销费用（实行一定时期内总结算的方式，一般是一年两次，分别集中在 7 月中旬和 12 月底）。

合作社本部（核心场）的资金困难主要表现为销售货款不能及时回收造成的资金困难和扩大规模的资金投入问题。对于资金需求问题，合作社同样需要向银行贷款。合作社虽然小有名气，但由于需要的资金规模较大，同样面临着较高的市场风险和自然风险。因此同样需要合适的抵押物才能获得规模贷款。合作社在对外销售野猪时，经常不能及时得到货款，由此形成应收账款。为此，合作社以赊销产生的应收账款进行质押向银行申请融资业务。由于欠款的一方主要是都安县信誉较好的大酒楼大饭店或大型连锁超市，资信水平较高。因此，农村信用社和商业银行愿意采用应收账款质押贷款模式给嘉元野猪养殖专业合作社授信。下面以 2021 年的一次贷款为例介绍其具体流程。

首先，嘉元野猪专业合作社赊销成品野猪给信誉较好的红太阳大酒店和南城百货大型连锁超市（简称"下游经销商"），形成 220 万元的债权债务关系。其次，合作社以对赊销成品野猪产生的应收账款单据向当地永安信用社提出质押融资申请，贷款金额 220 万元；第三，信用社对嘉元野猪专业合作社拟质押的应收账款单据进行确认，并获得红太阳大酒店和南城百货大型连锁超市出具的付款承诺书，承诺还款并将款项存入嘉元野猪专业合作社在永安信用社开立的回款专用账户；第四，嘉元野猪专业合作社与永安信用社签订相关信贷合同及对应的《应收账款质押合同》；第五，永安信用社在人民银行征信机构建立的"应收账款质押登记公示系统"办理应收账款质押登记；第六，永安信用社给嘉元野猪专业合作社发放贷款，合作社将贷款投入下一轮野猪繁育、养殖、服务、收购环节和扩大生产规模，添置固定资产（两辆专门用于运输野猪的货车）。第七，红太阳大酒店和南城百货大型连锁超市在 2023 年 12 月 25 日（规定期限为 2023 年 12 月 30 日）将应付账款金额 220 万元支付到嘉元野猪专业合作社在永安信用社开立的回款专用账户；第八，信用社在贷款到期时（2023 年 12 月 30 日）从上述回款专用账户扣款归还贷款。

除此而外，嘉元野猪专业合作社还采用保单抵押进行融资。首先，由于野猪养殖风险较大，嘉元野猪专业合作社对野猪进行了投保，到平安保险公司购买信用保险，并以保单为抵押向永安信用社申请贷款融资。接着嘉元野猪专业合作社、农业保险公司和永安信用社签订《保单赔偿转让协议》，将保单项下赔款权益转让给永安信用社；信用社按保单金额的一定比例给予嘉元野猪专业合作社提供融资服务。嘉元野猪专业合作社通过应收账款抵押贷款，实现提前变现，大大提高合作社营运资金周转效率，保证合作社野猪繁育养殖和收购的资金能及时到位。缓解了下游经销商延长占款周期所给合作社养殖和收购成品野猪的资金压力，使野猪养殖帮扶户的育养销环节不受赊销影响。而保单融资则使嘉元野猪专业合作社在没有任何担保的情况下即可获得银行贷款，有效缓解了资金约束问题。嘉元野猪养殖专业合作社成功解决了野猪养殖帮扶户的资金难题，充分发挥了金融帮扶效应。

四、嘉元野猪养殖专业合作社的教育合作帮扶实践

嘉元野猪专业合作社还充分实现了教育帮扶效应，合作社成了帮扶户学习的乐园。合作社始终坚持为社员提供最好的技术服务，特别是野猪人

工养殖是一个新兴的养殖业，对养殖户有特殊的技术要求。因此合作社非常注重对入社帮扶户的技术指导和培训，合作社利用培训室对帮扶户进行技术培训，聘用畜牧专家为帮扶户提供技术顾问，请业内专家对帮扶户进行定期或不定期的技术培训，每年定期举办6~8期培训班，参训帮扶户达到500人次以上，并与中国林业出版社联合出版《特种野猪养殖技术与开发利用》一书发放给社员，发放书籍800册以上，保证每个社员都掌握基本的野猪养殖技术和特别要求，还定期派核心场具有实践经验的技术人员到帮扶户养殖场巡视指导。同时，设立一个电子液晶屏，显示各地野猪产品市场行情等技术信息，使养殖帮扶户得到及时的最新市场行情信息。为了不断丰富协会"农家课堂"的培训形式，协会还配备了电脑、电视机、影碟机、投影仪等电教设备，建立起了"互联网教育、现代远程教育、光盘教育"三位一体的立体互动式帮扶户电教模式。由于在教育帮扶方面的突出表现，嘉元野猪专业合作社被授予"都安县十佳农家课堂"、河池市"十佳农家课堂"、都安县"科技致富示范基地"、等荣誉称号，成为广西部分涉农高校的创业培训基地。帮扶户正是在嘉元野猪专业合作社农家课堂里学到很多技能和经营管理知识，利用这些技能和知识，帮扶户不断扩大规模，获得了丰厚回报，实现了增收和脱贫。

五、嘉元野猪养殖专业合作社的生态合作帮扶实践

嘉元野猪养殖专业合作社的生态帮扶效应也很显著。为了提高竞争力，合作社始终注重产品质量，积极打造品牌，着眼长远发展。嘉元野猪养殖专业合作社所在的永安镇属山区，在嘉元野猪养殖专业合作社成立及和发展壮大之前，当地农户养殖点都比较分散，人畜杂居，动物排泄物臭气熏天，污水横流，人居环境受到污染，不但如此，由于山区环境，地势有高有低，饮用水源常常位于低处的山脚，人畜杂则常常居于半山腰，山区没有系统的排污系统，污水脏水随便倒，动物排泄任意排放，饮用水源

也受到污染，而且山区土地贫瘠，可耕种面积少，农民种地时为了省事和提高产量，大量使用农药、杀虫剂、兽药、化肥等，这些药物残留都会渗到地下水系统，污染饮用水源，而且也很难生产出有机或无公害农产品，而且农民经常焚烧秸秆，影响当地空气质量。

嘉元野猪专业合作社出现后，这种情况出现了转机，首先嘉元野猪专业合作社在养殖场所的建设上就考虑了保护水源保护居住环境的问题，将养殖场地建在地势比较低洼的地方，这些地方比当地饮用水源和居住区还低，通过合理设计，解决水源污染问题。同时通过标准化养殖，瞄准有机农产品和无公害农产品这一目标，控制了农药、杀虫剂、兽药等对土地的污染，带领养殖户发展循环经济，这样既解决了焚烧秸秆、动物粪便污染、农药污染的问题，还实现了持续向社会提供纯天然、无污染、高品质的健康食物，提供绿色天然环保型食草野猪肉，满足市场对绿色食品的迫切需求。

嘉元野猪专业合作社的生态帮扶效应得到了当地肯定，2022年嘉元野猪养殖专业合作社荣获河池市农民专业合作社示范社称号（市级示范社），其野猪养殖基地被评为"都安县无公害养殖基地"，其养殖的野猪被评为当地名特优渔牧产品。

六、嘉元野猪养殖专业合作社的信息合作帮扶实践

为了及时向社员或相关农户传递信息，特别是让抵御风险能力较弱的帮扶户及时掌握信息，嘉元野猪养殖专业合作社建立了一套信息传递、共享、交流的机制。

一是安排专门的信息员，每天搜寻相关的行业信息和市场信息，信息员成了合作社和帮扶户的情况员，每天借助互联网，浏览相关的财经新闻，借助于智远一户通、同花顺等股票交易软件，了解瞬息万变的市场信息，充分利用股市是经济的"晴雨表"这一功能，第一时间获取相关事关

合作社和养殖户切身利益的行业信息和市场信息，这些信息能为帮扶户提供预警和预备，进行风险防控和埋仓布局。

二是借助各种网络媒体技术，建立社员微信群，在群里及时分享、交流和传递信息，在各种自媒体上注册账号，宣传嘉元野猪专业合作社及社员特别是帮扶户的产品信息。借助网络媒体技术开展电子商务，把合作社和帮扶户的农产品远销广东、北京、上海、福建等地，甚至远销东盟国家。

三是提供专门场地，专供不会使用网络媒体技术的帮扶户提供现场交流，把合作社建设当地养殖业信息的集散地，帮扶户养殖户经常集聚于此，交流经验，传递信息，共同探讨，依托嘉元野猪专业合作社，通过正式渠道或各种非正式渠道了解到相关市场信息。

第二节　马山县怡红快绿蔬菜合作社新型
合作帮扶助力乡村振兴①

一、怡红快绿蔬菜合作社概况

马山县怡红快绿蔬菜合作社（其前身为怡红蔬菜合作社，怡红蔬菜合作社与当地农业龙头企业马山县快绿生态食品有限公司建立稳定的合作关系后正式更名为"马山县怡红快绿蔬菜合作社"）位于国家级贫困县马山县百龙滩镇，毗邻同样是国家级贫困县的都安县，成立于2014年7月15日，当时注册资本为人民币18万元。合作社成立之初共有282户农民入社，2023年社员已增加至968户，其中帮扶户395（指2016年建档立卡的帮扶户，下同），包括联系农户共计1500多户，其中帮扶户786户，这些农户分布于马山县和都安县37个村，其中25个是贫困村。合作社共有专

---

① 资料来源于实地调查访谈。

门职员 16 人。

二、怡红快绿蔬菜合作社产业合作帮扶实践

马山县怡红快绿蔬菜合作社是目前马山县市农民专业合作社社员最多的合作社，也是百龙滩镇第一家成立创新型党支部和工会组织的农民专业合作社。合作社建筑占地面积 3500 平方米。现在固定资产 160 万元。合作社交易的蔬菜产品主要包括小白菜、空心菜、芥菜、西红柿、青瓜等和各种反季节蔬菜，在水资源缺少的石山区，则因地制宜地种植一些耐旱蔬菜、特色菜和野菜，如红薯藤（两广地区爱吃红薯叶）、南瓜、黄豆、蚕豆、辣椒、一点红、鱼腥草（美味可口的配菜）、苋菜、菊花脑、蕨菜等，2020 年建成一座 1000 吨蔬菜储存恒温库（该蔬菜恒温库年储存可达 3000 吨）。进一步提高蔬菜收购和储藏能力，提升壮大合作社的规模效益。同时建成了无公害蔬菜生产基地。合作社在龙头企业马山县快绿食品有限公司的支持下，建成了占地 1300 多平方米的农民培训基地，免费为社员培训无公害蔬菜种植及管理技术，提高出口蔬菜标准化程度；建成 500 平米冷风库，进一步提高蔬菜的收购和储蓄能力。合作社已申请注册"怡绿"牌蔬菜商标，建成了无公害蔬菜生产基地，合作社全年销售应季及部分反季销售蔬菜产品。

怡红快绿蔬菜合作社统一向社员供种、统一技术管理、统一对外销售，依托龙头企业大力发展"订单农业"，实行高于同期市场价的"订单"模式，收购销售蔬菜产品。合作社对社员以保护价收购，赢得了广大社员的信任，并得到了当地政府的认可。

在运行机制上，合作社采取"龙头企业+合作社+社员"的运作模式，依托龙头企业——马山县快绿生态食品有限公司，合作社组织社员推动蔬菜种植的规模化、标准化和产业化，促进农民增产增收。统一向社员供种、统一技术管理、统一对外销售，年底分红。

　　怡红快绿蔬菜合作社以所属蔬菜批发市场作为连接农民和消费者、农产品和菜篮子的中枢，向上游衔接种植、加工、运输等环节，向下游衔接采购、配送、零售、消费等环节，构成了完整的流通产业链。以市场需求为导向，以蔬菜加工企业要求原料均衡供应为契机，为蔬菜原料产品提供良好的交易平台，致力于改善种植户与加工企业间因蔬菜供求时间差异造成的供需矛盾。合作社蔬菜批发市场的交易量和交易额逐年增加，为项目区蔬菜种植及相关产业发展发挥枢纽和桥梁功能，使合作社经营利润得到增长，增加当地财政税收收入，还间接带动无公害生产资料、运输、流通、消费等相关产业的发展，对带动当地劳动就业和区域经济发展等具有重要作用。先后荣获马山县"十佳农民专业合作社""十佳青年团组织"等荣誉称号，并于2020年3月荣获"南宁市第一批农民专业合作社省级示范社"。近三年每年交易量可达6000吨，交易额2000万元左右，近五年来平均年营业收入约800万元。直接带动了周边马山县和都安县约1200个帮扶户增收，较好地发挥了生态帮扶效应。

三、怡红快绿蔬菜合作社金融合作帮扶实践

　　和许多合作社一样，因农户自有资金有限，特别是帮扶户资金缺乏，自有资金积累不足，怡红快绿蔬菜合作社在发展中同样面临着资金短缺问题。目前，年资金缺口达到300万元。由于缺乏合适的抵押资产，自然风险和市场风险造成还款的不确定性，农村信用社等金融机构一般不愿意向合作社及其所代理的社员发放贷款。怡红快绿蔬菜合作社充分利用农业订单融资缓解了这一问题。

　　怡红快绿蔬菜合作社与当地龙头企业马山县快绿生态食品有限公司有长期的稳定的业务关系，合作社成了快绿生态食品有限公司稳定的生产基地。怡红快绿蔬菜合作社正是在快绿生态食品有限公司帮助和指导下建立起来的，合作社每年都会得到快绿生态食品有限公司的收购合同（订单）。

订单内容对种植蔬菜品种、面积及用种量、回收价格（根据当地、当时普通品种市场价格每公斤加价 0.08 元收购）、回收数量、回收质量、双方权利义务以及如果发生人力不可抗拒的自然灾害的处置办法等作了详细的规定，特别是在技术指导方面规定快绿生态食品有限公司有义务对合作社进行各环节的技术指导，特别是蔬菜种植操作规程方面的检查指导，对违反操作规程乱用农药和化肥从而造成蔬菜达不到无公害标准的，快绿生态食品有限公司有权拒收，公司根据生产情况有权要求合作社采取紧急技术措施（如突发病虫害的防治等）。

怡红快绿蔬菜合作社利用快绿生态食品有限公司的购销订单合同书和相关证件向当地农村信用社申请贷款。农信社根据该合作社（包括社员）的蔬菜种植面积、质量标准等核定合作社成本，以此确定贷款额度，贷款专门用于合作社在生产过程中购买农资、农机、雇工、技术咨询、培训、机械作业、棚架、收获、运输、储存和管理等方面的支出。在回收蔬菜时，合作社（包括社员）还可以凭贷款凭证从快绿生态公司获得 30% 的利息补贴，随货款一同结算。贷款的具体流程如下。

（1）怡红快绿蔬菜合作社与马山县快绿生态食品有限公司（龙头企业）签订无公害蔬菜（白菜、土豆、圆葱）购销合同，并取得购货订单（保底价）；

（2）快绿生态食品有限公司承诺协助怡红快绿蔬菜合作社以订单向信用社贷款，并提供 30% 贷款贴息，快绿生态公司为怡红快绿蔬菜合作社及社员办理农业保险提供 40% 的补贴（向帮扶户提供 60% 的保险补贴）；

（3）怡红快绿蔬菜合作社在快绿生态食品有限公司协助下持购销合同和购货订单向银行金融机构提出贷款申请，专门用于蔬菜的生产和初加工，以未来的蔬菜货款支付作为还款来源；

（4）马山县信用社确认合同、订单的真实有效性，农信社根据怡红快绿蔬菜合作社（包括社员）的蔬菜种植面积、质量标准等核定合作社成本，以此确定贷款额度；

（5）马山县信用社确定合作社的授信额度后，怡红快绿蔬菜合作社在银行开立销售结算专用账户；

（6）怡红快绿蔬菜合作社、马山县信用社、快绿生态食品有限公司签订订单融资合同及相关担保合同；

（7）马山县信用社、快绿生态食品有限公司签订农产品货款代扣合同；

（8）马山县信用社向怡红快绿蔬菜合作社发放贷款，怡红快绿蔬菜合作社须按合同规定用途支用贷款，即将贷款专门用于合作社在生产过程中购买农资、土地平整、农机、棚架、雇工、技术咨询、培训、机械作业、收获、运输、储存和管理等方面的支出，完成订单项下无公害蔬菜交货义务；

（9）快绿生态食品有限公司在收购合作社的农产品后，按照合同约定将货款的70%直接存入怡红快绿蔬菜合作社在马山县信用社开立的销售结算专用账户，用于归还合作社贷款本金及利息，马山县信用社在怡红快绿蔬菜合作社专用账户扣还贷款，直到完成所有借款的抵扣为止；

（10）怡红快绿蔬菜合作社将蔬菜交付快绿生态食品有限公司结算后，可以在快绿生态食品有限公司支取贷款的30%，以供合作社及社员自由支配。

蔬菜购销的订单合同为怡红快绿蔬菜合作社开启信贷之门提供了便利。保底价销售和来自快绿生态食品有限公司及当地政府的双重贷款贴息，刺激了合作社的贷款融资积极性，缓解了合作社的还款压力。农业订单信贷融资使怡红快绿蔬菜合作社摆脱了过去受缺乏可抵押资产、信用不足或无担保束缚的窘境，近五年来怡红快绿蔬菜合作社共从银行获得600万元的贷款，在很大程度上缓解了合作社发展的资金瓶颈。解决前期资金问题，减少合作社自有资金占用，使怡红快绿蔬菜合作社大幅提高接收快绿生态食品有限公司订单的能力，减少市场风险带来的违约风险。

对于马山县信用社来说，马山县信用社利用三方利益关联提高信息公开度，通过快绿生态食品有限公司大大降低对怡红快绿蔬菜合作社及社员的信息甄别成本和贷后的执行、监督及控制成本，防止合作社可能的机会主义与逆向选择。其次，通过责任捆绑和风险分担与稳定的市场销路，提高怡红快绿蔬菜合作社信用能力。在订单融资中，马山县信用社借助快绿生态食品有限公司通过供应链横向监督、合作治理与协调互动，对怡红快绿蔬菜合作社行为进行监督、约束、管理与指导，从而建立起贷后监控、资源控制、违约惩罚等负债履约机制，降低合作社信贷交易中的机会主义行为和非理性行为，防止道德风险，控制信用风险，确保怡红快绿蔬菜合作社还款来源的可预见性、操控性和稳定性，实现授信的自偿性。

对于快绿生态食品有限公司来说，近年来，随着消费能力的提高、安全消费和健康消费意识的增强，消费者对食品安全越来越关注，对无公害蔬菜、绿色食品、有机食品需求量大增。快绿生态食品有限公司正是瞄准了这一巨大的潜在市场，立足于推广绿色无公害蔬菜的种植，向消费者供应放心蔬菜。但是，由于推广的是绿色无公害蔬菜，品种、质量控制严格，对一般的合作社和农户来说就存在较大的投入风险和管理风险。为了消除合作社及农户种植绿色无公害蔬菜的顾虑，提高合作社参加公司的订单生产，保障公司的优质蔬菜供应，快绿生态食品有限公司在订单中向怡红快绿蔬菜合作社提供蔬菜种植技术及农艺的指导和监督，向合作社提供信贷担保服务。如此，快绿生态食品有限公司则顺理成章地更有权利和义务去对合作社及联系农户进行生产监督和指导，分担合作社的生产及管理风险。通过这一方式，降低怡红快绿蔬菜合作社种植风险，提高合作社有效参加订单的积极性，从而提高了快绿生态食品有限公司对优质蔬菜的可得性。

农业订单融资金融创新模式使怡红快绿蔬菜合作社、马山县信用社和快绿生态食品有限公司实现了三方共赢。

第三节　河池市沃野农资专业合作联社新型合作帮扶助力乡村振兴①

一、沃野农资专业合作联社的技术合作帮扶实践

河池市沃野农资专业合作联社是河池市首家省级农民专业合作社总社，成立于 2010 年，主要产品和业务是农资团购和收购农产品。沃野农资专业合作社总社位于河池市都安县。总社注册资金 108 万元，固定资产规模 50 万元，年营业额 1700 万元，并在河池设有 18 个分社，还在各县建有农产品示范田，总社社员（农户）数量达约 1000 户，其中帮扶户 400 户，联系农户数量约 2000 户，遍布于河池各地，合作联社已成立党支部。沃野农资专业合作联社是一家致力于整合资源、服务"三农"的农资农贸新型经营合作联社，依托广西农科院、广西大学等多家科研单位技术力量及广西农资销售网络优势，不断向广大农户提供具有高新科技含量的优质肥料和种苗品种，同时不断发展大面积的农作物示范种植基地，保价回收农副产品，逐步建立"公司+合作联社+基地+农户"的优秀经营服务品牌。河池沃野农资专业合作联社是依托河池沃野有限公司而成立的农资采购销售类合作联社。合作联社除了经营沃野有限公司的多功能复混肥（广谱型、水稻型）、天福一号、天福二号、天福三号等新型肥料，正进行金天福、果地福、瓜地福等产品开发实验，同时代理多种国家免检高含量复合（复混）肥料、BB 肥等优质产品。

河池市沃野农资专业合作联社主要从事农资产品购销及农业技术开发

---

① 资料来源于实地调查访谈。

推广及培训服务，组织本社成员一起采购所需要的农资产品、为本社成员提供农作物的种植咨询服务及技术推广，通过整合各地农资系统资源，在河池范围内构建农资村屯合作统购统销服务体系。同时联合各地村委、邮政、电信等网络，构建高效农资物流信息平台，逐步在各地组建沃野功能配方肥配销服务中心，构建沃野功能配方肥料销售服务体系及物流体系。合作联社的基本运营模式是从社员和分社中募集资金，进行农资团购，在经营上采取购销合作化、质量标准化、运输现代化、管理科学化。

同时，合作联社与帮扶户签订了农产品种植收购协议，实行利益挂钩。目前，河池沃野农资专业合作联社已经与国内数十个知名品牌合作，以"厂家+合作联社+农户"的管理方式，向帮扶户提供优质农资产品，参与的社员享受优惠价格和一系列的直补政策。

总之，帮扶户加入沃野农资专业合作联社可得到几大好处：一是在社内无假劣农资产品，合作联社与全国知名度较高的厂家合作，从源头上杜绝了假劣产品进入农户，使帮扶户买到放心农资，杜绝假劣农资害农坑农现象，杜绝因假致贫、因假返贫。二是节省成本，合作联社直接从生产厂家团购化肥等农资产品，团购价格加上运费就是社员购买价（约一吨肥料低于市场零售价200元，一包（50公斤）低于市场价10元），这对于帮扶户来说，无疑是节省了一笔较大的开支，同时统购统销还使帮扶户在农资环节上比较省心。三是进行信息交流和技术培训，合作联社组织农业专家免费对社员进行种养技术培训。四是合作联社与帮扶户签订产品购销协议，农产品不愁销路。五是入社社员享有年终分红（社员参与合作联社经营管理并按照《章程》规定办事，均可获得合作联社年终分红）。五是可以免费借阅合作联社订阅的科普报刊，帮扶户子女初中毕业后合作联社可以帮推荐就读农业学校和毕业后安排就业等7项待遇（对于社员"年终分红"，《河池沃野农资专业合作联社章程》第五条规定，本社社员按照成员大会决议分享盈余）。

在管理和技术服务方面，该合作联社不断完善管理模式，严格农资产品进货、价格、检测、配送等环节的监管，让帮扶户享受更多实惠。比如，合作联社专门制定了《河池沃野农资专业合作联社农资产品监督管理规定》，实行农资商品入社准入制度；在采购上严把进货关，深入到厂家生产车间实地考察调研，确保产品合法合规，适合社员需要；在施用时，合作联社组织农艺师、农技员结合测土配方对社员进行培训指导，确保社员群众科学施肥，降低社员投入生产成本。在管理与受理投诉方面，合作联社及各个分社在所有门店的显著位置，悬挂监管公示牌，牌上注明监管者、联系电话等，接受有关部门和广大社员群众监督。合作联社接到农资商品质量纠纷的投诉后，其主管领导必须在24小时内赶到现场处置，同时将有关情况报当地工商和农业部门。如果生产厂家存在过错责任，则合作联社实行先行赔付，再追索厂家。

二、沃野农资专业合作联社金融合作帮扶实践

帮扶户从事生产最头痛的事就是资金缺乏。沃野合作联社充分利用供应链金融解决了帮扶户的这一老大难问题。合作联社总社融资机制通常有三种情况：一是来自于社员和分社每年的集资，这部分资金用于团购农资，参与集资团购的合作社分社和社员可享受低于市场的团购价格。二是沃野公司自己生产的肥料，则赊销给沃野农资合作联社及分社，合作联社及分社又将农资销售给帮扶户，对于困难的农户采用赊销形式（帮扶户社员可得到更优惠的价格），并由农户、合作联社和农产品订单收购企业三方签订农产品收购合同（确定收购的最低保护价，在收购过程中具体价格随行就市）。沃野合作联社委托农产品订单收购企业在收购社员的农产品时代扣帮扶户所赊的农资账款。合作联社得到农资赊款后即偿还沃野公司。三是总社的预付款信贷融资方式，由银行控制提货权，农资生产厂家受托保管货物并承担回购担保责任。主要程序如下。

第一，沃野合作联社与河池化工双方签订复合肥购销合同；第二，沃野合作联社持农资购销合同向南宁市西塘农村商业银行申请办理贷款业务。第三，河池化工、沃野合作联社和西塘农村商业银行签订预付款融资（保兑仓融资）三方协议，西塘农村商业银行与河池化工签订回购协议（对农村商业银行承兑汇票保证金以外金额部分承担回购担保责任）。第四，沃野合作联社与农村商业银行签订复合肥质押协议，西塘农村商业银行控制复合肥提货权。第五，沃野合作联社向西塘农村商业银行交存一定比例的保证金，并申请开具用于支付河池化工货款的银行承兑汇票；河池化工根据三方协议，受托保管购销合同项下复合肥，沃野合作联社补交农村商业银行承兑保证金；农村商业银行根据保证金比例的提高，向河池化工发出《提货通知书》，逐步释放提货权；沃野合作联社获得商品提货权，去仓库提取相应金额的货物；不断循环，直至保证金账户余额等于汇票金额，沃野合作联社将货物提完为止。

通过这种方式，沃野合作联社获得了融资便利，解决帮扶户全额购买复合肥的资金困难，充分展现了农村新型合作组织的金融帮扶效应。

第四节　都安县永安镇"合作社+帮扶户+公司+农商行+保险+政府+科技"的金融合作帮扶①

一、金融帮扶"永安模式"的诞生

都安县永安镇位于都安县中北部，镇人民政府驻地距县人民政府驻地53千米，总面积200.07平方千米。截至2023年末，永安镇户籍人口29895人。全镇辖13个村委会（即：永安、安化、八达、安福、波烟、安

---

① 资料来源于实地调查访谈。

仁、仁业、安业、安居、安太、安兰、永吉、安乐 13 个村委会），288 个村民小组，408 个自然屯。永安镇属于典型的大石山区，大部为岩溶地貌，地势为西稍高东略低、南高北低，地面高程一般在海拔 500～1200 米。永安镇属亚热带季风气候，其特点是四季分明，雨热同季，光照充足，无霜期长。春季干旱多风，夏季雨量集中，秋季温和凉爽，冬季干冷少雪。永安镇根据当地自然条件，因地制宜地发展油茶产业，油茶产业成为助力当地脱贫的主导产业。

近年来，永安镇因地制宜大力发展油茶种植及加工业，但种植户、种植及加工合作社经常面临资金瓶颈问题，导致种植规模受到限制，产量低，品质难以提升。针对此问题，永安镇和都安县农村商业银行（简称"都安县农商银"）积极探索创新金融帮扶模式，通过油茶专业合作社发展供应链金融模式支持帮扶户脱贫问题。2018 年 8 月，通过整合了多方资源，形成"公司十合作社+帮扶户+银行+保险+政府+科技+信托"的农业供应链金融服务模式，简称金融帮扶"永安模式"，"永安模式"的特征在于通过利用农业供应链成员的内在网络合作关系，借助油茶种植专业合作社解决借贷双方信息不对称问题，优化供应链的管理功能，提高监督与控制水平，对分散帮扶户贷款业务进行批量化操作，降低成本和风险，解决了油茶种植专业合作社的规模融资问题，最终实现各方共赢。

"永安模式"金融帮扶的参与方涉及到多个主体，包括油茶专业合作社、帮扶户、都安县农村商业银行、益海嘉里食品营销有限公司南宁分公司、河池嘉元信托公司合作、河池市农业技术推广中心、广西大学、广西农业科学院。这些参与主体之间的关系如下：为了提高帮扶户的组织化程度，镇政府指导成立富民农业开发有限公司，油茶开发公司下设 7 个农民专业合作社，其中包括 5 个油茶种植专业合作社（即仁业油茶种植专业合作社、安仁油茶种植专业合作社、安泰油茶种植专业合作社、安吉油茶种植专业合作社和安乐油茶种植专业合作社）、2 个农机合作社（永安农机作业专业合作社和安仁农机作业专业合作社）。

二、金融帮扶"永安模式"的基本运行机制

"永安模式"金融帮扶基本运行机制如下：油茶种植专业合作社通过与益海嘉里食品营销有限公司南宁分公司签订购销全合同订单；都安县农村商业银行与河池嘉元信托公司合作，创新抵押品扩展机制，通过土地信托方式创新融资模式，为5个油茶种植专业合作社发放农业贷款；都安县农村商业银行聘请河池市农科所、河池市农业技术推广中心和广西农业科学院的农业专家对5个油茶种植专业合作社的粮食生产进行全程指导服务。"永安模式"金融帮扶以5个油茶种植专业合作社、都安县农村商业银行、嘉元信托公司为核心，形成了如下的具体业务操作流程：第一，油茶种植合作社组织帮扶户与益海嘉里食品营销有限公司南宁分公司签订购销协议，合作社将生产出来的油茶销售给益海嘉里食品营销有限公司南宁分公司。第二，永安镇政府通过富民农业开发有限公司将其下属的5个油茶种植合作社入社农户（全部为帮扶户）的土地承包经营权、农机专业合作社的农机设备收益权委托给河池嘉元信托公司，设立自益型财产权信托；第三，河池嘉元信托公司将土地信托收益权质押给都安县农村商业银行，作为5个油茶种植合作社帮扶户的贷款偿还担保。第四，河池嘉元信托公司将信托土地返租给油茶种植专业合作社。第五，为保证油茶种植合作社入社帮扶户积极还款，降低信用风险，都安县农村商业银行分别与油茶种植合作社理事长及永安镇政府相关干部签订了个人保证合同，理事长及镇干部要为帮扶户贷款承担连带责任；第六，都安县农村商业银行为5个油茶种植专业合作社帮扶户发放贷款，专业合作社指导监督帮扶户利用贷款种植油茶。第七，油茶种植专业合作社完成油茶收购以后按合同订单将油茶销售给益海嘉里食品营销有限公司南宁分公司，益海嘉里食品营销有限公司南宁分公司按合同规定将合作社油茶销售款交付都安县农村商业银行，

委托都安县农村商业银行结算划款。第八，都安县农村商业银行通过农业龙头企业的资金账户划拨，扣除贷款利息，并将剩余的资金转存到油茶种植专业合作社的所开设的账户上，由油茶种植专业合作社转给种植帮扶户。

金融帮扶"永安模式"的成功除了得益于其合理的业务流程机制设计外，还得益于各方资源的网络化融合机制。

首先是镇政府、富民农业开发公司、油茶种植专业合作社的前期资源融合。镇政府从 2015 年开始开发建设永安现代农业示范区，截至 2023 年底，该园区规模经营总面积达 3 万亩之多，占全镇土地总面积的约 1/2，入社农户达 2800 户，联系农户达 5061 户。为了推进土地规模经营，镇政府引导当地农民以土地入股，组成 5 个油茶种植专业合作社，土地由种植专业合作社统一经营。同时，镇政府探索了具有现代农业企业特点的"1+7"模式（"1"是指富民农业开发公司，"7"是指公司下属的 5 个油茶种植专业合作社、两个农机作业合作社）。永安镇政府通过富民农业开发公司推动现代农业示范区发展。富民农业开发公司肩负内外两个职能：对外职能方面，富民农业公司负责与金融机构、农业龙头企业以及科研院所等外部机构的联系协调工作；对内职能方面，富民农业开发公司统一指导和整合 7 个农民专业合作社，并管理农民专业合作社的国有资产；另外，上级财政部门的各类农业专项项目资金，都统一由富民农业开发公司管理，这些专项资金主要用于富民农业示范区的开发建设。富民农业开发公司与 7 个农民专业合作社实行"统分结合、以分为主"的管理方式，其中"统"是指统一良种、统一整地、统一田管、统一机播、统一收获、统一销售；"分"是指 8 个合作社分别成立独立法人，独立核算，自主经营，自负盈亏。

其次，都安县农村商业银行与河池嘉元信托公司合作创新抵押品扩展机制模式，开发出新型的供应链金融产品，这是"永安模式"的成功的最为核心的一环。

最后，广西大学农学院、广西农业科学院经作所、河池市农业技术推广中心受都安县农村商业银行和富民农业开发公司聘请，通过油茶种植专业合作社全程技术指导帮扶户的生产，降低了农业生产的自然风险，为油茶种植帮扶户成功融资提供了重要保障。

参考文献

［1］［美］奥利弗·威廉姆森. 治理机制［M］. 王健，方世建，等译. 北京：中国社会科学出版社，2001.

［2］［冰］思拉恩·埃格特森. 新制度经济学［M］. 吴经邦，李耀，朱寒松，等译. 北京：商务印书馆，1996.

［3］［美］康芒斯. 制度经济学：上册［M］. 于树生，译. 北京：商务印书馆，1962.

［4］［美］迈克尔·迪屈奇. 交易成本经济学［M］. 王铁生，葛立成，译. 北京：经济科学出版社，1999.

［5］张五常. 经济解释［M］. 北京：商务印书馆，2001.

［6］卢现祥. 新制度经济学［M］. 武汉：武汉大学出版社，2004.

［7］费孝通. 中国城乡发展的道路［M］. 上海：上海人民出版社，2016.

［8］［美］奥利弗·威廉姆森. 资本主义经济制度：论企业签约与市场签约［M］. 段毅才，王伟，译. 北京：商务印书馆，2002.

［9］韦克游. 农民专业合作社信贷融资机制研究［M］. 南宁：广西人民出版社，2014.

［10］黄季焜. 加快农村经济转型，促进农民增收和实现共同富裕［J］. 农业经济问题，2022（7）.

［11］温铁军.以"三新"思想全面引领乡村振兴［J］.重庆行政，2021（2）.

［12］钟甫宁.中国农村脱贫历史性成就的经济学解释［J］.农业经济问题，2021（5）.

［13］李稻葵.消除贫困的中国道路［J］.中央社会主义学院学报，2022（5）.

［14］林毅夫.新发展格局下的乡村振兴战略［J］.今日科技，2022（4）.

［15］厉以宁.论互助共济在效率增长中的作用［J］.中南工业大学学报（社会科学版），1999（3）.

［16］温铁军.生态文明与比较视野下的乡村振兴战略［J］.上海大学学报（社会科学版），2018（1）.

［17］黄季焜.乡村振兴：农村转型、结构转型和政府职能［J］.农业经济问题，2020（1）.

［18］林毅夫.关于我国扶贫政策的几点建议［J］.党政干部学刊，2005（6）.

［19］罗必良，洪炜杰，等.赋权、强能、包容：在相对贫困治理中增进农民幸福感［J］.管理世界，2021（10）.

［20］吕鹏，刘学.企业项目制与生产型治理的实践：基于两家企业扶贫案例的调研［J］.中国社会科学，2021（10）.

［21］王露璐.中国式现代化进程中的乡村振兴与伦理重建［J］.中国社会科学，2021（12）.

［22］朱玲，何伟.脱贫农户的社会流动与城乡公共服务［J］.经济研究，2022（3）.

［23］黄薇，曹杨.常态化精准扶贫政策的完善：反福利依赖的视角

[J]．经济研究，2022（2）．

[24] 罗良清，平卫英，等．中国贫困治理经验总结：扶贫政策能够实现有效增收吗 [J]．管理世界，2022（2）．

[25] 叶敬忠，贺聪志．基于小农户生产的扶贫实践与理论探索：以"巢状市场小农扶贫试验"为例 [J]．中国社会科学，2019（2）．

[26] 杜鹰．认真总结脱贫攻坚实践经验　切实巩固拓展脱贫攻坚成果 [J]．宏观经济管理，2021（6）．

[27] 尹成杰．巩固拓展脱贫攻坚成果同乡村振兴有效衔接的长效机制与政策研究 [J]．华中师范大学学报（人文社会科学版），2022（1）．

[28] 平卫英，罗良清，等．我国就业扶贫的现实基础、理论逻辑与实践经验 [J]．管理世界，2021（7）．

[29] 李芳华，张阳阳，等．精准扶贫政策效果评估 [J]．经济研究，2020（8）．

[30] 邓大才．有效政府与积极穷人：反贫困的因素与组合模式：以中国地方政府脱贫攻坚战略为研究对象 [J]．理论探讨，2021（3）．

[31] 宋洪远．乡村建设行动推进乡村振兴 [J]．中国金融，2021（8）．

[32] 邓大才．关于国外反贫困政治学研究的研究 [J]．学习与探索，2021（1）．

[33] 张晓山．推动城乡融合发展　促进乡村全面振兴：学习<乡村振兴促进法> [J]．农业经济问题，2021（11）．

[34] 何秀荣．农业合作社的起源、发展和变革 [J]．社会科学战线，2022（10）．

[35] 邓大才．工具性治理能力：乡村建设中的社区组织与精英参与 [J]．东岳论丛，2022（4）．

［36］韦克游．农民专业合作社信贷融资治理结构研究［J］．农业经济问题，2013（5）．

［37］黄薇，祝伟．精准帮扶政策的多维评估：基于 G 省 B 市扶贫实践的经验分析［J］．管理世界，2021（10）．

［38］何奇峰．产业帮扶机制的社会学研究：以湖南省野猪桥村扶贫产业的发展与转变为例［J］．中国农村观察，2022（5）．

［39］尹志超，郭沛瑶．精准扶贫政策效果评估［J］．管理世界，2021（4）．

［40］杜姣．乡村振兴背景下乡村留守精英及其组织化的公共参与路径［J］．中国农村观察，2022（5）．

［41］郭咏琳，周延风．从外部帮扶到内生驱动：少数民族 BoP 实现包容性创新的案例研究［J］．管理世界，2021（10）．

［42］张挺，李闽榕，等．乡村振兴评价指标体系构建与实证研究［J］．管理世界，2018（8）．

［43］周振．工商资本参与乡村振兴"跑路烂尾"之谜：基于要素配置的研究视角［J］．中国农村观察，2020（2）．

［44］王胜，屈阳，等．集中连片贫困山区电商扶贫的探索及启示［J］．管理世界，2021（2）．

［45］韦克游．中国农村金融对农户生产经营的支持问题研究：基于时间序列的经验证据［J］．金融论坛，2014（11）．

［46］孙久文，张静，等．我国脱贫地区的战略判断与发展建议［J］．管理世界，2019（10）．

［47］陈胜蓝，马慧．贷款可获得性与公司商业信用［J］．管理世界，2018（11）．

［48］侯建昀，霍学喜．银行贷款可得性、融资规模与农户农地流转

[J].中国农村观察，2016（6）.

[49] 彭克强，刘锡良.农民增收、正规银行贷款可得性与非农创业[J].管理世界，2016（7）.

[50] 米运生，曾泽莹，等.农地转出、银行贷款可得性与农户融资模式的正规化 [J].农业经济问题，2017（5）.

[51] 滕海峰，李含琳.易地扶贫搬迁移民的后续帮扶：政策取向与政策重点 [J].生产力研究，2021（7）.

[52] 罗楚亮.经济增长、收入差距与农村贫困 [J].经济研究，2012（2）.

[53] 陈飞，卢建词.收入增长与分配结构扭曲的农村减贫效应研究[J].经济研究，2014（2）.

[54] 章元，万广华，等.暂时性贫困与慢性贫困的度量、分解和决定因素分析 [J].经济研究，2013（4）.

[55] 程名望，Jin Yanhong，盖庆恩，等.农村减贫：应该更关注教育还是健康？——基于收入增长和差距缩小双重视角的实证 [J].经济研究，2014（11）.

[56] 张冰，冉光和.金融发展视角下外商直接投资的减贫效应分析[J].管理世界，2013（12）.

[57] 陈宗胜，沈扬扬.中国农村贫困状况的绝对与相对变动：兼论相对贫困线的设定 [J].管理世界，2013（1）.

[58] 王春超，叶琴.中国农民工多维贫困的演进 [J].经济研究，2014（12）.

[59] 刘亚娟.广西深度贫困地区脱贫农户返贫风险防范机制研究[J].桂海论纵，2020（4）.

[60] 刘建，江水法.生活化治理：脱贫户贫困陷阱干预的理论范式

及实践路径［J］. 内蒙古社会科学, 2021 (11).

［61］李泽建, 韩佳宏. 扶贫项目参与、后续扶贫对企业绩效的影响［J］. 科技与产业, 2022 (1).

［62］黄国庆, 刘钇, 等. 民族地区脱贫户返贫风险评估与预警机制构建［J］. 华中农业大学学报 (社会科学版), 2021 (4).

［63］谢治菊. 健康中国战略下脱贫户健康扶贫质量及其治理［J］. 云南大学学报 (社会科学版), 2022 (3).

［64］谢楠, 张磊. 深度贫困地区脱贫户的可持续生计及风险分析［J］. 软科学, 2020 (1).

［65］孙晗霖, 王志章, 等. 生计策略对精准脱贫户可持续生计的影响有多大［J］. 中国软科学, 2020 (2).

［66］孙晗霖, 刘新智. 易地扶贫搬迁脱贫户生计满意度及其影响因素研究［J］. 西南大学学报 (社会科学版), 2018 (6).

［67］张琦, 薛亚硕. 脱贫户抗逆力水平测度与差异分析［J］. 西北农林科技大学学报 (社会科学版), 2021 (6).

［68］张庆红, 李航. 新疆喀什地区脱贫户贫困脆弱性及异质性分析［J］. 内蒙古农业大学学报 (社会科学版), 2022 (2).

［69］杨婵娟. 脱贫户返贫的影响因素与防治对策［J］. 特区经济, 2021 (1).

［70］韦克游. 集中连片特困区农民专业合作组织主要风险及对贷款的影响: 基于滇桂黔石漠化片区的调查［J］. 农村金融研究, 2017 (3).

［71］韦克游. 滇桂黔石漠化片区农民专业合作社信贷融资约束分析及融资平台构建对策［J］. 南方农业学报, 2016 (11).

［72］王祖祥, 范传强, 等. 农村贫困与极化问题研究［J］. 中国社会科学, 2009 (6).

[73] 黄祖辉，等. 贫困地区农户正规信贷市场低参与程度的经验解释 [J]. 经济研究, 2009 (4).

[74] 姚洪心，王喜意. 劳动力流动、教育水平、扶贫政策与农村收入差距 [J]. 管理世界, 2009 (9).

[75] 汪三贵. 在发展中战胜贫困：对中国 30 年大规模减贫经验的总结与评价 [J]. 管理世界, 2008 (11).

[76] 蔡昉. 穷人的经济学：中国扶贫理念、实践及其全球贡献 [J]. 世界经济与政治, 2018 (10).

[77] 魏后凯. 中国脱贫攻坚的主要经验 [J]. 经济研究参考, 2021 (1).

[78] 李朝前，等. 金融地理可及性与劳动收入份额 [J]. 金融研究, 2023 (9).

[79] 陈梦根，侯园园. 中国经济增长动力结构变迁：2000—2019 [J]. 经济研究, 2024 (1).

[80] 吕方，黄承伟. 国家减贫行动如何回应差异化需求：精准扶贫精准脱贫制度体系及其知识贡献 [J]. 中国社会科学, 2023 (12).

[81] 曹远征. 中国经济进入新发展阶段带来新的金融需求 [J]. 金融论坛, 2024 (4).

[82] 周诚君. 产业转移背景下金融机构的角色和定位 [J]. 金融论坛, 2024 (4).

[83] 蔡宇涵，黄阳华，郑新业. 相对经济地位与生活满意度：来自脱贫攻坚实践的证据 [J]. 经济研究, 2024 (4).

[84] Williamson O. E. *The Economic Institutions of Capitalism* [M]. New York: The Free Press, 1985: 91.

[85] Galbis Vicente. Financial Intermedition and Economic Growth in Less

Developed Countries: A Theoretical App roach [J]. *Joural of Development Studies*, vol. 18, no. 1, January 1977: 52.

[86] Patrick, H. T. Financial Policies and Economic Growth in Underdeveloped Countries [J]. *Economic Development and Cultural Change*, vol. 19, no. 1, January 1966: 30.

[87] Shrotriya Daman. Climate Change and Agricultural Cooperatives [J]. *IFFCO Foundation*, vol. 74, no. 3, June 2008.

后　记

书稿行将结束之时，闭目掩卷，回首往昔，我感慨万端。

多年来，我一直致力于欠发达地区的农村发展研究，从贫困地区脱贫攻坚到后脱贫时代的后续帮扶。确定专著选题名称后，在前期研究基础上，我立即投入正式研究工作，努力按照项目预期研究计划的执行情况推进项目。在此过程中，由于各种不可预知和不可抗力的因素的干扰，专著研究要经受曲折。

在推进项目研究的过程中，我从各种渠道收集了大量的相关文献资料，并查阅相关文献资料，筛选收集整理有关信息数据。同时，在滇桂黔石漠化片区的河池市、南宁市、百色市、崇左市、柳州市、来宾市、桂林市选取样本进行数据采集数据，特别是在河池市的都安县、大化县、金城江区和南宁市的马山县进行了大量的数据采集，包括实地问卷调查和现场深入访谈等。采集了大量第一手数据，并进行整理和统计分析，为专著写作提供了大量的数据支撑。

总体而言，专著尽量突出研究特色，即把后续帮扶和乡村振兴结合起来研究，充分发挥农村新型合作组织的合作发展的基本功能，以系统性的思维考察脱贫地区后续合作帮扶问题，从多维度地分析审视后续帮扶问题，旨在从根本上推进帮扶地区的乡村振兴，特别是在分析视角上有自己特色，后续帮扶的重心放在脱贫的内生机制上，聚焦基层经济组织的扶贫效应，把农村新型合作组织作为后续帮扶的重要社会支撑；在研究维度上很有特色，我从产业帮扶、金融帮扶、科技帮扶、信息帮扶、生态帮扶、旅游帮扶、健康帮扶、人口帮扶、文化帮扶、教育帮扶等 10 个维度全面探讨农村新型合作组织的扶贫效应问题；在研究方法上颇具特色，我非常重视田野调查方法，注重案例分析，对若干个典型案例进行了深入的现场观察、访谈、体验、感受，拿到了活生生的第一手材料，并通过典型案例分析对后续帮扶地区农村新型合作组织多元扶贫效应进行生动、形象、鲜活、细致入微的展示，增强人们对后续帮扶地区农村新型合作组织扶贫效应的第一手材料的掌握和直观感悟。同时，我又运用丰富的调查数据进行统计分析和计量检验，使研究成果兼具科学严谨和生动易懂于一体，这是研究成果的特色。

通过系统深入研究分析后续帮扶地区以农村新型合作组织为主体的多维度合作帮扶问题，同时为人们提供了丰富的第一手调查数据和案例材料，形成后续帮扶与乡村振兴有效衔接的分析框架和理论启迪，这是本专著的主要建树所在。

在研究过程中，我把后续帮扶问题当作一个综合性的问题来考察，从多维度分析审视后续帮扶问题，旨在从根本上解决脱贫地区乡村振兴，利于国家在帮扶治理中高屋建瓴，统筹规划，稳扎稳打，从根源上解决脱贫地区乡村振兴。在研究重心上，我把研究重心放在帮扶的内生机制上，聚焦基层经济组织的帮扶效应，把农村新型合作组织作为后续帮扶的重要社会支撑点。在专著写作过程中，我非常重视田野调查方法，注重案例分析，对若干个典型案例进行了深入的现场观察和访谈，获得了活生生的第一手材料，并通过案例分析将帮扶地区合作帮扶问题进行了生动、形象、鲜活、细致入微的展示，增强读者对农村新型合作组织后续帮扶的第一手材料的直观感受和掌握。同时，又运用丰富的调查数据进行统计分析及检验，使研究成果兼具科学严谨性和生动易懂性于一体。

研究成果或将从决策、政策、学术、现实应用等层面推动帮扶地区乡村振兴，同时提高农村新型合作组织的经济效益、生态效益和社会效益，使人们对农村新型合作组织的经济功能、生态功能及社会功能的认识提升到一个新的高度，使合作帮扶概念深入人心。

当然，本书难免存在不足或欠缺，主要是由于诸多条件的限制，特别是疫情的干扰，我无法对每个帮扶地区都调查走访，在考虑代表性和可行性后，基于现实条件选择几个比较典型的重点帮扶县进行实地调查走访。所见所闻，所访所察，所感所知，以及由此得出的结论未必能完全吻合适用于全国所有帮扶地区。同时，在乡村振兴战略下，后续帮扶是一个庞大的系统性研究议题，本专著所涉及的产业帮扶、金融帮扶、科技帮扶、信息帮扶、生态帮扶、旅游帮扶、健康帮扶、人口帮扶、文化帮扶、教育帮扶等10个维度，每一个维度都值得再进一步深入研究探讨，包括每种合作帮扶各自影响因素有哪些，适用条件有哪些，如何评价每一个帮扶效应的绩效，每种扶贫效应的具体实现机制和政策环境等。由于客观条件的限制，本研究无法进一步深入探讨。另外，其他领域亦值得深入研究，只是由于主客观条件限制而暂时无法触及。

在本书的写作过程中，我得到了很多机构和个人的友善帮助，在此深深表示感谢！

首先，我向中国农业大学经济管理学院郭沛教授和广西大学退休教师杨欣教授表示崇高的敬意和深深的感谢！在本书的写作过程中，两位教授提出了宝贵的修改建议。他们以渊博深邃的学识、严谨扎实的治学、宽厚仁慈的胸怀、孜孜不倦的敬业精神，以及循循善诱的师长风范，给我留下了深刻的影响，为我树立了终身学习的典范。

感谢广西壮族自治区、贵州省、云南省统计局、扶贫办等有关部门和机构，感谢广西河池市都安县、大化县、宜州区、南宁市马山县、西乡塘区的扶贫办、农业农村局、统计局等有关部门机构，感谢这些机构在本著作的问卷调查和数据资料收集过程中所给予的热情帮助和大力支持。

　　感谢广西社会科学界相关学术同仁对本专著的关心与支持，他们从不同的角度对本著作提出了宝贵的修改建议。

　　在本书的写作过程中，我要特别感谢我的家人。我的儿子韦燊昊、女儿韦阳洋和我的妻子莫利晓对本著作的写作给予了极大的鼓励和支持。正是由于儿子、女儿和妻子的鼓励和支持，我才得以安心地完成本著作。感谢我的父母，他们养育我，教导我，为本书的完成奠定了坚实的基础。天若有情天亦老！谨以此书献给我最挚爱的父母。

　　最后，让我再一次向本著作写作及出版中所有给予我关心和帮助的机构和个人致以诚挚的谢意！由衷地感谢你们！

2024 年 6 月于南宁